Dr. Joseph
# Murphy

## Die Macht Ihres Unterbewusstseins

## für Ihren Erfolg

Dr. Joseph Murphy

# Die Macht Ihres Unterbewusstseins für Ihren Erfolg

Zusammengestellt und herausgegeben von Dr. Arthur R. Pell

Aus dem Amerikanischen übersetzt von Astrid Ogbeiwi

ARISTON

FSC
Mix
Produktgruppe aus vorbildlich
bewirtschafteten Wäldern und
anderen kontrollierten Herkünften

Zert.-Nr. SGS-COC-1940
www.fsc.org


Verlagsgruppe Random House FSC-DEU-0100
Das für dieses Buch verwendete FSC-zertifizierte Papier *Munken Premium*
liefert Arctic Paper Munkedals AB, Schweden.

Die Originalausgabe *Putting the Power of Your Subconscious Mind to Work* erscheint bei Prentice Hall, Inc.

Bibliografische Information der Deutschen Bibliothek
Die Deutsche Bibliothek verzeichnet diese Publikation in der Deutschen Nationalbibliografie; detaillierte bibliografische Daten sind im Internet unter http://dnb.ddb.de abrufbar.



Umschlaggestaltung: ZERO Werbeagentur, München
Satz: EDV-Fotosatz Huber / Verlagsservice G. Pfeifer, Germering
Druck: GGP Media GmbH, Pößneck
Printed in Germany

ISBN 978-3-7205-4053-7

# Inhalt

# Einführung:

# Die Macht Ihres Unterbewusstseins

*Was immer Ihr Bewusstsein annimmt und für wahr hält, das akzeptiert Ihr Unterbewusstsein und führt es herbei. Glauben Sie an Glück, göttliche Führung, rechtes Handeln und an das Gute im Leben. Sie sind der Kapitän Ihrer Seele (Ihres Unterbewusstseins) und der Meister Ihres Schicksals. Denken Sie daran: Sie haben die Wahl. Wählen Sie das Leben! Wählen Sie die Liebe! Wählen Sie Gesundheit! Wählen Sie das Glück!*

Sind Sie unglücklich im Beruf? Treten Sie auf der Stelle, weil es Ihnen scheinbar an Aufstiegsmöglichkeiten fehlt? Möchten Sie Ihre Ziele endlich erreichen? Sie brauchen sich weder von einem dogmatischen Vorgesetzten oder bürokratischen Verboten aufhalten zu lassen noch allein auf Ihr Glück oder günstige Zufälle zu vertrauen. Sie besitzen die Kraft, Ihre Karriere selbst in die Hand zu nehmen.

Alles, was wir erreichen, und alles, was wir nicht erreichen können, ist die direkte Folge unseres eigenen Denkens. Unsere Stärken und Schwächen, Vorzüge und Fehler sind allein die unseren. *Wir* können sie verändern, niemand sonst. All unser Glück und Leid entwickelt sich aus unserem Innern. *Wie wir denken, so sind wir; wie wir fortwährend denken, so bleiben wir.*

Natürlich gibt es auch ein paar Dinge, die wir nicht verändern können: den Lauf der Planeten, den Wechsel der Jahreszeiten, Ebbe und Flut und den scheinbaren Aufgang und Untergang der Sonne. *Aber wir können uns verändern.* Wir können uns verwandeln, indem wir unser Denken erneuern. Darin liegt der Schlüssel zu einem neuen Leben. Unser Denken und Empfinden ist ein riesiger Aufzeichnungsapparat, und alle Überzeugungen, Eindrücke, Meinungen und Ideen, die wir bewusst akzeptieren, prägen sich unserem tieferen Denken und Empfinden, unserem Unterbewusstsein, ein. Wenn wir lernen, unser Unterbewusstsein zu kanalisieren, dann können wir die Kontrolle über unser Leben gewinnen.

*Das große Geheimnis der erfolgreichen Männer aller Zeiten war ihre Fähigkeit, Verbindung zur Macht ihres Unterbewusstseins aufzunehmen und sie zu nutzen. Das können Sie auch.*

Ja, wir können verändern, was in unserem Unterbewusstsein ist. Es fängt damit an, dass wir klare Schritte unternehmen, um uns edle Gedankenmuster zuzulegen. Denken Sie an Schönheit, Liebe, Frieden, Weisheit und Kreativität. Ihr Unterbewusstsein wird entsprechend darauf reagieren und Ihre Mentalität, Ihren Körper und Ihre Lebensumstände verändern.

Psychologen und Psychiater weisen darauf hin, dass bei der Übermittlung von Gedanken ans Unterbewusstsein ein Eindruck in den Gehirnzellen entsteht. Sobald Ihr Unterbewusstsein eine Vorstellung akzeptiert, macht es sich sofort daran, sie umzusetzen. Es arbeitet mit der Verknüpfung von Ideen und nutzt jedes kleinste bisschen Wissen, das Sie sich im Laufe Ihres Lebens angeeignet haben, um seine Absicht zu erreichen. Es nutzt die unendliche Kraft, Energie und Weisheit in Ihrem Innern. Es ruft sämtliche Naturgesetze auf den Plan, um seinen Willen durchzusetzen. Manchmal hat es anscheinend sofort die Lösung für Ihre Schwierigkeiten parat, ein anderes Mal braucht es dazu vielleicht Tage, Wochen oder sogar noch länger.

Ihr Unterbewusstsein ist wie ein Nährboden, der jede Idee akzeptiert, ganz gleich ob sie gut oder schlecht ist. Ihre Gedanken sind aktiv; man könnte sie mit Samen vergleichen. Negative, destruktive Gedanken arbeiten auch im Unterbewusstsein negativ weiter und entwickeln sich zu gegebener Zeit zu entsprechenden Handlungen. Bedenken Sie, dass Ihr Unterbewusstsein nicht überprüft, ob Ihre Gedanken gut oder schlecht, richtig oder falsch sind. Es reagiert einfach entsprechend Ihrer Gedanken oder Suggestionen.

Wenn Sie zum Beispiel etwas, das womöglich falsch ist, bewusst für richtig halten, dann akzeptiert Ihr Unterbewusstsein es als richtig und sorgt unweigerlich für die entsprechenden Folgen, die eintreten würden, wenn es richtig wäre. Ihr Unterbewusstsein kann nicht widersprechen. Wenn Sie ihm also falsche Suggestionen eingeben, dann akzeptiert es sie als richtig und führt sie in Gestalt entsprechender Umstände, Erfahrungen und Ereignisse herbei. Das Unterbewusstsein wird oft auch als das subjektive Bewusstsein bezeichnet. Dieses subjektive Bewusstsein nimmt seine Umgebung unabhängig von den fünf Sinnen wahr.

Das subjektive Bewusstsein nimmt durch die Intuition wahr. Es ist der Sitz der Emotionen und der Speicher der Erinnerung. Das subjektive Bewusstsein arbeitet dann am besten, wenn die objektiven Sinne vorübergehend abgeschaltet sind. Mit anderen Worten, es ist jene Intelligenz, die sich bemerkbar macht, wenn das objektive Bewusstsein außer Kraft gesetzt, im Schlaf oder benommen ist. Das subjektive Bewusstsein sieht ohne Einsatz der natürlichen Sinnesorgane. Es verfügt über die Fähigkeit zum Hellsehen und Hellhören.

Wenn Ihr Bewusstsein und Ihr Unterbewusstsein harmonisch und ruhig arbeiten, dann ist das Ergebnis Harmonie, Gesundheit, Friede, Freude und Glück. Alles Böse auf der Welt, Schmerz, Leid, Elend, Krieg, Verbrechen und Krankheiten sind die Folge einer unharmonischen Beziehung zwischen Bewusstsein und Unterbewusstsein. Bedenken Sie, dass Ihr Unterbewusstsein unpersönlich und nicht wählerisch ist.

Ihr gewohntes bewusstes Denken prägt tiefe Rillen in Ihr Unterbewusstsein. Wenn Ihr gewohntes Denken harmonisch, friedlich und konstruktiv ist, dann ist das sehr günstig für Sie.

Wenn Sie aber in Angst, Kummer und anderes destruktives Denken verstrickt sind, dann liegt das Heilmittel darin, die Allmacht Ihres Unterbewusstseins anzuerkennen und ihm fortan Freiheit, Glück, völlige Gesundheit und Wohlstand zu verordnen. Ihr Unterbewusstsein ist kreativ und eins mit ihrer göttlichen Quelle. Deshalb wird es sich aufmachen, die Freiheit und das Glück, das Sie ihm mit Überzeugung verordnet haben, auch herbeizuführen.

Zufälle, ob nun glücklich oder nicht, sind nicht der Grund dafür, warum Ihnen etwas Bestimmtes geschieht. Ebenso wenig ist ein vorbestimmtes Schicksal der Schöpfer Ihres Glücks oder Unglücks. Ihr Unterbewusstsein schert sich nicht darum, ob das, was Sie bewusst für wahr halten, richtig oder falsch ist. Wählen Sie nur das, was wahr, liebevoll, edel und göttlich ist, und Ihr Unterbewusstsein wird entsprechend reagieren.

Zwar haben Philosophen, Theologen und Denker dies zu allen Zeiten gewusst, aber jede Generation muss wieder neu daran erinnert werden und es für die Menschen, die ihr angehören, anwendbar machen.

In seinem Bestseller *Die Macht Ihres Unterbewusstseins* und auch in seinen nachfolgenden Werken hat Dr. Joseph Murphy dieses Konzept zusammengefasst. Tausende von Menschen kamen zu seinen Predigten und Vorträgen in Dutzenden von Ländern, und Millionen hörten seine Radiosendungen.

Dr. Murphy wandelt diese Theorien um in praktische Lebensweisheiten. Er hat daraus ein seriöses Programm entwickelt, durch das Sie lernen können, sich nicht mehr selbst zu verurteilen. Sie erfahren, dass Sie werden können, was Sie schon immer sein wollten. Jetzt können Sie besitzen, was Sie schon immer besitzen wollten. Jetzt können Sie tun, was Sie schon immer tun wollten. So können Sie denken und leben. Dieses Denken sickert allmählich aus Ihrem Bewusstsein in Ihr Unterbewusstsein. Und wenn Sie es nähren und bewahren, wird es nach und nach zur festen Überzeugung. Dann werden sich Ihre Begrenzungen auflösen und Sie erheben sich wie der Phönix aus der Asche des Alten und werden ein ganz neuer Mensch.

Sie werden eine neue Sicht des Lebens, ein neues Selbstbild gewinnen, ein neues Bewusstsein. Denn was Sie beherrscht und kontrolliert, sind Ihre tief sitzenden Überzeugungen und Ihre emotionalen Einstellungen. Die dominanten Vorstellungen oder Überzeugungen in Ihrem Unterbewusstsein kontrollieren Ihre Gedanken, Ihr Handeln und Ihre Reaktionen. Wenn Sie ans Scheitern glauben, dann können Sie nicht erfolgreich sein. Sie können sich 18 Stunden am Tag enorm anstrengen und werden dennoch scheitern, denn das ist die dominante Vorstellung in Ihrem Unterbewusstsein. Und nach Eurem Glauben soll Euch geschehen. So lautet eine unumstößliche Regel des Geistes.

Sie werden lernen, das Beste zu erwarten, voller Vorfreude einer großartigen Zukunft entgegenzusehen, zu glauben, dass das möglich ist. Mit diesem neuen Selbstbild erleben Sie, wie schön und aufregend es ist, wenn Ihre Träume wahr werden. Sie werden lernen, wie Sie diese Prinzipien auf Ihre berufliche Entwicklung und Ihre Karriere anwenden können.

Zwar ist der Inhalt dieses Buches in erster Linie den Werken von Dr. Joseph Murphy entnommen, aber ich habe ihn um zusätzliche Informationen und Beispiele erweitert, um zu zeigen, wie wertvoll ihr Gehalt auch für die Leserinnen und Leser des 21. Jahrhunderts ist.

Da Dr. Murphy Geistlicher war, gründen viele seiner Empfehlungen auf seinem starken Glauben an Gott. Dass und wie diese Unendliche Intelligenz für Sie wirkt, können Sie erleben, ganz gleich, ob Sie religiös, Agnostiker oder Atheist sind. Sie brauchen keinen Glauben. Wenn Sie diese Unendliche Intelligenz anrufen, wird SIE Ihnen antworten. SIE ist unpersönlich und behandelt alle gleich, ohne Ansehen der Person. Sie können SIE die Übermenschliche Intelligenz nennen, wenn Sie mögen, oder das Subliminalbewusstsein, das Subjektive Bewusstsein oder das Ich-Bin. In Indien nennt man es »OM«.

*Was immer der menschliche Geist sich vorstellen und woran immer er glauben kann, das kann er auch vollbringen!*
Napoleon Hill

Wenn Sie ein Problem haben, geistig, körperlich oder emotional, dann fragen Sie sich: Wovor drücke ich mich? Was möchte ich nicht sehen? Hege ich versteckten Groll oder Feindseligkeit gegen jemanden? Stellen Sie sich dem Problem. Lösen Sie es mithilfe Ihres tieferen Wissens und in dem Bewusstsein, dass das Lebensprinzip immer heilen, immer wiedergutmachen will. Das Lebensprinzip verdammt nie. Es bestraft nie. Es verurteilt nie. Es kann nicht. Sie verurteilen sich selbst durch Ihr eigenes Denken, durch die Schlussfolgerungen und das Urteil in Ihrem Geist. Bedenken Sie, dass das Lebensprinzip Sie nicht bestrafen kann. Es kann Sie nicht verurteilen. Sie verurteilen sich selbst. Sie gestalten und formen Ihr eigenes Schicksal. Denn so, wie Sie in Ihrem Herzen oder Unterbewusstsein denken, so sind Sie.

Machen Sie sich deshalb klar, dass Gedanken Dinge sind. Was Sie denken, das ziehen Sie an; was Sie sich vorstellen, das werden Sie. Wenn Sie das tun, werden in Ihrem Leben Wunder geschehen, denn es gibt nur eine Macht, und diese Macht ist in Ihnen. Sie sind der Kapitän auf der Brücke. Sie erteilen die Befehle. Ihr Unterbewusstsein nimmt den Eindruck auf, den Sie ihm vermitteln, und führt ihn herbei, wie gesagt, egal ob er richtig ist oder nicht. Akzeptieren Sie daher nur das, was wahr ist.

Unser Denken ist vollgestopft mit falschen Überzeugungen, Ideen und Meinungen und getrübt für die ewigen Wahrheiten. Beängstigende Worte haben auf einen Menschen voller Selbstvertrauen und Zuversicht absolut keine Wirkung. Ja, sie verstärken den unerschütterlichen Glauben an das Prinzip des Erfolgs eher noch. Sie verstärken die Vorstellung, dass das Unendliche nicht fehlgehen kann. Gerede vom Scheitern führt bei einem solchen Menschen nur zu einem noch stärkeren Glauben an seine innere Macht.

Unzählige Experimente von Psychologen und Psychiatern an Menschen im Zustand der Hypnose haben gezeigt, dass das Unterbewusstsein nicht dazu in der Lage ist, eine Auswahl zu treffen und Vergleiche anzustellen, wie es beim Verstandesdenken notwendig ist. Sie haben wiederholt gezeigt, dass unser Unterbewusstsein alles akzeptiert, was ihm suggeriert wird, ganz gleich, wie falsch es ist. Hat es die Suggestion erst einmal akzeptiert, reagiert es auch entsprechend.

Sie müssen wissen, dass Ihr Bewusstsein Ihr Wächter am Tor ist. Seine wichtigste Aufgabe ist es, Ihr Unterbewusstsein vor falschen Eindrücken zu bewahren. Jetzt kennen Sie eines der Grundgesetze des Geistes: Ihr Unterbewusstsein ist anfällig für Suggestionen. Wie Sie wissen, stellt Ihr Unterbewusstsein keine Vergleiche an und trifft keinerlei Unterscheidung; es überlegt nicht und durchdenkt nichts selbstständig. Diese Funktion gehört zu Ihrem Bewusstsein. Ihr Unterbewusstsein reagiert einfach nur auf die Eindrücke, die das Bewusstsein ihm vermittelt. Es zeigt keinerlei Vorliebe für das eine oder Abneigung gegen das andere Vorgehen.

Bedenken Sie, dass eine Suggestion dem Unterbewusstsein nichts vorgeben kann, was das Bewusstsein nicht will. Ihr Bewusstsein hat die Macht, alle falschen oder negativen Suggestionen abzulehnen.

Sie müssen darauf achten, Ihrem Unterbewusstsein nur Suggestionen einzugeben, die für Sie in jeder Hinsicht heilend, segensreich, erhebend und inspirierend sind. Bedenken Sie, dass Ihr Unterbewusstsein Sie beim Wort nimmt. Wenn Sie sich immer wieder sagen: »Ich kriege diese Beförderung nicht. Ich kriege es einfach nicht hin.« Dann sorgt Ihr Unterbewusstsein dafür, dass es auch wirklich nicht klappt.

Außerdem wird Ihr Unterbewusstsein durch Suggestionen von anderen beeinflusst. Die Macht der Suggestion hat seit jeher im Leben und Denken der Menschen jeder Epoche und jedes Landes der Erde eine Rolle gespielt. In vielen Teilen der Welt erscheint sie als die kontrollierende Macht der Religion mit ihren ständigen Wiederholungen von Behauptungen wie »Du bist ein Sünder«, »Der Teufel wird dich holen«, »Wenn du tot bist, kommst du in die Hölle« und dergleichen. Das ängstigt die Menschen zu Tode.

Den meisten Menschen werden von Kindesbeinen an viele negative Suggestionen eingegeben. Konstruktive Suggestionen sind natürlich wunderbar und großartig. In ihren negativen Aspekten aber ist die Suggestion eines der destruktivsten Reaktionsmuster des Verstandes. Sie führt zu Krieg, Elend, Leiden, rassistischen und religiösen Vorurteilen und Katastrophen. Die Diktatoren, Despoten und Tyrannen dieser Welt wissen um die Macht der Suggestion. Stalin nutzte sie, Hitler nutzte sie, Osama bin Laden nutzte sie. Sie appellierten an die religiösen und rassistischen Vorurteile der Menschen, bis sie emotional hoch aufgeladen waren. Dann pflanzten sie Millionen von Menschen ihre Suggestionen ein, indem sie bestimmte Dinge immer und immer wiederholten.

Negativen Suggestionen sind wir in allen Lebenslagen ausgesetzt. In Bezug auf Beruf und Karriere bekommen wir zum Beispiel oft zu hören: »Das kannst du nicht.«; »Du wirst es nie zu etwas bringen.«; »Das darfst du nicht.«; »Das geht bei dir ja doch schief.«; »Da hast du keine Chance.«; »Du bist völlig im Unrecht.«; »Es hat keinen Sinn.«; »Es kommt nicht auf die richtigen Fähigkeiten an, sondern auf die richtigen Beziehungen.«; »Was bringt das schon?«; »Das interessiert doch keinen.«; »Das ist vergebliche Liebesmüh.«; »Dazu bist du zu alt.«; »Es wird einfach alles immer schlimmer.«; »Das Leben ist eine endlose Plackerei.«; »Damit kannst du keinen Blumentopf gewinnen.«; »In null Komma nichts bist du bankrott.«; »Man kann keiner Menschenseele trauen.«

Das sind Kommandos an Ihr Unterbewusstsein, die Ihnen das Leben zur Hölle machen können. Sie werden frustriert, neurotisch, gehemmt. Sie rennen von einer Therapie zur nächsten, weil Sie sich diese destruktiven Suggestionen ständig selbst eingeben.

Doch all diese negativen Suggestionen können Sie von sich weisen, wenn Sie Ihr Unterbewusstsein vor dem Schlafengehen mit Gebeten oder einer inspirierenden Meditation beschäftigen. Das wirkt diesen destruktiven Vorstellungen entgegen.

Sie brauchen sich von destruktiven negativen Suggestionen nicht beeinflussen zu lassen. Wenn Sie zurückdenken, erinnern Sie sich bestimmt daran, wie Eltern, Freunde, Verwandte, Lehrer, Vorgesetzte und Geistliche gemeinsam eine wahre Kampagne solcher negativen Suggestionen losgetreten haben. Zum großen Teil sollten Sie dadurch kontrolliert oder verängstigt werden. Sie werden feststellen, dass viele dieser Suggestionen Sie dazu bringen sollten, so zu denken, zu empfinden und zu handeln, wie andere das gerne hätten und wie es ihnen nützt.

Sie sind aber niemandes Marionette. Sie müssen Ihren eigenen Weg finden. Den Weg, der Sie zum ganzen Menschen macht, den Weg der Freiheit. Dieser Weg liegt in Ihrem Innern. Was Sie mit Ihrem Bewusstsein für richtig erachten, das werden Sie durch Ihr Unterbewusstsein erleben. Glauben Sie daher daran, dass Gott oder die Unendliche Intelligenz Sie führt. Rechtes Handeln bestimmt Ihr Leben. Recht und Ordnung Gottes leiten Sie. Göttlicher Friede erfüllt Ihre Seele. Beginnen Sie, an all das zu glauben. Sie erschaffen diese Dinge nicht, doch Sie aktivieren sie. Geben Sie ihnen in Ihrem Leben Gewicht.

Denken Sie selbstständig. Lassen Sie bei politischen Entscheidungen Ihre Gefühle nicht vom Fernsehen oder der Presse steuern. Lassen Sie sich Ihre Entscheidungen im Privaten nicht von Eltern, Schwiegereltern oder der Kirche aus der Hand nehmen. Sie haben die Macht, Ihre Gefühle selbst zu steuern! In Ihrem Beruf und in Ihrer gesamten Laufbahn müssen Sie selbst, nicht Ihr Vorgesetzter oder Ihre Kollegen, Ihr Schicksal lenken.

*Die Suggestionen und Behauptungen anderer haben nicht die Macht, Sie zu verletzen. Die einzige Macht ist die Art und Weise, wie Sie selber denken. Sie können sich dafür entscheiden, die Gedanken oder Behauptungen anderer zurückzuweisen und das Gute zu bekräftigen. Sie haben die Macht zu entscheiden, wie Sie reagieren.*

Halten Sie sich außerdem unbedingt stets vor Augen, dass Ihr Unterbewusstsein von mehreren Ideen immer die stärkste Idee annimmt. Das heißt, es akzeptiert Ihre Überzeugungen, ohne sie zu hinterfragen, ganz gleich, ob Ihre Prämisse richtig oder grundverkehrt ist. Seien Sie von Höherem beseelt. Wenn Sie diese Wahrheiten mit Ihrem Bewusstsein akzeptieren, dann wird Ihr Unterbewusstsein sie herbeiführen und Sie werden feststellen, dass Sie auf dem Weg zu Ihren Zielen nicht mehr gebremst werden und dass Sie sich im Beruf und im Privatleben ungehindert in die Richtung bewegen können, für die Sie sich entschieden haben.

Wir müssen daran glauben, dass wir im Leben vorwärtskommen können. Ein Glaube – gleich ob zutreffend, unrichtig oder schlicht unbedeutend – der über einen gewissen Zeitraum hinweg aufrechterhalten wird, wird übernommen und unserer Persönlichkeit einverleibt. Wenn er nicht durch einen gegenteiligen Glauben aufgehoben wird, dann nimmt er früher oder später Gestalt an und zeigt sich als Tatsache, Form, Zustand, Umstand oder Ereignis in Ihrem Leben. Wir tragen die Macht in uns, negative Glaubensüberzeugungen in positive zu verwandeln und dabei unser Leben zum Besseren zu wenden.

*Dr. Arthur R. Pell*
Herausgeber

# Teil I: Maximieren Sie Ihre persönlichen Stärken für Ihren Erfolg im Beruf

*Einige werden hoch geboren,*
*einige erwerben Hoheit und einigen wird sie zugeworfen.*
William Shakespeare

Manchen wird der Erfolg zwar wirklich förmlich zugeworfen, meistens aber müssen wir für unseren Erfolg erkennbare Schritte einleiten. Leider kennen allzu viele Menschen die Macht in ihrem Inneren nicht, durch die sie sich aus einer misslichen Lage befreien und die Erfolgsleiter nach oben klettern können.

In uns allen liegen Kräfte verborgen, die wir nicht nutzen, die aber nur darauf warten, dass wir sie aktivieren. Vielleicht fehlen uns Selbstvertrauen oder Selbstwertgefühl. Vielleicht leben wir in ständiger Sorge oder Angst. Vielleicht stellen sich uns im Beruf oder in anderen Lebensbereichen unerwartete und scheinbar unüberwindliche Hindernisse entgegen. Viele haben eine Stelle ohne Aufstiegschancen oder stehen jeden Morgen nur mit Widerwillen auf und begeben sich an einen ungeliebten, unattraktiven Arbeitsplatz. Wir würden das gerne ändern, sehen uns dazu aber außerstande.

Sie können Ihr Leben verändern. Das Werkzeug, das Sie dazu brauchen, ist in Ihrem Innern bereits vorhanden. Sie brauchen es nur zu schleifen, einzusetzen und sich vom Ergebnis überraschen zu lassen.

In den folgenden Kapiteln erkunden wir die persönlichen Stärken, die zum Erfolg führen, und entdecken, wie Sie durch den gezielten Einsatz der Macht Ihres Unterbewusstseins auf dem Weg zum beruflichen Erfolg schneller vorankommen können.

## Kapitel 1:

# So setzen Sie sich Ziele und erreichen sie auch

*Wer empfangen will, muss geben. Wenn Sie Ihren Zielen, Ideen und Unternehmungen gedankliche Aufmerksamkeit schenken, dann wird Ihr tieferes Bewusstsein Sie unterstützen.*

Alle erfolgreichen Menschen beginnen mit einem Ziel. Sich Ziele zu setzen und dann darauf hinzuarbeiten, ist der erste Schritt, den Sie auf dem langen Weg zum Erfolg tun müssen. Wenn Sie wissen, wohin Sie wollen und wie Sie es angehen, dorthin zu kommen, dann können Sie Zeit, Energie und Emotionen gezielt einsetzen – und sind bereits auf dem besten Weg, Ihre Ziele zu erreichen.

Ein Schiff kann auch mit gebrochenem Ruder endlos weiterfahren, mit voller Kraft voraus. Es kann ständig unterwegs sein, aber es kommt nie irgendwo an. Es wird nie einen Hafen erreichen, es sei denn durch bloßen Zufall. Und wenn es doch einmal irgendwo ankommt, dann ist seine Ladung vielleicht ungeeignet für die Menschen, das Klima oder die Umstände vor Ort. Das Schiff muss einen klar festgelegten Hafen ansteuern, für den seine Ladung bestimmt ist und an dem die entsprechende Nachfrage herrscht. Und es muss bei Sonne und Sturm, bei Gewitter und Nebel festen Kurs auf diesen Hafen halten.

Ein Mensch, der Erfolg haben will, darf also nicht ruderlos auf dem Meer des Lebens treiben, sondern er muss geradewegs auf einen bestimmten Hafen zusteuern. Er muss Kurs halten, nicht nur bei ruhiger See und bei günstigen Strömungsverhältnissen und Winden, sondern auch bei schwerer See und Sturm, eingehüllt von den Nebeln der Enttäuschung und dem Dunst der Widrigkeiten.

## Alles beginnt mit einem Traum

Haben Sie einen Traum – eine Zukunftsvision? Sind Sie in Ihrem Traum reich? Berühmt? Glücklich? Die meisten Menschen träumen von so einer Zukunft – aber in den meisten Fällen bleibt es ein Traum.

Erfolgreiche Menschen hatten auch solche Träume, aber sie verwandelten sie in Ziele und diese wiederum in Wirklichkeit. Edison träumte von einer Welt, in der elektrischer Strom die Nacht erhellte. Stephenson träumte von einer Lokomotive, die Züge ziehen und damit Mensch und Tier diese mörderische Arbeit abnähme. Beethoven träumte von einer Musik, die den Geist beflügelte. Große Schauspieler, Künstler, Musiker, Schriftsteller träumten – nicht nur vom Ruhm, sondern davon, wie sie ihre Begabungen einsetzen würden, um erfolgreich zu sein.

Alle erfolgreichen Menschen sagen, dass ihr Erfolg mit einer Hoffnung, einem Traum begonnen hat. Im Laufe der Jahre haben Hunderte von Männern und Frauen berichtet, dass ihr Erfolg immer mit einem Traum begann. Aus dem Traum wurde ein Ziel, aus dem Ziel ein Handlungsplan und daraus schließlich unweigerlich ein erreichter Erfolg.

*Träume machen uns groß. Alle großen Menschen sind Träumer. Sie sehen etwas im Dunstschleier eines Frühlingstages oder im lodernden Feuer eines langen Winterabends. Manche lassen diese großen Träume wieder absterben, andere aber nähren und schützen sie, sie bewahren sie in schlechten Zeiten, bis sie sie schließlich ans helle Sonnenlicht führen, das stets all denen scheint, die aufrichtig hoffen, dass ihre Träume wahr werden.*

Woodrow Wilson

Träume sind auch nicht allein jungen Menschen vorbehalten. Es ist nie zu spät für einen Traum, aus dem neue Ziele und daraus wiederum neue Erfolge werden. Es ist ganz erstaunlich, was Menschen erreicht haben, die erst spät im Leben ihre Träume entwickelten. Benjamin Franklin war schon über fünfzig, als er Naturwissenschaften und Philosophie studierte. Der Dichter John Milton war bereits über fünfzig und erblindet, als er 1667 sein episches Gedicht *Das verlorene Paradies* vollendete. Und der schottische Schriftsteller Sir Walter Scott griff im Alter von 55 Jahren zur Feder, um Schulden in Höhe der damals astronomischen Summe von 130.000 Pfund Sterling abzulösen.

Träume sind nicht begrenzt auf die Voreingenommenheiten und Vorurteile ihrer Zeit. Jahrhundertelang wurden Frauen in ihren Möglichkeiten stark eingeschränkt. Ihre beruflichen Ziele waren auf so genannte »weibliche Tätigkeiten« limitiert. Allein an andere Berufe zu denken, erforderte viel Mut und Entschlossenheit. Ein Beispiel dafür ist Elaine Pagels, Professorin an der Universität Princeton und Autorin von Bestsellern über Gnostik und das frühe Christentum. Sie sagte, sie wuchs zu einer Zeit auf, in der Mädchen beigebracht wurde, eine Karriere noch nicht einmal ernsthaft in Erwägung zu ziehen. Sie konnte dem nachgehen, was sie gerne tat, und entdeckte erst im Nachhinein, dass sie tatsächlich davon leben konnte. Ihr Traum war zu ihrem Ziel geworden.

Heute gibt es diese Grenzen in den meisten Berufsfeldern nicht mehr. So sind zum Beispiel in den USA die Fächer Jura und Medizin mindestens zur Hälfte von Studentinnen belegt.

An ihrer Wichtigkeit gemessen, steht sogar die Intelligenz erst an zweiter Stelle nach dem Willen. Wer immer schwankt, wird im Wettlauf des Lebens ständig zur Seite gedrängt. Nur wer eisernen Willen und die Entschlossenheit besitzt, sich durch nichts aufhalten zu lassen, kann sicher sein, dass er oder sie mit Durchhaltevermögen und Biss am Ende Erfolg haben wird. Aus Träumen werden Ziele und aus Zielen werden Erfolge – das gilt für all diejenigen, die sich lange und hartnäckig genug darum bemühen.

Die meisten Dinge, die das Leben lebenswert machen, die uns die Plackerei abnehmen und uns über Mittelmaß und Unattraktivität hinausheben – die großen Annehmlichkeiten des Lebens – verdanken wir unseren Träumen.

## So wandeln Sie Ihre Träume in Ziele um

Leider bleiben allzu viele Träumer eben da stehen, beim Träumen. Ihre Träume bleiben Träume. Wenn Ihre Träume wahr werden sollen, müssen Sie sie in Ziele umwandeln. Sie sind dann nicht mehr nur Fantasien, sondern konkrete Vorhaben, die Sie wie eine Straßenkarte zum Erfolg vor sich ausbreiten können. Sie müssen Ihren Träumen eine Absicht hinzufügen, nämlich den Entschluss, alles zu tun, was Sie können, um Ihren Traum zu verwirklichen.

Eine bekannte Modedesignerin hat einen Traum erfolgreich in ein Ziel umgewandelt. Ihre Liebe zu Mode wurde durch die Filme geweckt. Die Kleidung, die die Frauen auf dem Bildschirm trugen, schien sie mit einer Aura der Selbstsicherheit und des Erfolgs zu umgeben. Sie träumte davon, eines Tages für sich selbst und andere Frauen diese Aura zu kreieren, einen eleganten Stil, der ein positives Selbstwertgefühl vermittelt.

Wie in den USA allgemein üblich, wurden auch in ihrer Familie immer zu Beginn des neuen Schuljahres neue Kleider gekauft. Es störte sie, dass es in dem Laden an ihrem Wohnort kaum interessante Mode gab, und sie war sich sicher, dass sie eine bessere Kollektion zusammenstellen könnte, wenn sie nur erst die Möglichkeit dazu hätte. Ihre Mutter sagte, das sei die Aufgabe der Einkäuferinnen. In diesem Augenblick, so sagt sie, wurde ihr Traum zu ihrem Ziel – sie wollte Mode-Einkäuferin werden.

Sie begann als Verkäuferin und stieg dann rasch zur stellvertretenden Abteilungsleiterin, Einkäuferin und Stylistin in verschiedenen Geschäften auf. Bald schon entwarf sie Mode und war auf dem besten Weg zu einer Führungsposition in ihrer Firma.

Als ihr Mann eine eigene Modelinie auf den Markt bringen wollte, musste sie sich entscheiden: Sollte sie ihre eigene erfolgreiche Laufbahn aufgeben und mit ihm noch einmal ganz von vorne anfangen? Sie entschied sich für den Neuanfang und brachte sich voll und ganz in ihre neue Aufgabe ein. Sie arbeitete in allen Bereichen, schrieb sich alles auf, was sie geleistet hatte und beschäftigte sich mit so vielen geschäftlichen Aspekten wie nur möglich. Sie wollte unersetzlich werden. Nach etwa sechs Jahren, sie wollte gerade eine neue Kollektion im Unternehmen einführen, verkaufte ihr Mann seine Firma. Inzwischen war sie sich sicher, dass sie ein Geschäft selbstständig führen konnte und eröffnete ihre eigene Firma. Ihre Modelle fanden in der Branche große Anerkennung.

Es gibt einen himmelweiten Unterschied zwischen denjenigen, die sich lediglich etwas wünschen, und denjenigen, die es tatsächlich tun. Die Mode-Designerin blieb nicht beim Träumen und Wünschen stehen. Sie wandelte ihren Traum in ein Ziel um und arbeitete dann intensiv darauf hin, dieses Ziel zu erreichen.

*Sie werden einen großen Traum verwirklichen – jeden Tag ein wenig mehr. Also setzen Sie sich ein Ziel für jeden Tag – nicht lange und komplizierte Projekte, sondern Aufgaben, die Sie Schritt für Schritt zu Ihrem Traumziel hinführen. Bedenken Sie, dass man eine Pyramide nicht in 24 Stunden bauen kann. Haben Sie Geduld. Überfrachten Sie Ihren Tag niemals so sehr mit anderem, dass Sie Ihr wichtigstes Ziel vernachlässigen. Wenn Sie das Bestmögliche tun wollen, dann genießen Sie den Tag und seien Sie mit dem zufrieden, was Sie erreicht haben.*

Og Mandino

## Ihr Unterbewusstsein ist Ihre Geheimwaffe

Unser Unterbewusstsein hat eine ungeheure Kraft, in uns eine erwartungsfrohe Haltung und den festen Glauben zu wecken, dass wir unser Ziel erreichen und unsere Träume in die Realität umsetzen werden.

Bereits die zuversichtliche Erwartung, dass die Zukunft Gutes und Schönes für Sie bereithält, dass Sie wohlhabend und glücklich sein werden, dass Sie eine wunderbare Familie, ein schönes Zuhause und Erfolg im Beruf haben sowie allgemein anerkannt sein werden, ist das beste Startkapital für Ihr Leben.

Sie müssen immer versuchen, dem Ideal Ausdruck zu verleihen. Ihr Unterbewusstsein wird darauf ansprechen und das, was Sie sich in Ihrem Leben wünschen, sei es eine stabile Gesundheit, ein nobler Charakter oder eine große Karriere, wird eintreten. Sie müssen es so lebendig wie möglich visualisieren und mit aller Kraft versuchen, es umzusetzen. So wird es sehr viel wahrscheinlicher eintreten, als wenn Sie das nicht tun.

Erst, wenn sich der Wunsch zu einem Entschluss verfestigt, wird er effektiv. Der Wunsch, gepaart mit der energischen Entschlossenheit, ihn in die Realität umzusetzen, weckt die schöpferische Kraft. Die Verbindung aus Sehnen, Wünschen und Streben bringt Ergebnisse.

Wenn Sie sich in einem konkreten Punkt verbessern möchten, dann visualisieren Sie diese Eigenschaft so lebhaft und so hartnäckig wie möglich und bewahren Sie sich im Zusammenhang mit Ihrem Ziel ein hohes Ideal. Denken Sie ständig daran, bis Sie spüren können, dass es Sie erhebt und tatsächlich eingetreten ist. Sie sind als Sieger, Eroberer und Triumphator geboren. Vor Ihnen liegen wunderbare Erfolge bei Ihrer selbstgewählten Aufgabe, in Ihren Beziehungen zu anderen Menschen und in allen anderen Bereichen Ihres Lebens.

Je klarer Ihre Anweisungen an Ihr Unterbewusstsein sind, desto besser kann es Ihnen helfen. Dieses innere Bewusstsein reagiert auf Ihre Kommandos ganz ähnlich wie Matrosen im Maschinenraum und am Ruder eines Ozeanriesen auf die Befehle des Kapitäns auf der Brücke. Wenn die Worte präzise und unmissverständlich sind, dann wendet die Mannschaft das Schiff nach Steuerbord oder beschleunigt es genau wie angeordnet.

Aber wenn Sie als der Kapitän selber nicht so genau wissen, was Sie wollen, dann erhält Ihr Unterbewusstsein eine unklare Botschaft, und Ihr Schiff folgt einem willkürlichen Kurs oder dreht sich im Kreis.

Sie müssen Ihrem Unterbewusstsein genau sagen, was Sie wollen. Sie müssen es anweisen, Ihnen beim Erreichen Ihrer Ziele zu helfen. Wenn Sie wissen, was Sie wirklich wollen, dann wird Ihr Unterbewusstsein Sie unbeirrbar darauf hinführen. Aber es muss wissen, dass Sie dieses Ziel wirklich, leidenschaftlich und unabänderlich wollen und dass Sie es nicht zugunsten all der anderen gegensätzlichen und widersprüchlichen Wünsche, Haltungen und flüchtigen Launen, die Ihnen in den Sinn kommen, aufgeben werden. So lernen Sie, positiv zu denken, und sind bereit, Ihre Ziele zu erreichen.

## Glauben Sie an Ihre Ziele und Sie werden sie erreichen

Wohlstand beginnt im Kopf und ist so lange unmöglich, wie unsere geistige Haltung ihm entgegensteht. Es ist vergebliche Liebesmüh, wenn Sie auf eine Sache hinarbeiten und eine andere erwarten, denn alles muss zuerst gedanklich erschaffen werden und folgt dann dem gedanklichen Muster.

Sie können nicht reich werden, wenn Sie in Wirklichkeit erwarten oder zumindest damit rechnen, arm zu bleiben. Wir bekommen meist das, was wir erwarten, und wer nichts erwartet, bekommt auch nichts.

Wenn Sie den Weg des Scheiterns beschreiten, wie können Sie dann erwarten, das Ziel *Erfolg* zu erreichen? Wenn wir unseren Blick in die falsche Richtung wenden, hin zu den trüben, depressiven, hoffnungslosen Aussichten, dann macht das den Lohn unserer Mühen zunichte, auch wenn wir aufs Gegenteil hinarbeiten.

Gedanken sind Magnete, die anziehen, was ihnen ähnlich ist. Wenn Sie gedanklich bei Armut und Krankheit verweilen, dann bringt Ihnen das Krankheit und Armut ein. Es ist vollkommen unmöglich, dass Sie das Gegenteil dessen hervorbringen, was Sie im Kopf haben, denn Ihre gedankliche Haltung ist das Muster, das Ihr Leben prägt. Alles, was Sie erreichen, erreichen Sie zuerst in Gedanken.

Die Angst vor dem Versagen und die Furcht vor Not und Erniedrigung halten unzählige Menschen davon ab, genau das zu erreichen, was sie sich wünschen. Angst und Furcht entziehen ihnen ihre Lebenskraft und machen sie unfähig zu effektiver, kreativer Arbeit, die jedoch für den Erfolg unabdingbar ist.

Seien Sie Optimist. Gewöhnen Sie sich an, alles konstruktiv und von seiner schönen, hoffnungsvollen Seite, von der Seite des Glaubens und der Gewissheit zu betrachten. Sehen Sie das Leben nicht aus der Perspektive des Zweifels und der Unsicherheit. Gewöhnen Sie sich an, immer daran zu glauben, dass das Beste eintreten, dass das Richtige obsiegen wird. Glauben Sie daran, dass die Wahrheit am Ende immer über den Irrtum siegt, dass Harmonie und Gesundheit die Realität sind und Zwietracht und Krankheit deren vorübergehende Abwesenheit. Dies ist die Haltung des Optimisten, die schließlich die Welt verändert.

## Analysieren Sie sich

Es gibt nur einen einzigen Menschen auf der ganzen Welt, der Sie zum Erfolg führen kann, und dieser Mensch sind Sie selbst.

Bevor Sie feststellen können, welche Ziele Sie zum Erfolg führen werden, müssen Sie sich zuerst sorgfältig selbst einschätzen. Graben Sie tief in Ihrem Inneren und holen Sie aus Ihrem Unterbewusstsein hervor, was Sie wirklich vom Leben wollen und welche Stärken Sie haben, durch die Sie dieses Ziel erreichen können.

Dabei müssen Sie realistisch bleiben. Womöglich setzen Sie sich ein Ziel, das Ihnen zwar wünschenswert erscheint, wofür Sie aber einfach nicht die notwendigen Fähigkeiten haben, um es zu erreichen. Vielleicht möchten Sie Filmstar oder Opernsängerin werden, haben aber einfach nicht das erforderliche Talent. Oder Ihr Traumberuf liegt auf Gebieten, die für Sie unerreichbar sind. Andererseits verfügen Sie vielleicht auch über Begabungen und Fähigkeiten, von denen Sie bisher noch gar nichts wussten, die Sie aber in einer erfüllenden und lohnenden Berufslaufbahn einsetzen können.

Wie finden Sie das heraus? Schauen Sie tief in sich hinein. Eine sorgfältige Innenschau bringt es ans Licht. Die meisten Erwachsenen wissen bereits, was sie können und was nicht, was sie mögen und was sie ablehnen. Es ist vielleicht lediglich noch nicht offensichtlich. Die Innenschau ermöglicht es Ihnen, über das Offensichtliche hinauszugehen und tief über sich nachzudenken.

Erfolgreiche Menschen machen sich gleich zu Beginn ihrer beruflichen Laufbahn klar, woraus sie schöpfen können. Erstellen Sie ein Inventar all Ihrer möglichen Stärken und Ressourcen. Betrachten Sie nicht nur das, was Sie bis jetzt im Leben erreicht haben, sondern auch das, was Sie mit Sicherheit noch erreichen können. Die große Mehrheit der jungen Menschen beginnt ihr Berufsleben ohne genaue Kenntnis ihrer geistigen Kapazitäten, entdeckt sie aber meist Stück für Stück mit der Zeit.

Die meisten Menschen erschließen sich nie mehr als einen kleinen Prozentsatz ihrer Fähigkeiten und kommen nie über schlecht bezahlte, einfache Positionen hinaus. Sie verharren in der Mittelmäßigkeit und haben doch Ressourcen. Wenn sie

sie nur entdecken könnten, würden sie höhere Positionen erreichen.

Irgendwie stoßen sie nie auf das Richtige, das ihren Ehrgeiz weckt. Sie kommen nicht in ein leistungsförderndes Umfeld oder in Kontakt mit den entsprechenden Dingen, die die enorme Macht des *Großen Inneren* in ihnen entfachen.

Um Ihr verborgenes Potenzial zu finden, können Sie zum Beispiel aufschreiben, welche Fächer Sie in Schule, Studium oder Ausbildung hatten und welche Tätigkeiten Sie an Ihren bisherigen Arbeitsstellen oder auf anderen Gebieten ausgeführt haben. Überlegen Sie dann, welche dieser Tätigkeiten Sie am liebsten gemacht haben, bei welchen Sie am meisten Befriedigung empfanden und welche Sie überhaupt nicht mochten.

*Versuchen Sie, Ihr Potenzial ans Licht zu bringen. Warum sollten Sie nicht planen, diesen enormen Bodensatz zu heben, diese riesigen ungenutzten Ressourcen, diese eingeschlossene Fähigkeit, die Sie noch nie gezeigt haben? Ihre Intuition, Ihr Instinkt und Ihr Ehrgeiz sagen Ihnen, dass sehr viel mehr in Ihnen steckt, als Sie bisher entdeckt oder genutzt haben. Warum nutzen Sie es nicht, warum rühren Sie es nicht auf? Warum lassen Sie den Funken zu diesem riesigen Pulvervorrat in Ihnen nicht überspringen und zünden ihn?*

Der 25-jährige College-Absolvent Josh D. war sehr unglücklich mit seiner Stelle als Schadenssachbearbeiter bei einer Versicherung. Er hatte einen Master-Abschluss in Business-Management und hatte gehofft, dass er damit auch eine Stelle im Management bekäme. Als er alle bisher ausgeübten Tätigkeiten aufschrieb, entdeckte er, dass er Detailarbeiten am wenigsten mochte. Er stellte fest, dass sein direkter Vorgesetzter und dessen Chef den größten Teil ihrer Zeit für genau solche Tätigkeiten aufwandten. Außerdem stellte er fest, dass er unter allen Aspekten seiner Arbeit den Kontakt zu den Versicherungsnehmern am meisten liebte. Er befragte sie gerne und bearbeitete ihre Ansprüche mit Freude. Wenn er auf seine schulischen Aktivitäten und seine Tätigkeit in der Gemeinde zurückblickte, dann hatte er die Arbeit mit Menschen immer als am lohnendsten empfunden. Josh besprach dies mit der Personalleitung seiner Firma. Daraufhin wurde ihm vorgeschlagen, dass eine Stelle im Verkauf vielleicht besser zu ihm passen und er dort erfolgreicher sein könnte. Er wechselte die Position, tut heute seine Arbeit gern und ist auf dem besten Weg zu einer erfolgreichen Karriere.

## Die Verbindlichkeit von Zielen ist wichtig

Erfolgreiche Menschen sind felsenfest davon überzeugt, dass man sich unbedingt verbindlich an seine Ziele halten muss. Es liegt eine große Kraft in einem vorbehaltlosen Entschluss – eine starke, beständige, felsenfeste Absicht, die alle Brücken hinter sich abbricht, alle Hindernisse aus dem Weg räumt und ihr Ziel erreicht, ganz gleich, wie lange es dauert, welche Opfer zu erbringen sind oder wie hoch der Preis ist.

Wenn Sie Erfolg haben wollen, dann müssen Sie alle Ihre geistigen Fähigkeiten auf ein einziges unveränderliches Ziel ausrichten und die felsenfeste Absicht haben: Sieg oder Tod. Jede andere Neigung, die Sie verlockt, muss unterdrückt werden.

Ein Mensch mit nur einer einzigen Begabung, der sich ein klares Ziel setzt, erreicht mehr als einer mit zehn Talenten, der seine Energien verzettelt und nie genau weiß, was er eigentlich machen soll. Auch das schwächste Lebewesen kann etwas erreichen, wenn es seine Kräfte auf eine einzige Sache konzentriert; und selbst dem Stärksten gelingt nichts, wenn er seine Kräfte auf vieles verteilt.

Ein Talent, das gezielt in einer Richtung angewandt wird, bringt unendlich viel mehr zustande als zehn Talente, die überallhin verstreut werden. Ein Fingerhut voll Pulver hinter einer

Kugel in einem Gewehr hat mehr Wirkung als eine Wagenladung loses Pulver. Der Gewehrlauf ist die Absicht, die dem Pulver ein Ziel gibt. Ohne sie wäre es, so gut es auch sein mag, völlig wirkungslos.

*Das einzelne Ziel gewinnt.* Erfolgreiche Menschen haben einen Plan. Sie stecken einen Kurs ab und halten sich daran. Sie erarbeiten ihre Pläne und führen sie aus. Sie gehen geradewegs auf ihr Ziel zu. Sie lassen sich nicht mal hierhin, mal dahin zerren, sobald sich ihnen ein Hindernis entgegenstellt. Wenn sie nicht darüber hinweggehen können, dann gehen sie eben mitten hindurch. Der konstante, stetige Einsatz unserer Fähigkeiten für ein zentrales Ziel verleiht Stärke und Macht. Setzen wir unsere Fähigkeiten jedoch sinn- und ziellos ein, dann schwächen wir sie. Der Geist muss auf ein klar gestecktes Ziel ausgerichtet sein oder er fällt auseinander wie eine Mechanik ohne Schwungrad.

## Zusammenfassung und Essenz

Vernünftige und erreichbare Ziele zu entwickeln ist der erste Schritt zum Erfolg – sei es nun im Beruf oder in jedem anderen Lebensbereich. Sie müssen in Ihr Unterbewusstsein den Samen legen, der Sie dazu befähigt, diese Ziele zu akzeptieren und sie umzusetzen. Die folgenden Schritte machen es Ihnen leichter:

- *Ziele sollten klar formuliert werden.* Sagen Sie mit klaren Worten, was Sie erreichen möchten. Beschreiben Sie Ihr Ziel exakt und deutlich. Wenn Sie sagen: »Mein Ziel ist es, der beste Verkäufer in meiner Firma zu werden«, dann klingt das zwar gut, besser wäre es aber, wenn Sie etwas genauer formulierten: »Mein Ziel ist es, im nächsten Wirtschaftsjahr Verkäufe in Höhe von soundsoviel Euro vorzuweisen und mich dann in den nächsten drei Jahren jedes Jahr um zehn Prozent zu steigern.« Jetzt kennen Sie Ihr Ziel, und Ihr Unterbewusstsein hilft Ihnen, Ihre Anstrengungen so zu bündeln, dass Sie diese Zahlen erreichen.
- *Ziele sollten messbar sein.* Nicht immer ist es möglich, Ziele in Zahlen zu fassen. Manche Ziele lassen sich allerdings in finanziellen oder anderen Werten messen. Sie können Verkaufszahlen festsetzen, die Sie am Ende des Monats, des Quartals oder des Jahres erreicht haben möchten – in Stückzahlen oder Euro. Sie können einen bestimmten Betrag als Produktionsziel festschreiben. Sogar Ziele, die sich nicht in Zahlen ausdrücken lassen, können in Maßeinheiten gefasst werden. Sie können Ihr Hauptziel in Teilziele aufgliedern und sich einen Terminplan machen, wann Sie das jeweilige Teilziel erreicht haben wollen. So können Sie messen, wie nah sie dem jeweiligen Teilziel bereits gekommen sind und dann Ihr Handeln entsprechend darauf abstimmen, damit Sie Ihr Ziel auf jeden Fall rechtzeitig erreichen.
- *Ziele sollten inspirierend sein.* Wenn Sie sich ein allzu leicht erreichbares Ziel setzen, dann wird Sie das kaum motivieren, mehr als ein Mindestmaß dafür zu tun. Setzen Sie sich Ziele, die Sie antreiben, immer weiterzumachen und noch mehr dafür zu tun, dass Sie sie erreichen. Erfolgreiche Menschen wissen, dass sie sich, sobald ein Ziel erreicht ist, sofort ein neues setzen müssen, das sie veranlasst, sich immer weiter um Verbesserung und Wachstum zu bemühen.

- *Ziele sollten handlungsorientiert sein.* Wenn Sie sich nicht aufschreiben, was Sie tun müssen, um Ihre Ziele zu erreichen, dann bleiben diese Ziele lediglich Träume. Tätigwerden erfordert Aktivität – geistige, körperliche und emotionale. Geistig müssen Sie dazu bereit sein, sich in jeder freien Minute mit Ihrem Ziel und dem dafür erforderlichen Handeln zu befassen. Ihr Unterbewusstsein hilft Ihnen, Ihre Gedanken in Taten umzusetzen.
- *Ziele sollten aufgeschrieben werden.* Das Aufschreiben sorgt dafür, dass Ziele im hektischen Alltagsleben nicht in Vergessenheit geraten. Machen Sie sich eine Liste Ihrer Ziele und unterteilen Sie sie in lang-, mittel- und kurzfristige Ziele. Schreiben Sie in einer großen Schrift und bringen Sie Ihre Liste irgendwo an, wo Sie sie jeden Tag sehen können – über Ihrem Schreibtisch, am Kühlschrank, am Spiegel. Lesen Sie sie, merken Sie sich Ihre Ziele, lesen Sie sie erneut und fragen Sie sich jeden Tag: »Was tue ich, um diese Ziele zu erreichen?«
- *Ziele sollte man jemandem mitteilen.* Sie können auch dafür sorgen, dass Ihre Ziele nicht den Weg aller Neujahrsvorsätze gehen, wenn Sie mit jemandem darüber sprechen. Wählen Sie einen Menschen, den Sie hoch achten und auf den Sie hören. Bill Wilson, der Gründer der Anonymen Alkoholiker, berichtet, dass es den Teilnehmenden mit am meisten geholfen hat, nüchtern zu bleiben, wenn sie anderen ihre Ziele mitteilten. Auch Jean Nidetch, die Gründerin der Weight Watchers, berichtet Ähnliches.
- *Ziele sollten flexibel sein.* Es ist immer möglich, dass sich die Umstände verändern und sich das Ziel, das Sie sich gesetzt haben, so nicht mehr aufrechterhalten lässt. Vielleicht sind die wirtschaftlichen Bedingungen nicht günstig für die Gründung des neuen Unternehmens; vielleicht haben technische Neuerungen Ihr Ziel überflüssig gemacht; vielleicht sind Ihnen Fehler bei der Recherche unterlaufen, und Ihr Ziel ist gar nicht realisierbar. Das bedeutet jedoch nicht unbedingt, dass Sie Ihr Ziel völlig aufgeben müssen. Womöglich müssen Sie nur noch einmal genauer darüber nachdenken oder gründlicher recherchieren. Betrachten Sie in einer solchen Situation sorgfältig, was sich herausgestellt hat, und nehmen Sie die notwendigen Anpassungen vor.

## Kapitel 2:

# Entwickeln Sie Selbstvertrauen und Selbstwertgefühl

*Wenn Sie denken, Sie seien ein Versager und sich ausmalen, dass Sie versagen, dann werden Sie auch versagen. Denken Sie an den Erfolg. Erkennen Sie, dass Sie zum Erfolg und zum Siegen geboren sind. Entwickeln Sie ein Bild von sich als erfolgreichem, glücklichem und freiem Menschen, und Sie werden es sein. Wovon Sie mit Ihrem Bewusstsein denken und fühlen, dass es richtig ist, das wird Ihrem Unterbewusstsein einverleibt und in Ihrem Erleben herbeigeführt. Das ist das Gesetz des Geistes, unausweichlich, unerschütterlich, zeitlos und unabänderlich. Glauben Sie und Sie werden alle Hindernisse überwinden.*

Es gibt zahllose Gründe, warum die einen in ihrem Beruf oder mit ihrem Unternehmen erfolgreich sind und die anderen nicht. Im Laufe der vielen Jahre, die ich nun schon mit Menschen zu tun habe – reichen und armen, Berühmtheiten und Durchschnittsbürgern, Führungspersönlichkeiten oder Mitläufern – habe ich beobachtet, dass das wichtigste Kriterium für Erfolg oder Misserfolg eines Menschen darin liegt, wie er oder sie sich selbst empfindet. Wer sich selbst wirklich liebt, wer sich als wertvoll erachtet, der wird sehr viel wahrscheinlicher in seinem Leben Erfolge erzielen als jemand, dem diese Überzeugung fehlt.

Was haben erfolgreiche Menschen, was andere nicht haben? Sie haben Selbstachtung und Selbstvertrauen. Sie glauben an sich und die Kräfte in Ihrem Innern.

## Selbstachtung ist der Grundbaustein des Selbstvertrauens

Selbstachtung lässt sich vielleicht am besten als positives Selbstempfinden definieren. Menschen mit hoher Selbstachtung glauben eher, dass ihnen die meisten ihrer Vorhaben gelingen werden. Sie achten sich selbst und wissen, dass auch andere sie achten. Das heißt nicht, dass sie immer und bei allem optimistisch sind oder immer ein fröhliches Lächeln auf den Lippen tragen. Wir haben alle mal einen schlechten Tag und erleben Zeiten, in denen scheinbar alles schiefgeht. Menschen mit hoher Selbstachtung können das akzeptieren und lassen sich davon nicht unterkriegen.

Selbstachtung ist ein wesentlicher Bestandteil des Selbstvertrauens. Bevor Sie Vertrauen zu Ihren eigenen Entscheidungen fassen können, müssen Sie an sich glauben. Sie müssen sich aufrichtig als wertvollen Menschen empfinden. Wenn Sie keine Selbstachtung besitzen, wie wollen Sie dann darauf *vertrauen*, dass Ihre Entscheidungen überhaupt richtig sind?

Warum fehlt es Menschen an Selbstvertrauen? Ein häufiger Grund ist, dass sie vielleicht in jungen Jahren einmal versagt haben und nun befürchten, dies könne sich wiederholen. Ein anderer ist, dass Lehrer oder sogar ihre Eltern mit ihren Leistungen in der Schule oder auf anderen Gebieten nie zufrieden waren und so ein Gefühl der Unterlegenheit in ihnen erzeugten.

Wieder andere haben Erfolge erlebt, sind danach jedoch bald gescheitert. Seither lassen sie ihr Denken von diesem Scheitern beherrschen und verdammen sich damit zu mangelndem Selbstvertrauen bei allem, was sie tun.

Der Schlüssel zur Veränderung Ihres Selbstempfindens liegt in Ihrem Unterbewusstsein. Ihr Unterbewusstsein erreichen Sie einzig und allein über Ihr Bewusstsein. Unter mehreren einander widersprechenden Aussagen wird sich Ihr Unterbewusstsein stets für die stärkere entscheiden. Wenn Sie sagen:

»Ich möchte Selbstvertrauen entwickeln, aber ich schaffe es einfach nicht; ich versuche es mit aller Kraft; ich zwinge mich zum Beten; ich setze alle Willenskraft ein, die ich habe«, dann müssen Sie erkennen, dass Ihr Fehler gerade in diesem angestrengten Bemühen liegt. Manche Menschen versuchen, ihr Verhalten mit »Willenskraft« zu ändern. Willenskraft ist ein offenkundiger Versuch. Wenn Sie Ergebnisse erzielen wollen, dann müssen Sie Gedanken an das Negative aus Ihrem Unterbewusstsein entfernen, doch Willenskraft verstärkt diese Gedanken nur noch. Sie können Ihr Unterbewusstsein nicht durch Willenskraft zwingen, Ihre Ideen zu akzeptieren. Solche Versuche sind von vornherein zum Scheitern verurteilt und Sie bekommen genau das Gegenteil dessen, wofür Sie beten. Sie müssen die negativen Gedanken in Ihrem Bewusstsein durch positive ersetzen.

*Selbstvertrauen ist jenes Gefühl, durch das der Geist sich aufmacht zum wahrhaft Großen und Ehrenhaften mit sicherer Hoffnung und Vertrauen zu sich selbst.*

Cicero

## Halten Sie sich nie für einen Versager

Allein Ihre Einschätzung, Ihr Bild und Ihre Meinung von sich selbst beherrschen Sie, nicht die Meinung der anderen. Wenn also jemand zu Ihnen sagt: »Sie sind ein Versager, Sie werden es nie zu etwas bringen«, was sollten Sie dann tun? Sagen Sie sich: »Was jemand anders über mich sagt, ist unwichtig. Ich bin zum Sieg, zum Erfolg geboren. Ich muss Erfolg haben. Und ich werde einen bemerkenswerten und einzigartigen Erfolg erringen.«

Immer wenn Ihnen jemand sagt, dass Sie scheitern werden, ist das ein Anreiz für Sie, Ihren Glauben an die Macht Ihres Unterbewusstseins zu stärken. Es versagt nie. Mit anderen Worten: Schieben Sie die Schuld an Ihren Fehlschlägen nicht anderen zu. Machen Sie auch nicht äußere Umstände dafür verantwortlich. Erfolgreiche Menschen arbeiten daran, ungünstige Umstände zu überwinden. Natürlich werden Sie auch einmal versagen, aber das bedeutet nicht, dass Sie ein Versager sind. Sie haben die schöpferische Kraft, einen Fehlschlag rückgängig zu machen und neue Erfolge zu erzielen, in sich. Sie werden nicht von den anderen gesteuert. Die anderen haben nicht die Macht, Sie zu manipulieren, wenn Sie es nicht zulassen.

Mit jedem Erfolg wächst Ihr Selbstvertrauen. Ihr Selbstvertrauen wächst auch, wenn Sie einmal scheitern, falls Sie dann daran denken, dass die Macht immer noch bei Ihnen ist und an sie und damit an sich selbst glauben.

*Sie sind das, was Sie zu sein glauben. Sie erschaffen sich nach dem Bilde, das Sie in Ihrem Geist von sich haben.* Selbstachtung und Selbstvertrauen sind nichts weiter als die Projektion Ihres Selbstbildes. Wenn Sie sich ein starkes, positives Selbstbild bewahren, dann werden Sie ein glücklicherer und erfolgreicherer Mensch. Sie werden jemand, der Hindernisse wie Hürden überwindet, so schwierig sie auch sein mögen, und die Ziele erreicht, die er sich setzt.

Das Wichtigste ist, dass Sie an sich selbst, an Ihr Tun und an Ihr Schicksal glauben. Selbstsicherheit oder Selbstvertrauen können sich am besten entfalten, wenn Sie mit dem Glauben einhergehen, dass Ihr wahres Selbst gottgegeben und dass mit Gott alles möglich ist.

Entschließen Sie sich jetzt, in diesem Augenblick. Sie können haben, was Sie besitzen möchten; und nach Ihrem Glauben wird Ihnen geschehen. Folgen Sie dem uralten Leitspruch: Seien Sie sich sicher, dass Sie recht haben, und dann schreiten Sie zur Tat. Lassen Sie sich in Ihrer Überzeugung durch nichts beirren oder erschüttern. Machen Sie sie zu einem Charakterzug. Mit einem solchen Glauben werden Sie unweigerlich Erfolg haben und sich im Leben weiterentwickeln.

## Erstellen Sie ein positives Skript für Ihr Leben

Psychologen sagen, wir erstellen für unser Leben ein »Skript«. Dieses Skript kann optimistisch oder pessimistisch sein, es kann uns glücklich oder unglücklich machen, es kann eine positive Haltung und Selbstachtung widerspiegeln oder vorsehen, dass das Negative, vielleicht sogar Abscheu vor uns selbst, in unserem Leben dominiert. Männer und Frauen, die gleich zu Beginn ihrer Berufslaufbahn Misserfolge erleben, verlieren Selbstachtung und Selbstvertrauen. Ihre frühen Misserfolge schlagen sich in ihrer Psyche nieder. Im Unterbewusstsein erstellen Sie für sich ein Skript des Versagens. Und wenn es ihnen nicht gelingt, den Glauben an sich selbst wiederzufinden, dann werden aus ihnen tatsächlich Versager.

Wenn Sie für sich ein Skript des Versagens erstellt haben, dann beherrscht es Ihr Denken und Handeln. Sie werden sich immer für einen Versager halten und werden es schließlich auch. Wenn Sie dieses Skript nicht umschreiben, sind Sie zu lebenslangem Versagen und Unglück verurteilt.

Den meisten erfolgreichen Männern und Frauen war der Erfolg nicht in die Wiege gelegt. Oft zeigt die Lebensgeschichte dieser großartigen Menschen, dass sie gegen Armut, Depression oder die denkbar schlechtesten Zukunftsaussichten ankämpfen mussten, bevor sie ihre Ziele erreichten.

Das konnten sie, weil sie ihr Skript umschrieben und ihr negatives Selbstbild in ein positives verwandelten. Durch Entschlossenheit, Hingabe und harte Arbeit erzielten sie dann den Erfolg, den sie sich in ihr Skript geschrieben hatten.

Weiter unten als Frederick Douglass kann man gar nicht anfangen. Er wurde als Sklave auf einer Baumwollplantage geboren. Was seine Chancen anbelangt, im Leben irgendwie vorwärtszukommen, war seine Lage so hoffnungslos, wie man sie sich schlimmer nicht denken kann. Stellen Sie sich einmal vor, er hätte sich in dem Moment, in dem er seinen Status als Leibeigener und dessen ganze Hoffnungslosigkeit erkannte, gesagt:

»Ich bin nun mal ein Sklave. Ganz egal, wie ehrgeizig ich bin oder wie sehr ich aus dieser Umgebung heraus möchte, ich habe keine Chance, denn ich wurde in der Sklaverei geboren. Meine Eltern sind Sklaven und meine Großeltern waren auch schon Sklaven. Ich habe keinerlei Aussicht auf Bildung und kriege außerhalb dieser Plantage keinen Fuß auf den Boden.«

Wenn er so gedacht hätte, hätte man dann je etwas von Frederick Douglass gehört? Natürlich nicht. Er hätte als Sklave gelebt und wäre als Sklave gestorben wie Millionen anderer Leibeigener auch. Aber er hatte den Willen zum Sieg. Statt: »Ich kann nicht und werde es nie schaffen«, sagte er sich: »Ich kann und werde mich aus dieser schrecklichen Sklaverei herausarbeiten.«

Er schrieb sich ein Skript und rief die geheimnisvolle Macht an, die in jedem Menschen ruht und unseren Ruf stets erhört. So besiegte er alle scheinbar unüberwindlichen Hindernisse, die zwischen ihm und Freiheit und Bildung lagen. Das Alphabet lernte er von Plakaten an Zäunen, von Fetzen bedruckten Papiers und aus einem alten Almanach, den er auf der Plantage irgendwo aufgelesen hatte. Ein richtiges Buch bekam er erst zu Gesicht, als er bereits Lesen gelernt hatte.

Aus solch kleinen Anfängen, in einer harten Umgebung, brachte es dieser Sklavenjunge fertig, die Freiheit zu erlangen und sich Bildung zu verschaffen. Er erlangte Weltruf als der Führer der versklavten schwarzen Bevölkerung, deren Sache er sein Leben widmete. Seine Arbeit trug ihm die Aufmerksamkeit des amerikanischen Präsidenten ein, und er wurde zum Botschafter in Haiti ernannt.

Auch Sie können das Skript umschreiben, das Sie in den Fallgruben des Lebens festhält. Sie brauchen Entschlossenheit und nicht nachlassendes Bemühen, aber wenn Sie aus dieser Grube heraussteigen wollen, dann können Sie es auch, ja dann müssen Sie es sogar. Es mag Sie viel Mühe und Anstrengung kosten, aber am Ende wird es sich gelohnt haben.

So können Sie vorgehen:

- Lieben Sie sich selbst. Wenn Sie selbst sich nicht wirklich achten, können Sie auch nicht erwarten, dass andere Sie lieben und achten.
- Vertrauen Sie sich selbst. Zögern Sie nicht, Entschlüsse zu fassen. Wenn Sie sich ein Ziel setzen und zuversichtlich sind, dass Sie Erfolg haben werden, dann brauchen Sie auch nicht vor einer Entscheidung zurückzuschrecken, die Ihnen hilft, dieses Ziel zu erreichen.
- Betonen Sie das Positive. Bestimmt wird Ihnen auf dem Weg zum Ziel auch das eine oder andere misslingen, aber verharren Sie nicht dabei. Konzentrieren Sie sich jeden Tag auf das, was Sie erreicht haben. Das stärkt Ihr Erfolgs-Skript. Selbstachtung ist vergänglich. Sie muss ständig genährt und gestärkt werden. Sie zehrt von Worten, Taten, Haltungen, Erfahrungen und dem Engagement, mit dem Sie sie bewahren.
- Verlangen Sie viel von sich. Gratulieren Sie sich zu Ihren kleinen Erfolgen, aber werden Sie nicht selbstgefällig. Nutzen Sie kleine Erfolge als Ansporn, nach Höherem zu streben.
- Sagen Sie sich regelmäßig den berühmten Spruch von Emile Coué: »Es geht mir mit jedem Tag in jeder Hinsicht immer besser und besser!«

## Machen Sie sich Mut!

Hin und wieder müssen wir unsere Selbstachtung etwas aufpolieren. Machen Sie es dann wie der Trainer einer Sportmannschaft. Wenn die Mannschaft zurückfällt, versucht der Trainer, sie wieder zu motivieren; er spendet ihr Zuspruch. Mit wohlüberlegten Worten weckt der Trainer Begeisterung, Selbstvertrauen und nicht nur den Wunsch zu gewinnen, sondern auch die Bereitschaft, alles daranzusetzen, dass das Ziel erreicht wird.

Auch als Einzelne brauchen wir hin und wieder jemanden, der uns Zuspruch spendet. Wir brauchen Zuspruch, wenn unsere Lebensfreude versiegt, wenn wir niedergeschlagen sind, wenn wir Fehlschläge erlitten haben. Wenn unser Selbstvertrauen schwindet und unser Glaube an uns selbst erschüttert wird. Aber wo ist der Trainer?

Wir müssen unser eigener Trainer sein. Wenn Sie das Skript in Ihrem Denken ändern wollen, dann spenden Sie sich Zuspruch. Sagen Sie sich, dass Sie gut sind, ein Siegertyp, dass Sie früher schon Erfolge hatten und dass dies auch jetzt wieder so sein wird. Wenn Sie sich Zuspruch spenden, dann säen Sie Samen der Selbstachtung in Ihr Bewusstsein. Durch häufige Wiederholung rieseln sie in Ihr Unterbewusstsein und werden dort zu den Wurzeln Ihres Verhaltens.

Diese Selbstachtung folgt uns unser ganzes Leben lang. Wenn wir jung sind, treibt sie uns an, im mittleren Lebensalter hält sie uns bei der Stange und im Alter erneuert sie uns.

Machen Sie es sich zur regelmäßigen Übung, die negativen Worte in Ihrem persönlichen Skript durch positive zu ersetzen. Statt Worte der Verzweiflung setzen Sie Worte der Hoffnung; statt Worte des Misslingens erschaffen Sie Worte des Erfolgs; statt in Worten der Niederlage denken Sie in Worten des Sieges, statt Worte der Sorge fügen Sie Worte der Ermutigung ein, statt Worte der Trägheit pflanzen Sie Worte der Begeisterung, statt Worte des Hasses verwenden Sie Worte der Liebe. Ersetzen Sie alle negativen Worte durch Worte der Selbstachtung, und so sicher wie der Tag auf die Nacht folgt, werden Selbstachtung und Zuversicht Ihr Leben erfüllen.

## Sie können Hindernisse erkennen und überwinden

Rückschläge können unsere Selbstachtung ins Wanken bringen. Pläne gehen schief, unerwartete Hindernisse tauchen auf, und alles scheint in sich zusammenzubrechen. Jetzt ist es an der Zeit, dass Sie Ihren Glauben an sich selbst erneuern. Jetzt ist es an der

Zeit, alle Reserven zu mobilisieren, die Gott Ihnen gegeben hat, um das Problem zu erkennen und zu überwinden. Sie werden damit Erfolg haben und dieser Erfolg wird Ihre Selbstachtung steigern. Die besten Führungspersönlichkeiten sind sich meist in Folgendem einig: Je größer das Hindernis, desto mehr Selbstvertrauen ist erforderlich und desto wertvoller ist die Erfahrung.

> *Die Menschen sind dann erfolgreich, wenn sie erkennen, dass ihre Fehlschläge die Vorbereitung für ihre Siege waren.*
>
> Ralph Waldo Emerson

Einer der Chefs von *Procter & Gamble* war zu Anfang seiner Karriere Verkaufsleiter für den asiatischen Raum. Damals erschütterte ein großes Erdbeben Japan und die asiatische Wirtschaft brach zusammen. Er konnte seine Gesellschaft erfolgreich durch diese ungeheuren Schwierigkeiten führen, weil er nie den Glauben an sich selbst verlor und sich immer vor Augen hielt, dass man in der Krise zehnmal mehr lernt als in normalen Zeiten.

Auch ein Chef von *General Electrics* wurde in einer Krise auf seinen Posten berufen. Als sich in einem Jahr Millionen von Kühlschrankkompressoren als fehlerhaft erwiesen, nahm sein damaliger Vorgesetzter ihn in die Verantwortung. Er sollte die Misere beheben, obwohl er weder Erfahrung mit Kühlschränken noch mit Rückrufaktionen hatte. Er sagte, er wäre nicht Firmenchef geworden, wenn er damals nicht das Selbstvertrauen besessen hätte, dass er mit dieser »unmöglichen« Lage fertig würde. Eine Situation, die damals viele bei *General Electrics* als unüberwindliches Hindernis betrachteten.

## Hören Sie auf, sich zu bestrafen

Was Sie mit Ihrem Bewusstsein vollständig akzeptieren, das werden Sie erleben, und zwar unabhängig von Bedingungen, Umständen oder der Obrigkeit. Bestärken Sie sich selbst in folgenden Wahrheiten: Weiterkommen steht Ihnen zu, Erfolg steht Ihnen zu, rechtes Handeln steht Ihnen zu, Wohlstand steht Ihnen zu. Wenn Sie sich dies immer wieder sagen, dann wird es in Ihrem Unterbewusstsein, dem schöpferischen Medium, gespeichert, und in Ihrem Leben werden Wunder geschehen.

Eine Anwaltsgehilfin beklagte sich bei ihrem Pfarrer: »Keiner gönnt mir eine Atempause. Der Chef und die anderen in der Kanzlei sind gemein und grausam zu mir. Meine Familie hat mich zu Hause mein ganzes Leben lang misshandelt. Ich glaube, auf mir liegt ein Fluch oder so was. Ich tauge einfach zu nichts. Ich sollte am besten ins Wasser gehen.«

Ihr Pfarrer erklärte ihr, dass sie geistig zu sich selber grausam sei und dass ihre Selbstgeißelung und ihr Selbstmitleid zwangsläufig auf der äußeren Ebene des Lebens Gestalt annehmen und sich bestätigen müssten: »Wenn Sie gemein zu sich sind, sind andere auch gemein zu Ihnen, wo auch immer Sie sich in diesem Universum hinbegeben. Wenn Sie sich für einen Wurm halten, werden alle auf Ihnen herumtrampeln.« Mit anderen Worten, die Haltung und das Verhalten der Menschen in ihrer Umgebung entsprachen lediglich ihrem inneren Bewusstseinszustand und bestätigten ihn.

Sofort hörte sie auf, sich selbst zu bestrafen. Vor ihrem geistigen Auge malte sie sich aus, wie sie von ihrem Arbeitgeber für ihre höchst effiziente Arbeit gelobt wurde. Außerdem stellte sie sich vor, dass er ihr eine Gehaltserhöhung versprach. Von nun an zeigte sie gegenüber ihrem Arbeitgeber und allen Menschen, mit denen sie zu tun hatte, stets Liebe und guten Willen. Voller Vertrauen rief sie sich das geistige Bild mehrere Wochen lang mehrmals täglich vor Augen, um dann zu ihrer völligen Überraschung zu erleben, dass ihr Arbeitgeber ihr nicht nur zu ihrer Arbeit gratulierte, sondern sie nach einigen Monaten sogar in eine Leitungsposition beförderte. In wenigen Stunden erkannte sie die Wunder des tieferen Bewusstseins. Sie hatte den Schlüssel zur Schatzkammer gefunden.

## Sagen Sie nie: »Ich kann nicht!«; sagen Sie: »Ich schaffe das!«

Norman Cousins, ein Wissenschaftsjournalist, Friedensaktivist und Autor von *Der Arzt in uns selbst*, ist ein beeindruckendes Beispiel dafür, wie die Kraft des Unterbewusstseins es uns ermöglicht, unsere oft ungenutzten Ressourcen freizusetzen.

Cousins litt unter einer Krankheit, die seinen Hals, Arme, Hände, Finger und Beine beinahe vollständig lähmte. Im Krankenhaus diagnostizierte man eine Spondylarthritis, eine sehr schmerzhafte schwere Wirbelentzündung. Der Arzt sagte ihm: »Ihre Chancen auf volle Genesung stehen eins zu fünfhundert.«

Zunächst ließ Cousins seinen Arzt und das Krankenhaus »ihr Ding mit ihm durchziehen«. Medikamente wurden verabreicht, Behandlungen durchgeführt – aber alles bestätigte nur immer wieder die Diagnose.

Cousins weigerte sich, sein Schicksal zu akzeptieren. Er glaubte fest daran, dass Lachen, Zuversicht und Lebenswille therapeutischen Wert haben. Schon bald erstellte Cousins einen Plan zur Entwicklung affirmativer Emotionen. Sein Plan stützte sich auf medizinische Quellen, Pflegedienste, Lachen und die Liebe der Familie. So verließ er das Krankenhaus, mietete sich ein Hotelzimmer, stellte eine eigene Krankenschwester ein und sah sich lustige Filme und Fernsehsendungen an. Zehn Minuten herzliches, zwerchfellerschütterndes Lachen, so stellte er fest, schenkten ihm zwei oder drei Stunden schmerzfreien Schlaf – den ersten seit Monaten.

Woche um Woche gewann Norman Cousins an Kraft; Jahr um Jahr verbesserte sich seine Beweglichkeit. Cousins war fest davon überzeugt, dass das, was er erlebt hat, ein Beweis für die Macht von Lebenswillen und Selbstvertrauen ist, die die enormen Kräfte in uns freizusetzen vermögen. Noch weitere 16 Jahre lang führte Cousins ein aktives und produktives Leben.

## Betonen Sie Ihre Stärken

Selbstvertrauen ist die Grundlage jeglicher Leistung. In der Überzeugung, dass wir etwas Bestimmtes können, liegt eine gewaltige Kraft. Menschen, die fest an sich glauben, bleiben viele Unsicherheiten erspart. Sie fragen sich nicht, ob sie am rechten Ort sind, zweifeln nicht an ihren Fähigkeiten und haben keine Angst vor der Zukunft.

Auch wenn Sie im Augenblick nicht gerade vor Erfolgen sprühen, sind Sie doch bestimmt – wie die meisten Menschen – in einigen Dingen sehr gut. Vielleicht sind Sie nicht der Leistungsträger in Ihrer Abteilung, haben aber in einigen Bereichen Ihres Aufgabengebietes besondere Fähigkeiten, für die man Sie schätzt. Vielleicht sind Sie im Sport nicht so gut wie Ihre Klassenkameraden, haben dafür aber im Fach Kunst etwas Herausragendes geschaffen. Vielleicht verdienen Sie nicht so viel wie Ihre Nachbarn, können dafür aber alles reparieren, was im Haus kaputtgehen kann, bei sich und anderen.

Es ist nur menschlich, dass Sie sich über Ihre Schwächen Gedanken machen. Für manche Menschen ist das ein Ansporn, sie auszumerzen, viele aber fühlen sich dadurch anderen unterlegen. Brüten Sie nicht darüber, was Sie nicht gut können, sondern loben Sie sich stattdessen für all das, worin Sie wirklich gut sind. Das Ergebnis: Ihre Selbstachtung und Ihr Selbstvertrauen wachsen und führen Sie zum Erfolg in allem, was Sie sich vornehmen.

> *Glücklich ist der Mensch, der das Selbstvertrauen entwickelt hat, im Leben auf geradem Kurs sein Ziel anzusteuern und sich weder durch schlechte noch durch gute Beurteilungen davon abbringen zu lassen.*
>
> Napoleon Hill

## Zusammenfassung und Essenz

- Wenn Sie sich für einen Versager halten und sich selbst als Versager sehen, dann werden Sie auch versagen. Denken Sie an den Erfolg. Sehen Sie sich selbst vor Ihrem inneren Auge als einen erfolgreichen, glücklichen und freien Menschen – und Sie werden genau das sein.
- Was immer Sie Ihrem Unterbewusstsein einprägen oder glauben, das wird es als Form, Funktion, Erfahrung und Ereignis in der Realität herbeiführen. Was immer Sie mit Ihrem Bewusstsein aufrichtig glauben, das wird Ihr Unterbewusstsein inszenieren.
- Solange Sie sich nicht selbst lieben und respektieren, können Sie dieses Selbstbild noch nicht einmal in Ansätzen entwickeln. Wenn Sie erfolgreich sein wollen, dann müssen Sie ein positives Selbstbild entwickeln.
- Lassen Sie nie zu, dass Sie gemein, engstirnig oder schlecht von sich denken oder sich als schwach, ineffizient und krank betrachten. Betrachten Sie sich als vollkommen, vollständig und rundum gesund.
- Denken Sie noch nicht einmal daran, dass Sie als Versager oder auch nur teilweiser Versager durchs Leben gehen könnten. Akzeptieren Sie die Vorstellung, dass Sie Erfolg haben werden.

## Kapitel 3:

# Positives Denken macht das Leben leichter

*Das Gesetz des Lebens ist das Gesetz des Glaubens. Ein Glaube ist ein Gedanke in Ihrem Geist. Glauben Sie nicht an Dinge, die Sie verletzen oder Ihnen wehtun. Glauben Sie an die Macht Ihres Unterbewusstseins, Sie zu heilen, zu inspirieren, zu stärken und für Ihr Wohlergehen zu sorgen. Nach Ihrem Glauben wird Ihnen geschehen.*

Negative Menschen erreichen nie etwas. Im Negativen ist kein Leben, sondern nichts als Zerfall, Zerstörung und Tod. Das Negative ist der große Feind des Erfolgs. Menschen, die immer alles schlechtreden, die sich ständig über die harten Zeiten und die schwierige Wirtschaftslage beklagen, über eine schlechte Gesundheit und Armut, ziehen alle zerstörerischen, negativen Einflüsse an und machen all ihre Bemühungen wieder zunichte.

Konstruktive Denker lassen Menschen, die stets destruktiv denken und in destruktiven Begriffen reden, einfach hinter sich, denn sie haben nichts gemein mit etwas Positivem, nichts, was Positives anzieht. Die schöpferischen Prinzipien können in einer negativen, destruktiven Atmosphäre nicht leben; hier lässt sich absolut nichts erreichen. Deshalb sitzen negative Menschen immer auf dem absteigenden Ast, sie enden immer wieder als Versager. Sie verlieren die Macht der Selbstbestätigung und treiben ziellos umher, unfähig vorwärtszukommen.

## Negative Menschen berauben Sie Ihrer Kraft

Negative Menschen lähmen Ihren Ehrgeiz, wenn Sie sich mit ihnen einlassen. Sie vergiften Ihr Leben. Sie machen Ihr Selbstvertrauen zunichte, bis Sie schließlich Opfer statt Herr der Lage sind. Tatkraft ist weitgehend eine Frage des Glaubens an sich selbst, des Selbstvertrauens. Ganz gleich, was Sie sich vornehmen, Sie werden es immer erst dann tun, wenn Sie glauben, dass Sie es schaffen. Sie werden es nie meistern, solange Sie sich nicht zuvor als Meister fühlen und die Taten im Geiste vollbringen. Alles muss zuerst gedacht werden, bevor es getan werden kann.

Viele Menschen verbreiten, wo sie gehen und stehen, Gedanken der Furcht, des Zweifels und des Versagens. Diese Gedanken schlagen dann Wurzeln im Bewusstsein von Menschen, die sonst völlig frei davon und daher glücklich, zuversichtlich und erfolgreich wären.

## Schaffen Sie positive Beziehungen zu anderen

Sie können sicher sein, dass immer, wenn Sie böse Gedanken gegenüber jemandem hegen, Gedanken der Zwietracht, der Krankheit, des Todes, in Ihrem Bewusstsein etwas schiefläuft. Rufen Sie dann innerlich: »Halt! Zurück!« Schauen Sie auf die Sonnenseite des Lebens und beschließen Sie, dass Sie, selbst wenn Sie nichts Gutes in der Welt tun können, doch wenigstens nicht giftige Saat ausbringen werden, das Gift der Bosheit und des Hasses.

Hegen Sie im Beruf und im Leben allen Menschen gegenüber immer freundliche, wohlmeinende, großherzige, liebevolle Gedanken, dann deprimieren und behindern Sie sie nicht, sondern verbreiten Sonnenschein und Frohsinn statt Traurigkeit und Schatten. Sie verbreiten Hilfe und Ermutigung statt Entmutigung.

## Entwickeln Sie eine optimistische Haltung

Es gibt keine erhebendere Gewohnheit als eine hoffnungsvolle Haltung, als der Glaube daran, dass alles gut und nicht schlecht ausgehen wird, dass wir Erfolg haben und keinen Fehlschlag erleiden, dass wir glücklich sein werden, was auch geschieht.

Wenn Sie mehr Freude an Ihrer Arbeit haben und Beziehungen aufbauen wollen, die Ihnen zu Erfolgen und Vorwärtskommen verhelfen, dann ist nichts hilfreicher als eine solch optimistische erwartungsfrohe Haltung. Eine Haltung, die immer das Beste, das Höchste, das Glücklichste sucht und erwartet und nie zulässt, dass man in eine pessimistische mutlose Stimmung verfällt.

Glauben Sie von ganzem Herzen, dass Sie tun werden, wozu Sie bestimmt sind. Hegen Sie nicht eine Sekunde auch nur den leisesten Zweifel daran. Verscheuchen Sie den Zweifel aus Ihren Gedanken, sobald er dort Einlass sucht. Unterhalten Sie nur »Gedanken-Freunde« – Ideale dessen, was Ihnen zu erreichen bestimmt ist. Verweigern Sie allen »Gedanken-Feinden« den Zutritt – allen entmutigenden Stimmungen, allem, was Fehlschläge oder Unglück auch nur andeutet.

*Zahlen Sie Gedanken des Wohlstandes, des Reichtums und des Erfolges auf Ihr Unterbewusstsein ein, und es wird Ihrem Grundkapital reiche Zinsen eintragen.*

Eine bekannte amerikanische Kolumnistin und Herausgeberin einer einflussreichen Zeitung wuchs in Griechenland auf. Als sie noch zur Schule ging, sah sie in einer Zeitschrift ein Foto der Universität Cambridge und teilte daraufhin ihrer Familie und ihren Freunden mit, dass sie dorthin wollte. Alle, insbesondere ihr Vater, hielten das für eine absolut lächerliche Idee, die sie sich am besten sofort wieder aus dem Kopf schlagen sollte. Aber ihre Mutter kaufte billige Flugtickets, damit sie mit ihrer entschlossenen Tochter nach Cambridge reisen und sich besser vorstellen konnte, wie es wäre, wenn ihre Tochter diese Universität besuchte. Während ihres Aufenthaltes hatten sie keinerlei Gespräche mit Vertretern der Universität; sie gingen einfach nur im Regen spazieren und stellten sich vor, Arianna studiere und lebte bereits dort.

Drei Jahre später erhielt sie ein Stipendium für die Universität Cambridge. Sie sagt, ihre Mutter gab ihr das Selbstvertrauen, immer wieder etwas Neues auszuprobieren, und sie habe schon früh verstanden, dass eine positive Haltung Hindernisse überwinden kann. Im Laufe der Jahre erreichte sie mit ihrer positiven Haltung Erfolge in der Politik, im Fernsehen und heute als Herausgeberin einer eigenen, viel gelesenen Zeitung.

> *Die größte Entdeckung ist, dass ein Mensch sein Leben verändern kann, indem er seine Geisteshaltung verändert.*
>
> William James

Es ist nicht wichtig, was Sie tun oder sein möchten, nehmen Sie einfach immer eine erwartungsfrohe, hoffnungsvolle, optimistische Haltung dazu ein. Sie werden überrascht sein, wie sehr Sie in allen Ihren Fähigkeiten wachsen und sich allgemein weiterentwickeln.

Zwei Brüder gründeten zusammen ein Unternehmen, und es ging ihnen etliche Jahre lang recht gut. Dann stiegen sie in Spekulationen mit Terminkontrakten und Warentermingeschäften ein und verloren alles, einschließlich ihres Unternehmens und ihrer Ersparnisse. Genauer: Sie hatten Verbindlichkeiten in Höhe von 50.000 US-Dollar, die sie nicht zurückzahlen konnten, und gingen daher in Insolvenz.

Einer der beiden Brüder, der eine sehr gute Einstellung hatte, sagte: »Ich habe Geld verloren. Ich werde wieder zu Geld kommen und wieder ein Unternehmen gründen. Ich habe eine Lektion gelernt, die mir am Ende Ertrag bringen wird. Ich habe weder meinen Glauben verloren noch mein Selbstvertrauen oder meine Fähigkeit, wieder aufzusteigen und es zu etwas zu bringen. Ich habe viel zu bieten und ich werde wieder grandiosen Erfolg haben.« Er arbeitete als Angestellter bei einem Börsenmakler und weil er viele Freunde hatte, gewann er bald neue Kunden für seinen Arbeitgeber.

Er versuchte auch, seinen Bruder dazu zu bewegen, dass er seine Haltung ändere. Doch sein Bruder fühlte sich erniedrigt und entwürdigt, weil er alles verloren hatte. Allen, die ihm über den Weg liefen, erzählte er von seinen Verlusten. Dabei wiederholte er monoton immer dieselbe Leier, dass nämlich ihr Börsenmakler an allem schuld sei. So versuchte er, seine eigene Fehlentscheidung und seinen Irrtum zu rechtfertigen. Seine Freunde gingen ihm nach und nach aus dem Weg, und seine Gesundheit litt unter seinem Trübsinn und seiner Niedergeschlagenheit. Er verweigerte sich jeder Beratung und lebte fortan von Sozialhilfe.

Beide Brüder hatten denselben Verlust erlitten. Der eine reagierte konstruktiv, der andere negativ und mit dem Gefühl völliger Sinnlosigkeit. Es kommt nicht so sehr darauf an, was uns passiert; konstruktiv oder negativ kann vielmehr sein, wie wir darüber denken und wie wir darauf reagieren. Der eine Bruder nutzte seine Vorstellungkraft klug, erschuf vor seinem geistigen Auge ein neues Muster, sah künftige Möglichkeiten und baute sich auf den Schwingen des Glaubens und der Vorstellungskraft erneut ein besseres Leben auf. Er erkannte, dass Erfolg und Wohlstand in seinem Kopf stattfanden.

*Nichts kann Menschen mit der richtigen Geisteshaltung daran hindern, Ihre Ziele zu erreichen; und nichts auf der Welt kann Menschen mit der falschen Geisteshaltung helfen.*
Thomas Jefferson

## Ersetzen Sie negative Gedanken durch positive

Wenn Sie sich ständig mit negativen Gedanken befassen, gerät Ihre Lebenskraft in Ihrem Unterbewusstsein ins Stocken, gerade so, wie der Durchfluss des Wassers blockiert wird, wenn Sie mit einem Fuß auf dem Gartenschlauch stehen. Die negativen Gefühle, die in Ihrem Unterbewusstsein aufgestaut sind, brechen sich dann in Gestalt aller möglichen psychischen und physischen Krankheiten Bahn.

Verbannen Sie negatives Denken, Böswilligkeit, Kritik und Selbstverurteilung und füllen Sie Ihren Geist stattdessen mit konstruktiven Gedanken an Harmonie, Gesundheit, Frieden, Freude und gutem Willen. Sie verwandeln damit Ihr Leben.

Mit konstruktivem Denken auf der Grundlage der universellen Prinzipien können Sie alle negativen Muster in Ihrem Bewusstsein ändern und fortan ein wahres Glückskind sein.

Wenn Sie den Königsweg zu Reichtum jeder Art, spirituell, geistig, materiell und finanziell, gehen wollen, dann legen Sie anderen nie Hindernisse in den Weg und hegen Sie auch weder Eifersucht noch Neid oder Groll gegen andere. Bedenken Sie, Ihre Gedanken haben Schöpferkraft, und was immer Sie über jemand anderen denken, das erschaffen Sie in Ihrem eigenen Leben. Suggestionen *haben* Macht, aber sie *sind* keine Macht, die etwas bewegen kann wie Harmonie, Liebe und Frieden. Wenn die Menschen in Ihrer Umgebung Negatives erleben oder Sie mit Negativem überschütten, dann denken Sie immer daran, dass Sie die Fähigkeit besitzen, sich geistig mit der Unendlichen Intelligenz in Ihrem Innern zu verbinden, deren Prinzipien Liebe, Großzügigkeit und Harmonie sind – nicht Negativität.

Beenden Sie einen negativen Satz nie – kehren Sie ihn augenblicklich um, und in Ihrem Leben werden Wunder geschehen. Wenn Sie sich von Angst, Sorgen und anderen destruktiven Denkweisen haben vereinnahmen lassen, dann hat Ihr

Unterbewusstsein Ihre negativen Gedanken als Anordnung angenommen und macht sich nun daran, diese für Sie in Erfahrungen umzusetzen. Da hilft nur, Ihre Gedanken auf Freundlichkeit, Frieden und Vergebung zu richten. Kreativ, wie Ihr Unterbewusstsein ist, macht es sich dann daran, die Eigenschaften in Ihrem Leben Gestalt annehmen zu lassen, die Sie aufrichtig angeordnet haben.

Mit jedem Mal, wenn Sie negative Gedanken hegen oder aussprechen, tragen Sie zur Fortdauer der Situation bei, die Ihren Seelenfrieden zunichte macht. Sie beten dabei gegen sich selbst. Passen Sie Ihre inneren stillen Gedanken Ihrem gewünschten Ziel an. Fehlschläge sind negatives Denken. Sie haben viele Ursachen. Eine davon, vielleicht die entscheidendste, ist die Überzeugung, dass Fehlschläge unvermeidlich sind.

Ihr Unterbewusstsein hat gewaltige Macht. Beeinflussen Sie es nur positiv, konstruktiv und harmonisch, denn es widerspricht Ihnen nie. Welchen Befehl (Gedanken) Sie ihm auch geben, es gehorcht. Mit den negativen Gedanken, die Sie hegen, fügen Sie sich daher selber großen Schaden zu, denn Ihr Unterbewusstsein wird Ihre negativen Gedanken als Ihre Wünsche akzeptieren.

Mit jedem Teil Ihres Wesens drücken Sie diese Gedanken aus; in Ihrem äußeren Leben zeigt sich, was Sie bewusst Ihrem Unterbewusstsein einprägen. Bestätigen Sie deshalb im Inneren nie etwas, was Sie im Äußeren nicht erleben wollen.

*Der Geist reagiert sehr schnell auf Unterricht und Disziplin. Sie können dafür sorgen, dass Ihr Geist Ihnen all das gibt, was Sie wollen.*

Norman Vincent Peale

## Geben Sie sich einen Ruck

Viele Menschen stünden im Leben recht gut da, wenn sie jemanden hätten, der sie ständig antreibt, sie mit neuer Energie auflädt, sie begeistert und sie andauernd inspiriert. Doch sie verspüren nicht die geringste Neigung, das für sich selbst zu tun und bleiben daher in ihrer Mittelmäßigkeit stecken. Was ihren Antrieb anbelangt, verlassen sie sich auf andere. Wenn man ihnen gut zuredet, ihnen Hoffnung macht und ihren Ehrgeiz anstachelt, indem man ihnen sagt, was sie erreichen können, dann ist es, als hätte man sie aufgeladen wie eine Autobatterie. Dann laufen sie ein paar Tage lang wie am Schnürchen, aber plötzlich brechen sie ein; ihre Kraft ist verbraucht, und sie müssen wieder neu aufgeladen werden.

Sie scheinen absolut unfähig zu jeglichem Eigenantrieb. Ihnen fehlt es an Initiative und Selbstanleitung. Sie müssen hin- und hergeschoben werden wie Figuren auf einem Schachbrett. Sobald sie merken, dass sie alleine dastehen, ohne jemanden, an den sie sich anlehnen können oder der sie anspornt, wissen sie anscheinend nicht, was sie tun sollen.

Sehr viele Männer und Frauen möchten unbedingt vorwärtskommen, doch es fehlt ihnen an eigenem Antrieb. Sie warten darauf, dass etwas geschieht, dass jemand ihnen eine verantwortungsvolle Stelle anbietet, dass ein einflussreicher Freund sie weiterbringt.

Solche Menschen gehen den Weg des geringsten Widerstandes. Sie wären durchaus gerne erfolgreich, fürchten aber den Preis, den dies fordert. Ein erfolgreiches Leben ist ihnen zu anstrengend. Es bringt zu viele Schwierigkeiten mit sich, fordert zu viel Ausdauer und Durchhaltevermögen angesichts schier unüberwindlicher Hindernisse. Solche Menschen haben die verschwommene Vorstellung, dass es irgendwo auf der Welt etwas für sie gibt und dass dieses Etwas eines Tages durch einen glücklichen Zufall zu ihnen kommen wird, wenn sie nur lange genug darauf warten. Bis dahin sind sie es damit zufrieden, dass sie von anderen ausgehalten und unterstützt werden. Solch fehlende Eigenverantwortung, solche Abhängigkeit von äußeren Kräften ist verheerend für jeglichen Fortschritt und Erfolg.

In der Regel steigt man nicht zufällig aus Elend und Unbekanntheit auf zu Reichtum, Ruhm und Ehre, etwa indem man jemanden am Strand vor dem Ertrinken rettet oder einem Millionär begegnet, der Gefallen an einem findet. Bedenken Sie eine ganz einfache Wahrheit: Sie zeigen immer Ihren Charakter und Ihr Denken. Charakter ist Schicksal. Charakter ist die Art, wie Sie denken, empfinden und glauben, die spirituellen Werte, die Sie hochhalten, die Integrität und Ehrlichkeit, die Sie entwickelt haben. Diese Eigenschaften bringen Erträge.

## Eine hilfreiche Technik zur Überwindung negativen Denkens

Die ideale Methode, um unerwünschte Gefühle loszuwerden, ist die Anwendung des Gesetzes der Substitution, also des Ersetzens. Ersetzen Sie einen negativen Gedanken durch einen positiven, konstruktiven. Wenn sich negative Gedanken einschleichen, dann bekämpfen Sie sie nicht, sagen Sie sich stattdessen: »Ich glaube an alles Gute.« Sie werden feststellen, dass die negativen Gedanken verschwinden wie die Dunkelheit im Licht.

Hin und wieder werden Sie bemerken, dass Ihr Geist in alte Gewohnheiten zurückfällt und beunruhigt ist, sich aufregt, sich sorgt und Ihnen die Urteile anderer vorbetet. Wenn Ihnen solche Gedanken in den Sinn kommen, dann erlassen Sie den Befehl: »Stopp! Mit meinen Gedanken ernähre ich mein Unterbewusstsein.« Machen Sie das hundert-, notfalls auch tausendmal am Tag.

Im Angesicht einer Katastrophe verlieren viele die Hoffnung und sehen alles nur noch negativ. Andere hingegen finden dadurch ihre Stärke und entwickeln – selbst unter den schrecklichsten Umständen – eine heroische Motivation. Als im amerikanischen Bundesstaat Massachusetts das Gasthaus *Martha's Vineyard* von Susan und Sherman Goldstein vollständig ausbrannte, waren sie so sehr gefordert, dass sie einen Monat lang keine Zeit hatten, für sich zu kochen. Freunde kochten für sie, und ein Geschäftspartner überließ ihnen Wohnraum.

Aber sie ließen sich von dieser Katastrophe nicht unterkriegen. Sie beschlossen, zuerst das Restaurant wiederzueröffnen, um in der Stadt präsent zu bleiben. Während der Renovierungsarbeiten befestigten sie am zerstörten Gästezimmertrakt ein riesiges Banner mit der Aufschrift: »Wenn das Leben dir Zitronen gibt, mach Limonade draus.« Die Goldsteins nutzten den Brand als Chance, aus ihrem sehr bescheidenen Gasthaus mit alten, kleinen Zimmern das erstklassige Hotel *Mansion House* zu machen, das mehr Gäste aufnehmen konnte. Susan Goldstein sagte, der Brand, der so viel zerstört hatte, habe ihnen letzten Endes geholfen, einen Schritt nach vorne zu tun. Ihr positives Denken ermöglichte es ihnen, neu zu bauen und noch einmal von vorne anzufangen.

## Üben Sie die Visualisierung

Visualisieren Sie, wie Sie mit Ihren alltäglichen Herausforderungen umgehen. Wenn Sie eine Produktpräsentation halten, einen Bericht für eine Besprechung mit der Geschäftsleitung vorbereiten oder irgendetwas anderes bewerkstelligen sollen, dann malen Sie sich im Geiste genau aus, was Sie sagen werden, wie Sie es sagen werden und welche Schritte Sie unternehmen werden, damit Ihnen Ihr Vorhaben gelingt. Proben Sie es im Geiste immer und immer wieder. So sinkt es tief in Ihr Unterbewusstsein ein und dringt in jede Zelle Ihres Gehirns. Ihr Erfolg ist so schon vorgezeichnet, und wenn Sie dann tatsächlich im Verkaufsgespräch sind oder vor der Geschäftsleitung stehen oder mitten in Ihrem Vorhaben stecken, dann springt Ihr Unterbewusstsein ein und Sie erzielen das gewünschte Ergebnis.

## Gott sei Dank, es ist Montag!

Spätestens seit dem Disco-Hit von 1978 »Thank God it's Friday« und dem gleichnamigen Film mit Donna Summer, gilt »Gott sei Dank, es ist Freitag« als die typische Haltung der meisten Arbeitnehmer. Wir freuen uns aufs Wochenende als Auszeit von Arbeit und Beruf. Das ist auch völlig in Ordnung, denn wir sollten uns über freie Tage wirklich freuen. Ehrgeizige und erfolgreiche Menschen freuen sich aber genauso sehr darauf, ihre Arbeit am Montag wieder aufzunehmen.

Für viele bedeutet der Montag Katzenjammer. Wer so denkt, hat sich bereits in sein »Schicksal« ergeben und sein Leben für alles andere abgeschottet. Der Montag bringt dann immer eine gewisse Resignation: Am Sonntag haben diese Menschen bewusst ihre Zukunft vorgezeichnet und ihr Unterbewusstsein hat entsprechend reagiert. Aller Wahrscheinlichkeit nach war ihnen nicht einmal bewusst, dass sie vorausgeplant und damit ihr »Schicksal« herbeigeführt haben. Wenn Sie diese Resignation durch positive Gedanken über Ihre Arbeit und Vorfreude auf die Herausforderungen und Chancen ersetzen, dann vertreiben Sie den montäglichen Katzenjammer!

## Zusammenfassung und Essenz

- Positives Denken beginnt mit der Erkenntnis der Macht des Unterbewusstseins.
- Nichts hilft Ihnen mehr als eine optimistische, erwartungsfrohe Haltung – eine Haltung, die immer nach vorne schaut und stets das Beste, Höchste, Glücklichste erwartet und nie zulässt, dass Sie in Pessimismus und Mutlosigkeit versinken.
- Visualisieren Sie, wie Sie mit Ihren alltäglichen Herausforderungen umgehen. Wenn Sie beispielsweise eine Produktpräsentation halten oder einen Bericht für eine Besprechung mit der Geschäftsleitung vorbereiten, dann überlegen Sie sich vorher genau, was und wie Sie etwas sagen werden und welche Schritte Sie unternehmen wollen, damit Ihnen Ihr Vorhaben gelingt.
- Beenden Sie einen negativen Satz nie – kehren Sie ihn augenblicklich um und in Ihrem Leben werden Wunder geschehen. Kreativ wie Ihr Unterbewusstsein ist, macht es sich dann daran, die Eigenschaften in Ihrem Leben Gestalt annehmen zu lassen, die Sie aufrichtig angeordnet haben.

Kapitel 4:

# Sie können das Gesetz der Anziehung meistern

*Männer und Frauen sind menschliche Magnete. Sie ziehen ständig die Dinge und Menschen an, die auf ihre Gedanken und Ideale ansprechen und bauen eine Beziehung zu ihnen auf.*

Warum gewinnen manche Menschen die Aufmerksamkeit anderer leicht, schließen schnell Freundschaften und werden bewundert, wohingegen andere kaum mit dem Leben zurechtkommen?

Wenn wir bestimmten Menschen begegnen, sind wir oft beeindruckt von ihrer angenehmen »Persönlichkeit«. Sie strahlen etwas aus, wodurch wir Vertrauen zu ihnen fassen, sie bewundern und uns in ihrer Umgebung wohlfühlen. Diese Menschen beherrschen das Gesetz der Anziehung. Wir sagen, sie haben eine angenehme Persönlichkeit. Andere Menschen hingegen stoßen uns ab. Wir schreiben dies einer unangenehmen Persönlichkeit zu.

Der amerikanische Psychologe William James definierte Persönlichkeit als eine Reihe individuell entwickelter typischer Verhaltensmuster, die die täglichen Abläufe auf der bewussten und der unbewussten Ebene bestimmen. Man sagt, sie bestünde aus einem Gleichgewicht zwischen angeborenen Trieben und einer Kombination bewusster eigener und äußerer Kontrolle.

Wichtig daran aber ist, dass diese Eigenschaften *entwickelt* werden können. Manche Facetten unserer Persönlichkeit sind angeboren – unsere körperliche Erscheinung, die Grundintelligenz und manche Talente – aber wir haben alle die Möglichkeit, das Beste aus unseren angeborenen Charakterzügen zu machen und sie zu entwickeln, damit wir eine »Persönlichkeit« erlangen, die andere bewundern. Den Umgang mit dem Gesetz der Anziehung können wir lernen.

Es ist nicht leicht, zu dem Menschen heranzuwachsen, der wir sein wollen, aber es beginnt mit dem intensiven Wunsch und der Entschlossenheit, unsere angeborenen Charakterzüge zu entwickeln. Ein aufgeschlossenes, fröhliches, optimistisches Verhalten ist lernbar und damit eine Persönlichkeit, die uns die Zustimmung der Menschen einträgt, mit denen wir zu tun haben.

## Erwerben Sie positive Persönlichkeitszüge

William James sagte, unsere Persönlichkeit sei die Summe aller unserer Charakterzüge. Dazu gehören körperliche und seelische Konstitution, aber auch unsere Kleidung, unsere Wohnung, unsere Partner und unsere Kinder, unsere Ahnen und Freunde, unser Ruf und unsere Arbeit, unser Besitz und unser Bankkonto. All das ruft dieselben Emotionen hervor. Wenn dies alles wächst und gedeiht, fühlen wir uns gut, schwindet es aber und stirbt ab, fühlen wir uns niedergeschlagen – natürlich nicht bei allem im selben Maße, jedoch auf nahezu dieselbe Art und Weise.

Unsere Persönlichkeit ist die Art, wie wir uns nach außen hin darstellen. Wir sind nicht lediglich ein Herdentier, das gerne unter seinesgleichen ist, sondern wir haben eine angeborene Neigung, uns bemerkbar zu machen, und zwar zu unseren Gunsten.

Bestimmte Persönlichkeiten haben mehr Ausstrahlung, als man durch bloße Schönheit und Wissen erreicht. Eine charmante Persönlichkeit ist ein großes Geschenk, das selbst den stärksten Charakter bezwingt und manchmal sogar das Schicksal ganzer Völker lenkt.

Menschen mit dieser magnetischen Kraft beeinflussen uns unbewusst. Schon in dem Moment, in dem wir in ihre Nähe kommen, fühlen wir uns größer. Sie erschließen in uns Möglichkeiten, von denen wir vorher keine Ahnung hatten. Unser Horizont erweitert sich, wir spüren, wie sich eine neue Kraft in uns regt; wir verspüren ein Gefühl der Erleichterung, als wäre uns eine schwere Last, an der wir lang getragen haben, von den Schultern genommen.

Viel vom Charme einer anziehenden Persönlichkeit rührt von einem feinen, kultivierten Benehmen. Auch Takt ist ein sehr wichtiges Element; nach dem guten Benehmen vielleicht das wichtigste. Man muss genau wissen, was zu tun ist, und im richtigen Moment das Richtige tun. Ein gutes Urteilsvermögen und gesunder Menschenverstand sind unverzichtbar, wenn man diese magische Kraft erlangen will. Auch ein guter Geschmack gehört zu den Elementen persönlichen Charmes. Wer den Geschmack anderer verletzt, berührt sie dabei an ihren empfindlichen Stellen.

Eine der besten Investitionen, die man machen kann, ist der Erwerb von Liebenswürdigkeit, Herzlichkeit und Großzügigkeit, kurzum, der schönen Kunst, ansprechend zu wirken. Sie ist unendlich viel mehr wert als Geldkapital, denn einer sonnigen, ansprechenden Persönlichkeit öffnen sich alle Türen. Solche Menschen sind mehr als willkommen und werden überall gesucht.

Positive Persönlichkeitszüge kann man erwerben. Selbst wenn wir davon ausgehen, dass alle Menschen gleiche Rechte und Chancen haben, so müssen wir doch einsehen, dass nicht alle die gleiche Intelligenz, die gleiche körperliche Kraft und das gleiche Energieniveau besitzen. Doch wo immer sie stehen, durch Arbeit an sich selbst und Selbstentwicklung können sie sich verbessern. Die Wissbegierigen, die immer die Besten sein wollen, werden ganz von selbst weiterkommen. Die Persönlichkeitszüge, die Sie sich erwerben möchten, können Sie auswählen und erarbeiten. Worauf es ankommt, ist die praktische Anwendung.

Die wichtigsten Eigenschaften, die einen sympathischen Menschen auszeichnen, sind Geduld, Liebenswürdigkeit, Großzügigkeit, Bescheidenheit, Höflichkeit, Selbstlosigkeit, ein freundliches Naturell und Aufrichtigkeit. Diese Züge sind nicht angeboren, sie können entwickelt werden. Betrachten Sie diese Eigenschaften als Grundzüge der Persönlichkeit, die Sie aus den Eigenschaften, die Sie in Ihrem eigenen komplexen Wesen vorgefunden haben, formen wollen.

Leider werden manche Menschen, die über all diese Eigenschaften verfügen, trotzdem nicht als angenehme Persönlichkeit wahrgenommen, weil es ihnen an gutem Aussehen mangelt. Damit ist nicht die körperliche Schönheit gemeint. Um einen guten Eindruck zu machen, brauchen Sie nicht mit einem schönen Gesicht oder dem perfekten Körper geboren zu sein; aber wenn Sie sich nicht adrett und angemessen kleiden, eine freundliche statt einer grimmigen Miene aufsetzen sowie sauber und gut frisiert sind, wird man Ihre guten Eigenschaften nicht bemerken.

Die äußere Erscheinung ist wichtig, denn oft bestimmt der erste Eindruck, den man von Ihnen hat, ob Sie überhaupt eine Gelegenheit erhalten, Ihre überlegenen Eigenschaften zu zeigen.

Sie werden nicht nur selbst nach Ihrer äußeren Erscheinung beurteilt, sondern Sie beurteilen auch andere nach ihrem Aussehen. Instinktiv versuchen wir, das Positive, das wir an der Erscheinung von Menschen wahrnehmen, die wir bewundern, auch bei uns selbst zu kultivieren. Dann tragen wir einen ähnlichen Kleidungsstil, eine ähnliche Frisur und verhalten uns ähnlich wie unser Vorbild. Das funktioniert auch mit anderen Eigenschaften. Konzentrieren Sie sich auf Persönlichkeitszüge von Menschen, die Sie achten und zu denen Sie aufschauen. In ihnen können Sie den Menschen visualisieren, der Sie gerne sein möchten. Betrachten Sie nicht nur Männer und Frauen, die Sie kennen, nehmen Sie sich auch Persönlichkeiten aus Vergangenheit und Gegenwart zum Vorbild, die Beispiele der idealen Persönlichkeit abgeben, die Sie gerne sein möchten.

## Suchen Sie das Gute

Es ist genauso leicht, überall das Gute und Schöne zu sehen statt des Hässlichen, das Edle statt des Schändlichen, das Helle und Freundliche statt des Dunklen und Düsteren, das Hoffnungsvolle statt des Niederschmetternden, die freundliche statt der unwirtlichen Seite. Das Gesicht immer der Sonnenseite des Lebens zuzuwenden ist genauso einfach wie stets die Schattenseite zu sehen, und doch bewirkt es den entscheidenden Unterschied zwischen Zufriedenheit und Missmut, zwischen Wohlergehen und Widrigkeiten, zwischen Erfolg und Fehlschlag. Speisen Sie diese Gedanken in Ihr Unterbewusstsein ein. So wird das Gesetz der Anziehung praktisch angewendet.

Lernen Sie also, das Lichtvolle zu suchen. Weigern Sie sich entschieden, Schatten und Schandflecke, negative Bilder und Misstöne zu nähren. Bewahren Sie in Ihrem Innern alles, was Freude bereitet, was hilfreich und inspirierend ist. Dann wird sich Ihre Sicht der Dinge komplett ändern und Ihre Persönlichkeit sich in kürzester Zeit wandeln.

Eine Möglichkeit, die besten Züge in sich selbst zu entwickeln, besteht darin, nach den besten Zügen in anderen Ausschau zu halten. Wenn wir allen mit Großherzigkeit begegnen, wenn wir versuchen, hinter die Maske des äußeren Menschen in den innersten Kern zu blicken und wenn wir gegenüber allem und jedem freundliche Gefühle hegen, dann können wir jene unschätzbar wertvolle Gabe erlangen.

Nur wenn wir die besten Eigenschaften in uns selbst entwickeln, können wir verstehen und anderen zeigen, was an ihnen fein und edel ist. Nichts zahlt sich mehr aus als der Erwerb der

Fähigkeit, anderen ein Gefühl des Einklangs, des Glücklichseins und der Zufriedenheit mit sich selbst zu vermitteln.

Sonnige Gemüter vertreiben Trübsinn, Sorgen und Ängste bei allen, mit denen sie in Kontakt kommen, genau wie die Sonne die Dunkelheit vertreibt. Wenn sie in einen Raum voller Menschen kommen, deren Gespräche sich zäh dahinschleppen und die alle gelangweilt wirken, dann verwandeln sie ihre Umgebung wie die Sonne, wenn sie nach einem Gewitter durch eine dicke, schwarze Wolkenwand bricht. Die glückliche Seele, die eben hereinkam, heitert alle auf, die Zungen lösen sich, das Gespräch kommt in Schwung, und die ganze Atmosphäre ist erfüllt von Fröhlichkeit und Freude.

Seien Sie mitfühlend. Mitfühlende Menschen versetzen sich in die Lage desjenigen, mit dem sie es gerade zu tun haben. Sie hören nicht nur, was ihr Gegenüber sagt, sondern fühlen mit, was er oder sie gerade fühlt. Wie könnte man auf solche Menschen nicht positiv reagieren?

*Tun Sie so, als trüge jeder Mensch, dem Sie begegnen, ein Schild um den Hals mit der Aufschrift: »Lassen Sie mich spüren, dass ich wichtig bin.« Sie werden nicht nur Verkaufserfolge erzielen, sondern in allen Bereichen Ihres Lebens erfolgreich sein.*

Mary Kay Ash

## Bewahren Sie eine fröhliche Grundhaltung

Wenn Ihr Geist nicht frei von Bitterkeit und Arglist ist und wenn Sie nicht jeden Tag als Segen betrachten, über den Sie sich freuen und den Sie genießen dürfen, dann führen Sie ein unglückliches und wahrscheinlich auch unproduktives Leben.

Wir können nicht unser Bestes geben, während wir zugleich rachsüchtige oder gar feindselige Gedanken gegen andere hegen. Unsere Fähigkeiten erzielen nur dann Höchstleistungen, wenn sie in völliger Harmonie arbeiten können. Ohne guten Willen im Herzen können wir weder mit dem Kopf noch mit der Hand gute Arbeit leisten. Hass, Rache und Eifersucht sind Gifte, die alles, was in uns edel ist, ebenso sicher umbringen, wie Arsen alles Leben tötet.

Eine freundliche Einstellung, eine Haltung des guten Willens gegenüber anderen ist unser bester Schutz gegen bitteren Hass oder verletzende Gedanken jeder Art.

Eine liebenswürdige Persönlichkeit hat einen Charme, von dem man nur schwer loskommt. Jemanden, der sie besitzt, kann man schwerlich vor den Kopf stoßen. Er oder sie hat etwas, was uns anzieht. Ganz gleich, wie beschäftigt oder belastet wir gerade sind oder wie unangenehm es uns ist, unterbrochen zu werden, irgendwie bringen wir es nicht fertig, einen Menschen mit liebenswürdiger Persönlichkeit abzuweisen.

## Das Geheimnis der Liebenswürdigkeit

Emerson sagte: »Was Sie sind, spricht so laut, dass ich nicht hören kann, was Sie sagen.« Wir können nicht verbergen, was wir sind und was wir empfinden, denn wir strahlen unsere Stimmung und unsere Persönlichkeit einfach aus – und die ist entweder kalt oder warm, anziehend oder abstoßend, je nach unseren vorherrschenden Charakterzügen und Eigenschaften.

Ein selbstsüchtiger Mensch, der immer nur an sich denkt und stets auf seinen eigenen Vorteil bedacht ist, der kalt ist, gefühllos und gierig, kann keine Wärme und Milde ausstrahlen. Wenn Selbstsucht, Gleichgültigkeit, Habsucht und Gier im Wesen eines Menschen vorherrschen, dann strahlt er das auch aus und wirkt abstoßend, denn diese Eigenschaften lehnen wir instinktiv ab.

Anziehende Eigenschaften sind ausströmend und heiter, abstoßende Eigenschaften sind nach innen ziehend, das heißt, Menschen ohne Anziehungskraft sind auf sich selbst konzentriert, sie denken zu oft an sich, sie geben nicht genug, sie wollen immer etwas, saugen einen aus, möchten stets etwas abbekommen und suchen immer ihren persönlichen Vorteil. Es fehlt ihnen an Mitgefühl, Herzlichkeit, Kameradschaftlichkeit und sie kommen schlecht mit anderen aus.

Magnetisierter Stahl zieht nur Gegenstände aus Eisenerz an. Er hat keine Affinität zu Holz, Kupfer, Gummi oder anderem, das kein Eisen enthält. Als Kind haben wir entdeckt, dass unser kleiner Spielzeugmagnet zwar eine Nadel fasst, nicht aber ein Streichholz oder einen Zahnstocher. Er zieht nur das an, was ihm ähnlich ist. So ist es auch mit uns Menschen: Unsere Umgebung, unsere Freunde und Bekannten und unsere allgemeinen Lebensumstände sind die Folge unserer geistigen Anziehung. Sie sind auf der physischen Ebene zu uns gekommen, weil wir uns auf sie konzentriert und uns geistig zu ihnen in Beziehung gesetzt haben; sie sind unsere Affinitäten und werden uns so lange erhalten bleiben, wie diese Affinität zu ihnen in unserem Geist fortbesteht.

## Wenden Sie das Gesetz der Anziehung an

Manche Menschen wirken von Natur aus anziehend. Wenn man ihren Charakter analysiert, stellt man fest, dass sie bestimmte Eigenschaften besitzen, die wir alle bewundern, Eigenschaften, die einfach jeder Mensch anziehend findet, wie zum Beispiel Großzügigkeit im Denken und Fühlen, Herzlichkeit, umfassendes Mitgefühl, ein aufgeschlossenes Weltbild, Hilfsbereitschaft und Optimismus. Diese Menschen befolgen das Gesetz der Anziehung.

Jede dieser Eigenschaften lässt sich kultivieren und stärken. Wenn Sie das tun, werden sich Ihnen Türen öffnen, die anderen verschlossen bleiben.

Ganz gleich, in welchem Beruf Sie tätig sind, Ihr Ruf und Ihr Erfolg hängen in hohem Maße von dem Eindruck ab, den Sie machen. Gerade weil er so entscheidend ist, lautet der Rat an alle jungen Leute: Nutzen Sie das Gesetz der Anziehung und entwickeln Sie eine anziehende, starke Persönlichkeit.

Das ist nicht sonderlich schwer. Jeder kann die Fähigkeit, anziehend zu wirken, und die Charakterstärke, durch die er oder sie als kraftvolle Persönlichkeit wahrgenommen wird, entwickeln. Wer das Gesetz der Anziehung kennt, also die Eigenschaften und Charakteristika, die das Anziehende vom Abstoßenden unterscheiden, für den ist es relativ leicht, das eine zu kultivieren und sich das andere abzugewöhnen. Das heißt, wir können die großzügigen, offenherzigen, fröhlichen, hilfsbereiten inneren Eigenschaften verinnerlichen und ihr Gegenteil ausmerzen. Und je mehr wir dies tun, desto mehr werden wir merken, wie wir uns stärker für andere und die anderen sich wiederum stärker für uns interessieren. Wenn wir uns zu menschlichen Magneten machen und eine Aura der freundlichen Gedanken, Worte und Taten schaffen, die uns Tag für Tag immer mehr zu einer attraktiven, anziehenden Persönlichkeit heranreifen lässt, dann werden wir feststellen, dass wir überall willkommen sind, dass wir gefragt sind und dass wir immer mehr Menschen anziehen.

Wenn Sie Ihrem Unterbewusstsein die Eigenschaften einprägen, die Sie an anderen so sehr bewundern – eben jene Eigenschaften, die Sie anziehen, dann werden Sie auch für andere anziehend. Wenn Sie nach und nach von diesen Eigenschaften ganz durchdrungen sind, dann kennzeichnen sie Sie und Sie erlangen eine magnetisch anziehende Persönlichkeit.

Am Arbeitsplatz können Sie das Gesetz der Anziehung zum Beispiel anwenden, indem Sie Ihre Mitarbeiter dazu ermuntern, Ihre eigenen Vorstellungen zu äußern, besonders dann, wenn sie von den Ihren abweichen. So gewinnen Sie nicht nur neue Ideen, sondern Sie vermitteln Ihren Mitarbeiterinnen und Mitarbeitern auch das Gefühl, dass Sie ihre Talente schätzen und sie als Partner betrachten, nicht als Untergebene.

## Leben Sie gesund

Der erste Schritt zu einer anziehenden Persönlichkeit ist eine gute Gesundheit. Strahlende Gesundheit, verbunden mit der richtigen Einstellung und einem optimistischen, hoffnungsvollen, fröhlichen und glücklichen Geist, wird Ihre Anziehungskraft wunderbar verstärken.

Ein Mensch mit stabiler Gesundheit strahlt Stärke, Vitalität und Mut aus, wohingegen jemand mit mangelnder Vitalität anderen Lebenskraft entzieht, statt ihnen welche zu geben. Körperliche Kraft und strahlende Gesundheit tragen zu einer anziehenden, starken Persönlichkeit bei. Menschen mit lebhaftem, wachem Verstand, mit einem Funkeln in den Augen und federndem Gang, die vor körperlicher Vitalität nur so sprühen, sind gegenüber den geistig Matten und körperlich Schwachen im Vorteil.

Vor allem aber sollten Sie, wenn Sie eine magnetisch anziehende Persönlichkeit entwickeln wollen, die Herzensqualitäten kultivieren. Intellekt hat nur sehr wenig mit der persönlichen Anziehungskraft zu tun. Die Liebenswerten, nicht die Intellektuellen, ziehen Menschen an und gewinnen sie für sich.

## Tun Sie nicht so, als wüssten Sie alles

Bewährte Möglichkeiten, Menschen abzustoßen, sind Angeberei, Wichtigtuerei, Arroganz und das Abstreiten jeglicher Fehler.

Warren Buffett, der Investment-Guru und wohl auch einer der reichsten Menschen der Welt, versteht »Fehlschläge« und »Fehler« nicht nur zu nutzen, sondern er geht sogar so weit, sie öffentlich bekannt zu machen. Buffett gesteht nicht nur die Fehler ein, die er gemacht hat, sondern nennt auch die Chancen, die er ungenutzt verstreichen ließ. Buffett ist fest davon überzeugt, dass Offenheit und Ehrlichkeit dem Manager mindestens ebenso nutzen wie dem Anteilseigner. Er formuliert es so: Der Unternehmenschef, der andere in der Öffentlichkeit fehlleitet, leitet am Ende womöglich auch sich selbst im Privaten fehl. Buffett hält es für sehr wertvoll, sich mit seinen Fehlern zu beschäftigen, statt sich nur auf die Erfolge zu konzentrieren.

Vielleicht ist es dieses hohe Maß an Offenheit, das Warren Buffett die Freiheit gibt, seine Arbeit mit Freude zu tun. Man kennt ihn als stets freundlichen und hilfsbereiten Menschen, der sich jeden Tag darauf freut, zur Arbeit zu kommen. Die Leute fühlen sich von ihm angezogen. Liegt das daran, dass er reich ist? Oder ist es eher umgekehrt?

## Versuchen Sie, die Menschen zu erreichen

Sie müssen den Eindruck vermitteln, dass man in Ihnen einem aufrichtigen Menschen begegnet. Begrüßen Sie Ihr Gegenüber nicht mit einem steifen »Guten Tag« oder »Angenehm« ohne jedes Gefühl dahinter. Fügen Sie sich in die Gruppe ein und passen Sie sich unterschiedlichen Gegebenheiten an. Schauen Sie allen, denen Sie begegnen, direkt in die Augen und zeigen Sie Ihre Persönlichkeit. Reichen Sie ihnen freundlich die Hand, lächeln Sie und sagen Sie ein paar nette Worte. So werden Ihre Mitmenschen sich daran erinnern, dass sie einer kraftvollen Persönlichkeit begegnet sind und freuen sich, wenn sie Sie wiedersehen.

Wenn Sie beliebt sein möchten, dann müssen Sie Herzlichkeit üben. Machen Sie Ihre Herzenstür weit auf, nicht bloß einen Spalt breit, wie so viele. Das ist so, als ob man jemandem sagte: »Du kannst einen kurzen Blick drauf werfen, aber hinein lasse ich dich erst, wenn ich weiß, ob ich deine Bekanntschaft wirklich machen will oder nicht.« Sehr viele Menschen geizen enorm mit ihrer Herzlichkeit. Anscheinend bewahren sie sie für eine besondere Gelegenheit oder sehr gute Freunde auf. Sie halten sie für zu wertvoll, um sie gleich jedem zu zeigen.

Sie werden überrascht sein, wie viel ein warmer, fröhlicher Händedruck und ein herzlicher Gruß zu einer guten Beziehung zwischen Ihnen und allen, denen Sie begegnen, beitragen können. Man wird sich sagen: »Oh, das ist wirklich eine interessante Persönlichkeit. Über die oder den möchte ich mehr wissen. Diese Begrüßung ist ungewöhnlich. Offensichtlich sieht dieser Mensch etwas in mir, was den meisten anderen entgeht.«

*Wenn Sie sich aufrichtig für andere interessieren, dann gewinnen Sie in zwei Monaten mehr Freunde, als Sie in zwei Jahren gewinnen können, wenn Sie versuchen, andere für sich zu interessieren.*

Dale Carnegie

Gewöhnen Sie sich an, herzlich zu sein, den Menschen mit einem warmen, aufrichtigen Gruß und mit offenem Herzen zu begegnen. Das wird Wunder wirken. Sie werden merken, wie die Steifheit, die Zurückhaltung und die Gleichgültigkeit, das kalte Desinteresse an anderen Menschen, die Sie jetzt so belasten, verschwinden. Die Leute werden merken, dass Sie sich wirklich für sie interessieren, dass Sie sie wirklich kennenlernen wollen und dass Ihnen an ihnen liegt. Angewandte Herzlichkeit wird Ihre sozialen Fähigkeiten revolutionieren. Sie werden anziehende Eigenschaften entwickeln, von denen Sie sich nie hätten träumen lassen, dass Sie sie überhaupt besitzen. Andere werden Ihnen folgen, Sie um Rat fragen und Ihnen helfen, Ihre Träume zu verwirklichen.

## Zusammenfassung und Essenz

- Wenn Ihr Geist nicht frei von Bitterkeit und Arglist ist und wenn Sie nicht jeden Tag als Segen betrachten, über den Sie sich freuen und den Sie genießen dürfen, dann führen Sie ein unglückliches und wahrscheinlich auch unproduktives Leben. Verbannen Sie Negativität aus Ihren Gedanken.
- Beachten Sie das Gesetz der Anziehung – die Eigenschaften und Charakteristika, die das Anziehende vom Abstoßenden unterscheiden. Wir können die großzügigen, offenherzigen, fröhlichen, hilfsbereiten inneren Eigenschaften kultivieren und ihr Gegenteil ausmerzen. Und je mehr wir dies tun, desto mehr werden wir merken, wie wir uns stärker für andere und die anderen sich wiederum stärker für uns interessieren.
- Beschäftigen Sie sich mit Männern und Frauen, deren Persönlichkeit Sie bewundern – mit denjenigen, die Sie kennen und mit Männern und Frauen aus Vergangenheit und Gegenwart und nehmen Sie sie sich zum Vorbild für Ihr Verhalten.
- Leben Sie gesund. Ein Mensch mit stabiler Gesundheit strahlt Stärke, Vitalität und Mut aus, wohingegen jemand mit mangelnder Vitalität anderen Lebenskraft entzieht, statt ihnen welche zu geben.
- Lernen Sie, Freude auszustrahlen, und zwar großzügig. Verströmen Sie Ihre Fröhlichkeit vorbehaltlos.
- Seien Sie mitfühlend. Mitfühlende Menschen versetzen sich in die Lage desjenigen, mit dem sie es gerade zu tun haben. Sie hören nicht nur, was ihr Gegenüber sagt, sondern fühlen mit, was er oder sie gerade fühlt. Auf einen solchen Menschen kann man nur positiv reagieren.
- Seien Sie begeistert. Menschen, die von sich selbst begeistert sind und die aus der inneren Gewissheit ihres Erfolges heraus handeln, werden erleben, dass sich das Versprechen, das sie sich damit selbst gegeben haben, erfüllt. Begeisterung vervielfacht Ihre Kraft und steigert alle Ihre Fähigkeiten zu einem Maximum.

Kapitel 5:

# So werden Sie enthusiastischer

*Enthusiasmus ist das Geheimnis der meisten erfolgreichen Menschen. Und für alle, die ihn besitzen, ist er der Schöpfer ihres Glücks.*

Das Wort Enthusiasmus kommt aus dem Griechischen und bedeutet wörtlich *von Gott besessen sein*. Enthusiasmus heißt, von einem Interesse oder einem Vorhaben so vereinnahmt zu sein, dass alles Denken und Empfinden davon völlig absorbiert oder kontrolliert wird. Sie müssen daran glauben, dass die Energie der Unendlichen Macht Sie beseelt und dass die schöpferischen Ideen, die sich in Ihnen entfalten, Ihnen alles kundtun, was Sie wissen müssen. Sie müssen daran glauben, dass die Unendliche Macht Ihnen helfen wird, Ihr Ziel zu erreichen. Das erzeugt Enthusiasmus, der dann durch Ihren festen Glauben geweckt wird. Nach und nach tut sich Ihnen so eine ganz neue Welt auf, was Sie alles leisten und erreichen können.

Menschen mit einer anziehenden Persönlichkeit sind von ihrem Leben und ihrer Arbeit, von ihren Beziehungen und ihren Zielen begeistert. Diese Begeisterung, der Enthusiasmus, kommt tief aus unserem Innern. Begeisterung kann man nicht vortäuschen. Wenn man so tut, als sei man begeistert, etwa durch künstliche Gesten, ein gespieltes Lächeln und übertriebene Bemerkungen, wird man schnell entlarvt. Wenn Sie überzeugt sind, dass das, was Sie tun, wertvoll und sinnvoll, spannend und tatsächlich erreichbar ist, dann zeigt sich das in Ihrem Verhalten und in Ihrem Handeln.

## Seien Sie mit Enthusiasmus bei der Arbeit

Wie kommt es, dass eine Arbeitnehmerin oder ein Arbeitnehmer manchmal drei- oder viermal so viel leisten kann wie andere? Nicht immer liegt das an unterschiedlichen Fähigkeiten. Oft macht die Art der Anstrengung den Unterschied. Erfolgreiche Menschen geben sich mehr Mühe. Sie tun ihre Arbeit mit Schwung und Begeisterung, so dass Qualität und Quantität der Ergebnisse steigen.

*Enthusiasmus erlangt man, indem man an das, was man tut, und auch an sich selbst glaubt und etwas Konkretes erreichen will. Dann folgt Enthusiasmus so sicher wie die Nacht dem Tag.*
Dale Carnegie

Oft habe ich Angestellte schon am Morgen sagen hören, wie sehr ihnen ihr Arbeitstag zuwider sei, wie zäh die Stunden verrinnen würden und wie froh sie seien, wenn die Tortur endlich ein Ende habe. Sie hegten keinerlei Enthusiasmus für Ihre Beschäftigung. Wie soll sich jemand, der seine Arbeit als Tortur betrachtet, der sich wie ein Sklave dazu prügeln lässt, je Hoffnung auf Erfolg machen?

Das Zeug zum Sieger haben nur Arbeitnehmer, die ihre Arbeit angehen, als liebten sie sie, und die stolz darauf sind. Nichts bereitet einem Arbeitgeber größere Sorgen als Beschäftigte, die ihre Arbeit ohne jeden Ehrgeiz, vollkommen gleichgültig ausführen, als betrachteten sie sie als notwendiges Übel, das man auf sich nehmen muss, weil es einen vor dem Verhungern bewahrt.

Beschäftigte, die ihre Arbeit mit Energie, Entschlossenheit und Begeisterung angehen, vermitteln ihrem Arbeitgeber die Zuversicht, dass alles, worum sie sich kümmern, nicht nur erledigt, sondern gut gemacht wird. Wenn Arbeitnehmer sich herumschleppen, als sei das Leben eine Last, wenn sie ihre Arbeit widerwillig tun oder so, als fürchteten sie sich davor, dann weiß der Arbeitgeber gleich, dass dabei am Ende nichts Gutes herauskommt.

## Enthusiasmus ist ansteckend

Dem Enthusiasmus stehen in der Welt stets alle Tore offen. Er vervielfacht Ihre Kräfte und steigert alle Ihre Fähigkeiten auf ein Höchstmaß. Er ist so ansteckend, dass er uns schon gepackt hat, noch bevor wir es richtig merken, selbst wenn wir versuchen, uns dagegen zu wehren. Wenn Sie mit dem Herzen bei der Arbeit sind, dann lässt Ihre Begeisterung einen potenziellen Kunden oft völlig vergessen, dass Sie ihm etwas verkaufen wollen.

Es gibt Menschen, die Hervorragendes leisten, wenn sie begeistert bei der Sache sind. Wenn sie begeistert sind, dann sind sie produktiv, ideenreich, originell, kreativ, stark und effektiv. Aber wehe, wenn ihr Enthusiasmus ein wenig nachlässt, dann ist überhaupt nichts mehr mit ihnen los. Ihre Leistungsmaßstäbe fallen ins Bodenlose, und sie sind in ihrer Flaute zu nichts zu gebrauchen. Sie müssen einfach wieder auf frischen Wind warten. Glaubte man am einen Tag noch, sie könnten Wunder vollbringen, so sind sie womöglich schon am nächsten völlig niedergeschlagen und pessimistisch; ihre Arbeit schleppt sich dahin und sie sind kraft- und saftlos, bis ein neuer Energieschub kommt.

Krista Hawkin ist eine Frau, die ihren Enthusiasmus nie verliert. Woche für Woche begeistert sie Hunderte potenzieller neuer Kunden. Dafür ist sie inzwischen berühmt. Sie ist weder Managerin noch Verkäuferin oder leitende Angestellte im herkömmlichen Sinne. Sie leitet Betriebsbesichtigungen in einem Automobilwerk im US-Bundesstaat Alabama. Das Werk gehört – mit einer Produktion von etwa 1.000 Fahrzeugen pro Tag – zu den am höchsten technisierten Fertigungsbetrieben der Welt.

Krista ist bekannt dafür, dass sie mit ihrer Leidenschaft und ihrem Enthusiasmus Touristen zu Kunden macht. Sie zeigt persönliches Interesse an den Männern und Frauen, denen sie das Werk zeigt, und ermuntert sie, Fragen zu stellen. Die beantwortet sie dann eingehend, enthusiastisch und allgemein verständlich. Fachleute wissen, dass jeder, der für eine bekannte Markenfirma arbeitet, diese nach außen repräsentiert, und dass deshalb jeder Kontakt eine Möglichkeit ist, der Marke ein ausdrucksstarkes Gesicht zu geben, das Begeisterung weckt. Krista steht voll und ganz hinter dem, was sie sagt, deshalb ist sie überzeugend. Sie sagt, sie sieht, was das Werk für die Stadt und den Staat Alabama getan hat und ist von Herzen froh darüber. Nie spricht sie von »Beschäftigten«. Für sie ist jeder ein Team-Mitglied, und die Qualität der Fahrzeuge steht in direktem Zusammenhang mit der Energie der Menschen, die sie herstellen. Sie beginnt eine Besichtigungstour nicht mit der Absicht, Autos zu verkaufen. Ihr Ziel ist es, die Besucher zu unterhalten und zu informieren, – und das zahlt sich in steigenden Verkaufszahlen aus.

*Ohne Enthusiasmus kann man nicht überzeugend sein. Außerdem ist Enthusiasmus ansteckend, und wer ihn unter Kontrolle hat, ist meist überall willkommen.*

Napoleon Hill

## Bewahren Sie Ihren Enthusiasmus

Enthusiasmus ist zerbrechlich. Er kann sehr leicht verloren gehen. Seinen Enthusiasmus auch unter entmutigenden Umständen aufrechtzuerhalten, ist eine große Kunst, aber es lässt sich lernen. Es ist schlicht und einfach eine Frage der Gedankenkontrolle. Wir können uns bewusst von negativen Gedanken befreien. Nichts dämpft Ihren Enthusiasmus stärker und nichts nimmt Ihrer Unternehmungslust schneller den Elan als eine Flut destruktiver, disharmonischer Gedanken. Stimmungen kann man steuern, und Trübsinn vertreibt man am besten, indem man den Geist mit Sonnenschein durchflutet.

Enthusiasmus können Sie zum Beispiel wecken, wenn Sie die Rolle, die Sie einnehmen wollen, innerlich bereits ausfüllen und sie dann mit Enthusiasmus spielen. Wenn Sie Großes vorhaben, dann müssen Sie von sich selbst begeistert sein und die Rolle einnehmen, die das von Ihnen verlangt.

Tom J. wusste, dass es nicht leicht werden würde, seinen Chef dazu zu überreden, ein leistungsfähigeres Computersystem anzuschaffen. Um die Bedenken seines Vorgesetzten wegen der Kosten zu zerstreuen, bereitete er eine spannende Präsentation vor. Darin zeigte er anschaulich, warum das System, das er vorschlug, die Arbeit effizienter und Fehler unwahrscheinlicher machen würde. Sein Enthusiasmus für das Projekt war der ausschlaggebende Faktor dafür, dass sein Chef dem neuen System schließlich zustimmte.

Enthusiastische Menschen, die daran glauben, dass sie am Ende gewinnen werden, haben etwas in ihrer Ausstrahlung, in ihrer Erscheinung, das bereits die halbe Schlacht gewinnt, noch bevor der erste Schlag getan ist.

Nehmen Sie sich das, was Sie erreichen wollen, so felsenfest vor, seien Sie so entschieden, so enthusiastisch entschlossen und geben Sie diesem Entschluss so viel Biss, dass Sie nichts auf der Welt von Ihrer Absicht abbringen kann, bis Sie sie erreicht haben.

Lucy A. suchte ihre erste Stelle als medizinische Fachangestellte. Sie hatte einen guten Abschluss einer städtischen Fachhochschule, wurde aber mehrfach wegen fehlender Arbeitserfahrung abgelehnt. Als sie wieder einmal ein Vorstellungsgespräch hatte, war sie fest entschlossen, die Stelle zu ergattern. Sie sprach sich selbst Mut zu: »Ich will diese Stelle. Ich habe das Fachwissen. Ich arbeite sorgfältig und gewissenhaft. Ich bin dem Arzt eine echte Hilfe.« Auf dem Weg zur Arztpraxis sagte sie sich diese Sätze immer und immer wieder. Voller Selbstvertrauen betrat sie die Praxis und beantwortete alle Fragen des

Arztes mit solchem Enthusiasmus, dass er ihr die Stelle gab. Nach einigen Monaten erzählte er ihr, als er in ihrer Bewerbung gesehen habe, dass ihr die praktische Erfahrung fehle, habe er ihr einfach nur aus Höflichkeit einen Termin zum Vorstellungsgespräch geben und sie dann ablehnen wollen. Aber ihr Enthusiasmus habe ihn überzeugt, es einmal mit ihr zu versuchen. Diesen Enthusiasmus zeigte sie auch bei der Arbeit und wurde rasch ein wertvolles Mitglied seines Praxisteams.

> *Nichts Großes wurde je ohne Begeisterung erreicht.*
> Ralph Waldo Emerson

## Sind Sie eine Stütze oder eine Last?

Es gibt zwei Arten von Menschen – nur zwei, mehr nicht. Nicht die Guten und die Schlechten, denn wie jeder weiß, sind die Guten zur Hälfte auch schlecht und die Schlechten zur Hälfte auch gut. Nicht die Glücklichen und die Unglücklichen, nicht die Reichen und die Armen, nicht die Bescheidenen und die Stolzen. Nein. *Die beiden Arten von Menschen auf Erden sind diejenigen, die anderen eine Stütze, und diejenigen, die anderen eine Last sind.* Überall auf der Welt werden Sie feststellen, dass die Masse sich in diese beiden Klassen einteilen lässt. So seltsam es klingt, Sie werden auch feststellen, dass anscheinend immer nur eine Stütze auf zwanzig Lasten kommt. Sind Sie eine Stütze? Oder sind Sie eine Last und ein Jammerer? Stützen Sie sich auf andere? Sie sind hier, um zu wachsen und sich weiterzuentwickeln. Sie sind hier, um sich Problemen, Schwierigkeiten und Herausforderungen zu stellen und sie zu überwinden. Sie sind nicht hier, um vor ihnen davonzulaufen. Die Freude ist doch gerade, sie zu überwinden. Wäre Ihr Kreuzworträtsel bereits von vornherein ausgefüllt, wäre es eine schrecklich trockene Angelegenheit. Der Spaß ist doch gerade, das Rätsel zu lösen.

Der Ingenieur ist glücklich, wenn er alle Hindernisse, Fehlschläge und Schwierigkeiten beim Bau der Brücke überwindet. Sie sind hier, um Ihre mentalen und geistigen Werkzeuge zu schärfen, während Sie an Weisheit, Kraft und Erkenntnis wachsen. Sie sind hier, um Enthusiasmus in Ihr Leben und in das der Menschen zu bringen, mit denen Sie zu tun haben.

## Enthusiasmus führt Sie zum Erfolg

Wenn wir etwas mit Enthusiasmus tun, dann durchdringen unsere Begeisterung, die Freude und das Gefühl tiefer Zufriedenheit unser gesamtes Handeln. Bei Vielem, was wir tagtäglich tun müssen, ist es nicht immer leicht, Enthusiasmus zu entwickeln, aber es ist möglich, wenn wir uns nur ein wenig Mühe geben.

Unsere Gedanken bestimmen unser Tun und unsere Ausstrahlung. Wenn Sie tatsächlich Enthusiasmus entwickeln, dann können Sie das am Blitzen Ihrer Augen sehen sowie an Ihrer hellwachen, dynamischen Persönlichkeit. Sie sehen es an Ihrem federnden Gang. Sie sehen es am Elan in Ihrem ganzen Wesen. Enthusiasmus verhilft Ihnen zu einer ganz anderen Haltung gegenüber Ihren Mitmenschen, Ihrer Arbeit und der Welt. Eine positive Geisteshaltung ist die Würze und die Freude im menschlichen Dasein.

Sie müssen natürlich von sich selbst und Ihren Fähigkeiten begeistert sein, aber es ist auch wichtig, dass das, was Sie tun, Sie begeistert – das Produkt, das Sie herstellen oder verkaufen, die Musik, die Sie komponieren, der Essay, den Sie schreiben.

Wie können Sie für etwas Begeisterung entwickeln? Zuallererst müssen Sie an das glauben, was Sie tun. Bringen Sie so viel wie möglich über das Produkt, die Idee und das Konzept, mit dem Sie sich beschäftigen, in Erfahrung. Verschaffen Sie sich so viel Wissen, wie Sie nur können. Steigen Sie tief in Ihr Thema ein. Leben Sie es. Je mehr Sie darüber wissen, desto mehr machen Sie es zu einem Teil Ihres Lebens und Ihre Begeisterung dafür wächst.

Wenn wir das Leben großer Männer und Frauen betrachten, ganz gleich, ob in Politik, Wirtschaft, Wissenschaft oder Kunst, so haben sie alle eines gemeinsam, und zwar den Enthusiasmus für ihre Arbeit und ihr Leben. Wegen seines Enthusiasmus konnte Beethoven trotz seiner Taubheit seine größten Symphonien komponieren. Mit seinem Enthusiasmus konnte Kolumbus Königin Isabella von Spanien dafür gewinnen, seine Entdeckungsreise zu finanzieren, und zwar auch dann noch, als der Erfolg bereits unmöglich schien.

Auch Sie haben diese Kraft. Setzen Sie Ihre Talente und Fähigkeiten frei, entwickeln Sie Feuereifer und Enthusiasmus dafür, mehr über Ihre innere Macht zu erfahren. Dann können Sie sich zu erstaunlichen Höhen aufschwingen. Bitten Sie die Höchste Intelligenz in Ihnen, Ihnen das zu geben, was Sie brauchen. Sie wird Sie erhören. Erkennen Sie, dass die Unendliche Intelligenz Sie leitet, Ihnen verborgene Talente enthüllt, Ihnen neue Türen öffnet und Ihnen den Weg zeigt, den Sie einschlagen sollen. Das führende Prinzip in Ihnen wird Sie in allem, was Sie tun, begleiten und behüten.

*Sie sind so jung wie Ihr Glaube,*
*so alt wie Ihre Zweifel,*
*so jung wie Ihr Selbstvertrauen,*
*so alt wie Ihre Ängste,*
*so jung wie Ihre Hoffnung,*
*so alt wie Ihre Verzweiflung.*
*Mit den Jahren erschlafft die Haut,*
*wer aber seinen Enthusiasmus aufgibt,*
*dem erschlafft die Seele.*

Samuel Ullman

## Zusammenfassung und Essenz

- Nehmen Sie sich das, was Sie erreichen wollen, so felsenfest vor, seien Sie so entschieden, so enthusiastisch entschlossen und geben Sie diesem Entschluss so viel Biss, dass Sie nichts auf der Welt von Ihrer Absicht abbringen kann, bis Sie sie erreicht haben.
- Erfolgreiche Menschen geben sich mehr Mühe. Sie tun ihre Arbeit mit Schwung und Begeisterung, so dass Qualität und Quantität der Ergebnisse steigen.
- Wenn wir etwas mit Enthusiasmus tun, dann durchdringen unsere Begeisterung, die Freude und das Gefühl tiefer Zufriedenheit unser gesamtes Handeln. Bei Vielem, was wir tagtäglich tun müssen, ist es nicht immer leicht, Enthusiasmus zu entwickeln, aber es ist möglich, wenn wir uns nur ein wenig Mühe geben.
- Enthusiasmus ist zerbrechlich. Er kann sehr leicht verloren gehen. Seinen Enthusiasmus auch unter entmutigenden Umständen aufrechtzuerhalten, ist eine große Kunst, aber es lässt sich lernen. Es ist schlicht und einfach eine Frage der Gedankenkontrolle. Wir können uns den Kopf von negativen Gedanken freihalten. Nichts dämpft Ihren Enthusiasmus stärker und nichts nimmt Ihrer Unternehmungslust schneller den Elan als eine Flut destruktiver, disharmonischer Gedanken. Stimmungen kann man steuern, und Trübsinn vertreibt man am besten, indem man den Geist mit Sonnenschein durchflutet.

Kapitel 6:

# Lassen Sie sich nicht unterkriegen und entwickeln Sie Anpassungsfähigkeit

*Unsere unterbewussten Überzeugungen und Konditionierungen diktieren und kontrollieren alle unsere bewussten Handlungen. Sie können Ihren Geist neu konditionieren, indem Sie sich mit den universellen Wahrheiten identifizieren. Sie können eine wunderbare Persönlichkeit entwickeln, indem Sie Ihren Geist mit Frieden, Freude, Liebe, Humor, Glück und gutem Willen erfüllen. Und während Sie das tun, sinken diese Ideen in die unterbewusste Ebene ein.*

Bestimmt kennen Sie die Redensart: »Was nicht zerrissen ist, das soll man auch nicht flicken«. Etwas Wahres ist durchaus dran, denn Veränderungen nur um der Veränderung willen sind unproduktiv. Doch wenn man vorwärtskommen und neue Herausforderungen bewältigen will, sind Veränderungen oftmals notwendig. Es ist leicht, einfach immer wieder Dasselbe zu machen. Und wenn wir das, was wir tun, selbst entwickelt haben, dann ist die Versuchung noch größer, sich einer Veränderung zu widersetzen. Meist hängen wir an unseren Ideen und befassen uns nur ungern mit der Vorstellung, sie zu verändern – selbst wenn das echte Verbesserungen brächte.

Viele Menschen denken auch deshalb nicht gern an eine Veränderung, weil sie Angst vor dem Scheitern haben. Keiner erleidet gern eine schmachvolle Niederlage. Doch nur wer wagt, gewinnt. Und jedes Wagnis beinhaltet nun einmal das Risiko, dass es schiefgehen kann.

Erfolgreiche Menschen gehen Risiken ein. Sie beschränken sich nicht auf die immer gleichen Vorgehensweisen. Natürlich können Sie scheitern, aber ein Mensch, der sich nicht so leicht unterkriegen lässt, steckt den Fehlschlag ein und steht wieder auf. Aus unseren Fehlern lernen wir, und mit dem, was wir gelernt haben, kommen wir über unsere Fehlschläge hinweg.

Rowland H. Macy musste beispielsweise seine ersten sieben Geschäfte schließen, aber statt als »Versager« aufzugeben, versuchte er es einfach weiter und wurde zu einem der führenden Einzelhändler Amerikas – Macy's gilt heute als das größte Kaufhaus der Welt.

Der legendäre Baseballspieler George Herman »Babe« Ruth gehört zu den bedeutendsten Baseballern aller Zeiten, denn er warf zwar in seiner aktiven Zeit als Profi den Ball 1300-mal ins Aus, aber er war auch der erste Spieler, dem es gelang, 60 Home Runs in einer Saison zu schlagen. Dieser Rekord bestand 34 Jahre lang. Das ist bis heute unvergessen.

Auch Thomas A. Edison gab niemals auf. Aber Beständigkeit allein ist nicht genug. Immer, wenn eines seiner Experimente gescheitert war, suchte er die Fehlerquelle und sann auf neue Lösungen. Seine Fehlschläge schliffen seine Fähigkeit, sich nicht unterkriegen zu lassen und sich neuen Situationen anzupassen. Sie besiegten ihn nicht, sondern motivierten ihn, es weiter zu versuchen.

## Nur Sie können etwas an sich ändern

Wenn Sie nicht von sich aus ein Mensch sind, der sich nicht unterkriegen lässt, dann müssen Sie diese Eigenschaft entwickeln. Das kann Ihnen niemand abnehmen. Zuallererst müssen Sie akzeptieren, dass nur Sie selbst etwas an sich ändern können. Das ist der Beginn einer echten Veränderung in Ihrer ganzen Persönlichkeit. Starrköpfige Menschen denken nur an sich. Öffnen Sie sich für das, was andere denken. Denken Sie über andere so, wie Sie möchten, dass andere über Sie denken. Empfinden Sie für andere so, wie Sie möchten, dass andere für Sie empfinden. Verhalten Sie sich anderen gegenüber so, wie Sie möchten, dass andere sich gegenüber Ihnen verhalten. Darin liegt der Schlüssel zu glücklichen zwischenmenschlichen Beziehungen in allen Lebensbereichen.

Teilen Sie sich im Geiste in zwei: die eine Person denkt so, wie Sie das momentan tun, die andere denkt so, wie Sie gerne denken möchten. Betrachten Sie die Gedanken der Furcht, der Sorge, der Angst, der Eifersucht oder des Hasses, die Sie unter der Knute haben. Sie haben sich zweigeteilt, um sich besser in den Griff zu bekommen. Der eine Teil ist das menschliche Denken in Ihnen, der andere ist das Unendliche, das sich durch Sie ausdrücken möchte.

## Denken Sie positiv!

Denken Sie immer an folgende Wahrheit: Negativen Gedanken oder Reaktionen brauchen Sie weder Gehör noch Glauben oder Zustimmung zu schenken. Weigern Sie sich von nun an bewusst und entschieden, so mechanisch zu reagieren, wie Sie das bisher getan haben. Reagieren und denken Sie neu. Sie möchten gelassen, glücklich, heiter, gesund, wohlhabend und voller neuer Ideen sein? Deshalb müssen Sie sich von diesem Augenblick an weigern, sich mit den negativen Gedanken zu identifizieren, die Sie seelisch herunterziehen.

Über Ihre fünf Sinne nehmen Sie den lieben langen Tag permanent Informationen auf. Sie allein bestimmen, wie Sie gedanklich auf die Nachrichten reagieren, die an Sie übermittelt werden. Sie können Ihre innere Ruhe bewahren, heiter und gelassen bleiben oder sehr unklug reagieren, indem Sie vor Wut außer sich geraten und infolgedessen Fehler bei Ihrer Arbeit machen, denn auch Ihr Urteilsvermögen leidet erheblich darunter.

Der Grund, warum zwei Menschen völlig unterschiedlich reagieren, liegt an ihrer unbewussten Konditionierung. Ihre Persönlichkeit stützt sich auf die Gesamtsumme all Ihrer Meinungen, Überzeugungen, Ihrer Bildung und Erziehung sowie Ihrer frühen religiösen Prägung. Diese innere Haltung konditioniert Ihre Reaktion. Manche Menschen geraten in Rage, wenn jemand bestimmte religiöse oder politische Grundsätze vertritt, andere hingegen hören objektiv zu. Die Erzürnten haben Vorurteile, die anderen nicht.

*Das Gesetz des Lebens ist das Gesetz des Glaubens. Was Sie glauben, ist ein Gedanke in Ihrem Kopf. Glauben Sie nicht an etwas, das Ihnen schadet oder Sie verletzt. Glauben Sie an die Macht Ihres Unterbewusstseins, Sie zu heilen, zu inspirieren, zu stärken und wohlhabend zu machen. Nach Ihrem Glauben wird Ihnen geschehen.*

## Seien Sie beharrlich

Die Geschichte von einem der größten Staatsmänner Amerikas ist nicht die eines schnellen Erfolges, sondern die zäher Beharrlichkeit. Mit 21 Jahren erlitt er einen geschäftlichen Fehlschlag, im Jahre 1833 eine Wahlniederlage. 1834 wurde er in die Legislative gewählt. 1835 starb seine Liebste. 1836 erlitt er einen Nervenzusammenbruch, 1838 eine Niederlage bei der Wahl zum Speaker. 1840 wurde er bei der Wahl zum Elector geschlagen. 1843 erlitt er eine Niederlage bei den Kongresswahlen. 1846 wurde er für eine Wahlperiode in den Kongress gewählt, nur um 1848 wieder abgewählt zu werden. 1855 scheiterte er bei den Senatswahlen, 1856 bei der Wahl zum Vizepräsidenten und 1858 erneut bei den Senatswahlen. 1860 schließlich wurde er zum Präsidenten der Vereinigten Staaten gewählt. Das sind einige Stationen aus dem Leben von Abraham Lincoln.

Nichts auf der Welt ist so wichtig wie Beharrlichkeit, schon gar nicht Talent. Nichts gibt es häufiger als talentierte, aber erfolglose Menschen. Das »verkannte Genie« ist fast schon ein feststehender Begriff. Bildung allein genügt ebenso wenig. Die Welt ist voller gebildeter Gescheiterter. Beharrlichkeit und Entschlossenheit allein vermögen alles!

Alles auf dieser Welt verändert sich. Und wir können nichts dagegen tun. Regierungen wechseln. Vielleicht wachen Sie eines Morgens auf und haben einen neuen Staatspräsidenten oder einen neuen König oder es ist irgendwo eine Revolution ausgebrochen. Alles ist im Fluss. Nichts währt ewig. Alles vergeht. Und auch das wird vergehen. Wir können nicht für immer enttäuscht sein. Aber an unserer Haltung gegenüber diesen ständigen Veränderungen können wir etwas ändern. Es kommt nicht darauf an, was geschieht, es kommt darauf an, wie wir darüber denken.

Nicht alles, was wir uns vornehmen, kann gelingen. Unter die Freude über den Erfolg mischt sich immer wieder der Wermutstropfen des Fehlschlags. Wenn wir jedoch konstruktiv mit unseren Fehlschlägen umgehen, dann können wir sie häufig in Erfolge verwandeln.

Als Lee Iacocca bei Ford entlassen wurde, war er am Tiefpunkt seiner Karriere angelangt. Wie er diese Niederlage in seiner neuen Aufgabe als Chef von Chrysler in einen Sieg verwandelte, ist bekannt. In seiner Autobiografie schreibt er, dass er unmittelbar nach seinem Amtsantritt bei Chrysler eine noch vernichtendere Niederlage hinnehmen musste. Chrysler stand kurz vor der Insolvenz. Ein Mensch von geringerem Format hätte sofort das Handtuch geworfen, statt sich nach einem Fehlschlag gleich den nächsten einzuhandeln. Doch mit Innovationen, Ideenreichtum und Beharrlichkeit stellte sich Lee Iacocca der Krise und gewann.

## Der Königsgedanke

Durch unsere Geisteshaltung erzeugen wir unsere Fähigkeiten und unseren Wohlstand. Sie bestimmt, wie wir unser Leben führen und unsere veränderte Haltung verändert alles andere. Was ist Ihre Geisteshaltung? Es sollten Leitgedanken sein, die Ihnen großartige und wunderbare Erfahrungen und Ergebnisse ermöglichen können. Denn wenn Sie Ihr Denken verändern, dann verändern Sie auch Ihren Körper, da Ihr Körper der Schatten Ihres Denkens ist. Ihr Körper ist kondensiertes Denken. Nach Ihrem Glauben soll Ihnen geschehen.

Ihr Leitgedanke hilft Ihnen, Negativität zu überwinden. Sie können es, wenn Sie denken, dass Sie es können. Durch die Unendliche Kraft, die Sie stärkt, können Sie alles vollbringen. Fast jeder weiß, wie unmöglich es ist, einen beherrschenden negativen Gedanken oder ein dominantes negatives Gefühl zu bekämpfen; aber Sie können es! Wenn der negative Gedanke kommt – Angst, Groll, Verurteilung, Hass oder was immer es sein mag – machen Sie ihm sofort den Garaus. Nehmen Sie ihm die Spitze. Lassen Sie ihn gar nicht erst groß und stark werden, Sie krank und arm und wer weiß was noch alles machen. Denn wenn der Groll in Ihrem Denken wächst, dann beginnt er, Sie zu beherrschen. Wenn Angst Sie beherrscht, dann sehen Sie alles im Leben in den Farben der Angst. Sie legt ihren Schatten über alles, was Sie tun, sagen und denken und mehr noch über alle Ihre Reaktionen.

Der Groll wächst und wird stark. Er fordert Ihren Herrschaftsanspruch heraus und besiegt Sie. Gewähren Sie dem Bösen nicht eine Minute, ja noch nicht einmal dreißig Sekunden zum Wachsen. Ersetzen Sie es durch einen positiven Gedanken. Dieser Königsgedanke wird es vertreiben.

Thomas A. Edison ließ sich durch negative Gedanken nie von seiner Arbeit abhalten. Man sagt, er sei bei der Entwicklung der Glühbirne tausendmal gescheitert, bevor es ihm endlich gelungen sei.

Auch Lee Iacocca ersetzte negative Gedanken durch einen positiven Königsgedanken, der ihn dazu inspirierte, den Kongress davon zu überzeugen, die Gelder zur Rettung von Chrysler bereitzustellen.

Eine Gewohnheit ist eine Gedankengruppe. Eine negative Gewohnheit ist eine Gruppe negativer Gedanken, die oft genug wiederholt werden, bis sie ins Unterbewusstsein dringen. Dort verselbstständigen sie sich. So ist auch Sorge eine Gewohnheit. Sie hegen immer wieder negative Gedanken. Nach einiger Zeit haben Sie ein Muster in Ihrem Unterbewusstsein entwickelt, das sich dann manifestiert. Es wird so oft wiederholt, dass es schon ganz von selbst abläuft. Auch Angst ist eine Gewohnheit. Armut ist eine Gewohnheit. Durch Ihr Denken können Sie diese emotionale Dominanz ändern. Wenn aufwühlende Emotionen oder andere negative Gedanken Sie plagen, dann können Sie sie ersetzen. Sie können bewusst und absichtlich beschließen, an etwas Konstruktives zu denken. Sie können sich bewusst mit etwas beschäftigen, eine Haltung einnehmen, die Sie von dem Problem ablenkt und Ihren Geist aus der negativen Situation befreit.

Der Königsgedanke ist: »Gott führt und tröstet mich. Gott liebt mich und behütet mich. Er wacht über mich wie ein Hirte über seine Schafe. Er weidet sie auf einer grünen Aue. Er liebt sie und behütet sie.« Machen Sie dies zu Ihrem vorherrschenden Gedanken: Dass Gott wie ein Hirte ist, der Sie behütet. Dann weidet er Sie auf einer grünen Aue und führt Sie zum frischen Wasser – und Sie erleben Frieden in einer sich ständig verändernden Welt.

## Erweitern Sie Ihre inneren Ressourcen

Männer und Frauen, die das Beste aus Ihrem Leben machen wollen, hören nie auf zu wachsen. Sie sind immer unterwegs, denn Ihr Ziel entfernt sich immer mehr, je größer, weiter und effizienter sie werden. Nur hin und wieder legen sie einen Zwischenstopp ein, um aus ihrem Gepäck ein paar Dinge zu entfernen, die sie nicht mehr brauchen, Lasten, die sie behindern. Dann nehmen sie ihre Reise wieder auf. So geht das ihr ganzes Leben lang.

Wenn Sie an Ihre verborgenen Ressourcen gelangen und Ihr Wachstum und Ihre Macht fördern möchten, dann müssen Sie sich ständig auf irgendeinem Gebiet weiter verbessern – durch schärfere und genauere Beobachtung sowie die permanente Erweiterung Ihres Wissens. Sie müssen Ihre Intelligenz mehren, Ihr geistiges und spirituelles Weltbild erweitern, Abstand zu sich selbst gewinnen und die Bereiche ausdehnen, in denen Sie anderen dienen und helfen können.

Die Chefin eines großen Modelabels schreibt ihren Erfolg dem Beobachten und Nachahmen der Spitzenleute in ihrer Branche zu. Sie sagt, ihre geschäftlichen Fähigkeiten habe sie von der Direktorin eines anderen bedeutenden Bekleidungsriesen gelernt, und ihre kreativen Fähigkeiten von einer weiteren führenden Mode-Persönlichkeit. Die erstgenannte war ein Fuchs, was Zahlen anbelangte, und von der zweiten lernte sie sehr viel über Design.

An einem früheren Punkt ihrer Karriere verließ sie ihr Unternehmen und ging zu einer anderen Firma, um dort 50 Filialen in den gesamten USA aufzubauen. Aber nach 18 Monaten brach der Vorstand das Projekt ab, was die Managerin als »den vernichtendsten Schlag in meiner Karriere« bezeichnet. Doch sie erholte sich schnell davon und fand in einem anderen Unternehmen der Branche eine neue Stelle. Dort konnte sie sowohl ihre wirtschaftlichen als auch ihre kreativen Fähigkeiten einbringen. Sie überzeugte die Geschäftsleitung, weitere Labels zu kaufen, um weiter zu wachsen, wozu sich ihre vormalige Chefin nicht hatte entschließen können.

Als diese aus dem Berufsleben ausschied, wurde sie als ihre Nachfolgerin eingestellt. Durch ihre innovativen Ideen konnte das bedeutende Modelabel seinen Erfolg kontinuierlich ausbauen.

> *Die günstige Gelegenheit kommt oft verkleidet als Misserfolg oder vorübergehende Niederlage.*
>
> Napoleon Hill

Wenn Probleme Sie zu erdrücken drohen, dann denken Sie an die verborgenen Schatzkammern neuer Möglichkeiten, die sich für die Chefin des Modelabels aus dem zuvor erwähnten Beispiel und zahllose andere Menschen aufgetan haben. Es gibt heute Tausende von Menschen, die aufgrund solcher und ähnlicher Begebenheiten großartigere Männer und Frauen, bessere Ehepartner, bessere Anwälte, bessere Ärzte oder bessere Politiker geworden sind. Keine Methode der Selbstentdeckung ist so wirksam wie ein inspirierendes Buch oder ein mitreißender Vortrag. Viele Menschen, die bisher keine Ahnung von ihren inneren Kräften und deren Anwendung hatten, werden dabei im Kern ihres Wesens berührt. Es weckt neue Impulse, neue Kräfte und neue Entschlossenheit. Vielleicht hatten Sie ein solches Erlebnis beim Vortrag eines großen Predigers oder Redners, der Ihnen ein Reich in Ihrem Innern erschloss, das sonst womöglich für immer unentdeckt geblieben wäre.

Je höher wir alle unsere Fähigkeiten entwickeln, desto tiefer schöpfen wir unsere Ressourcen aus. Je mehr Verborgenes wir in uns entdecken, desto weiter wird unser Blickwinkel. Das Leben wird zum immerwährenden Fortschritt.

Es gibt Menschen, die erst in der Lebensmitte erkannten, was in ihnen steckt. Dann wurden sie plötzlich wie aus einem langen Schlaf gerissen, entweder durch ein inspirierendes, mitreißendes Buch, durch einen Vortrag oder durch die Begegnung mit einem Menschen mit hohen Idealen, der sie verstand, an sie glaubte und sie ermunterte.

Es ist ein himmelweiter Unterschied, ob Sie mit Menschen zusammen sind, die Ihre Fähigkeiten erkennen, an Sie glauben, Sie ermuntern und loben oder ob Sie mit Menschen zusammen sind, die permanent Ihre Träume zerstören, Ihre Hoffnungen zunichte machen und Ihren Erwartungen einen Dämpfer versetzen.

## Lernen Sie aus Ihren Fehlschlägen

Wenn Sie die Legionen der Gescheiterten befragen, dann werden Sie feststellen, dass unzählige Menschen gescheitert sind, weil sie nie in eine anregende, ermutigende Umgebung kamen, weil ihr Ehrgeiz nie geweckt wurde oder weil sie nicht stark genug waren, sich gegen eine deprimierende, entmutigende oder gar feindselige Umwelt durchzusetzen. Die meisten Menschen in Gefängnissen und Obdachlosenunterkünften sind Beispiele für Einflüsse, die das Schlechteste statt des Besten in ihnen angesprochen haben.

Egal, wo Sie im Leben stehen, bringen Sie jedes erforderliche Opfer, damit Sie in einer Atmosphäre leben können, die Ihre Leistungsbereitschaft weckt und sie zur Weiterentwicklung anregt. Bewahren Sie Ihre Nähe zu Menschen, die Sie verstehen, die an Sie glauben, die Ihnen helfen, sich selbst zu entdecken und das Beste aus sich zu machen. Das könnte darüber entscheiden, ob Sie Erfolg haben oder ein mittelmäßiges Dasein fristen. Halten Sie sich an Menschen, die etwas leisten und im Leben etwas erreichen möchten – Menschen mit hohen Zielen und großer Leistungsbereitschaft. Sie werden den Geist, der in Ihrer Umgebung herrscht, in sich aufnehmen. Der Erfolg der Aufsteiger wird Sie ermuntern und anregen, sich noch mehr anzustrengen, wenn Sie selbst es noch nicht ganz so weit gebracht haben.

Das größte Hindernis für einen Neuanfang sind Selbstzweifel. Dabei tröstet allerdings der Gedanke, dass mit der Zeit zwar nicht die Fehlschläge leichter werden, dafür aber der Neuanfang. Der Trick dabei ist, beides als Teil des Prozesses zu sehen. Das ist der entscheidende Faktor, damit man im Spiel bleibt.

## Zusammenfassung und Essenz

- Negativen Gedanken oder Reaktionen brauchen Sie weder Gehör noch Glauben oder Zustimmung zu schenken. Weigern Sie sich von nun an bewusst und entschieden, so mechanisch zu reagieren, wie Sie das bisher getan haben. Reagieren und denken Sie neu. Sie möchten gelassen, glücklich, heiter, gesund, wohlhabend und voller neuer Ideen sein? Dann müssen Sie sich von diesem Augenblick an weigern, sich mit den negativen Gedanken zu identifizieren, die Sie seelisch herunterziehen.
- Nichts auf der Welt ist so wichtig wie Beharrlichkeit, schon gar nicht Talent. Nichts gibt es häufiger als talentierte, aber erfolglose Menschen. Das »verkannte Genie« ist fast schon ein feststehender Begriff. Bildung allein genügt ebenso wenig. Die Welt ist voller gebildeter Gescheiterter. Beharrlichkeit und Entschlossenheit dagegen vermögen alles!
- Wenn der negative Gedanke kommt – Angst, Groll, Verurteilung, Hass oder was immer es sein mag – machen Sie ihm sofort den Garaus. Nehmen Sie ihm die Spitze. Lassen Sie ihn gar nicht erst groß und stark werden, Sie besiegen, Sie krank und arm und wer weiß was noch alles machen. Denn wenn der Groll in Ihrem Denken wächst, dann beginnt er, Sie zu beherrschen. Wenn Angst Sie beherrscht, dann sehen Sie alles im Leben in den Farben der Angst.
- Egal, wo Sie im Leben stehen, bringen Sie jedes erforderliche Opfer, damit Sie in einer Atmosphäre leben können, die Ihre Leistungsbereitschaft weckt und sie zur Weiterentwicklung anregt. Bewahren Sie Ihre Nähe zu Menschen, die Sie verstehen, die an Sie glauben, die Ihnen helfen, sich selbst zu entdecken und das Beste aus sich zu machen. Das könnte darüber entscheiden, ob Sie Erfolg haben oder ein mittelmäßiges Dasein fristen.
- Alles ist im Fluss. Nichts währt ewig. Alles vergeht. Und auch das wird vergehen. Wir können nicht für immer enttäuscht sein. Aber an unserer Haltung gegenüber diesen ständigen Veränderungen können wir etwas ändern. Es kommt nicht darauf an, was geschieht, es kommt darauf an, wie wir darüber denken.

## Kapitel 7:

# Überwinden Sie Ihre Sorgen und den täglichen Stress

*Alle Wasser der Meere können selbst das kleinste Boot nicht versenken, wenn das Wasser nicht ins Boot hineingelangt. Ebenso können auch alle Probleme, Herausforderungen und Schwierigkeiten dieser Welt Sie nicht deprimieren, solange Sie ihnen Positives entgegensetzen.*

Dauernde Sorgen berauben Sie Ihrer Vitalität, Ihrer Begeisterungsfähigkeit und Ihrer Energie und machen Sie zu einem körperlichen und seelischen Wrack. Ärzte und Heilpraktiker weisen darauf hin, dass chronische Sorgen hinter vielen Krankheiten wie zum Beispiel Asthma, Allergien, Herzbeschwerden, Bluthochdruck und zahllosen anderen Beschwerden stecken, die hier gar nicht alle aufgeführt werden können.

Wer sich Sorgen macht, der ist durcheinander, nicht bei der Sache und denkt ziellos über zu vieles nach, was noch gar nicht Realität geworden ist. Natürlich haben viele Menschen echte Sorgen wie zum Beispiel eine schwere Krankheit in der Familie oder Arbeitslosigkeit, doch viele Sorgen haben ihre Ursache in Trägheit, Faulheit, Apathie und Gleichgültigkeit. Denn eigentlich brauchen Sie sich derlei Gedanken nicht zu machen. Sie können an Harmonie, Frieden, Schönheit, rechtes Handeln, Liebe und Verständnis denken. Sie können negatives Denken durch konstruktives Denken ersetzen.

Steve L. hatte sich Sorgen um seine Gesundheit gemacht, aber nach einer umfassenden Untersuchung sagte ihm sein Arzt, körperlich fehle ihm nichts, aber er leide unter einer Angstneurose. »Angstneurose« ist ein schicker Ausdruck für banale chronische

Sorgen. Seiner Herkunft vom Althochdeutschen *angust* nach bedeutet das Wort Angst wörtlich *Enge*. Und dieser Mann trieb sich tatsächlich selbst in die Enge. Er machte sich außerdem permanent Sorgen ums Geld, sein Geschäft und seine Zukunft. Sein Wunschbild von Erfolg und Wohlstand wurde von seinen chronischen Sorgen durchkreuzt, und das dauernde Grübeln beanspruchte seine gesamte Energie. Er fühlte sich ständig müde und niedergeschlagen.

Er erhielt den Rat, sich drei- bis viermal am Tag still für sich feierlich zu erklären, dass der Allmächtige ihm Inspiration und Hoffnung geschenkt habe und dass er nichts weiter zu tun brauche, als sich auf den Unendlichen einzustimmen und die Harmonie, den Frieden und die Liebe des Unendlichen durch sich hindurchströmen zu lassen. Er solle sich Folgendes sagen:

»Gott oder die Höchste Weisheit gab mir diesen Wunsch. Die Allmächtige Kraft ist in mir, deshalb kann ich alles sein, tun und haben. Die Weisheit und Macht des Allmächtigen stützen mich. Durch sie kann ich alle meine Ziele erreichen. Ich denke nicht mehr an Hindernisse, Verzögerungen, Widrigkeiten und Fehlschläge. Ich weiß, dass mein Glaube und meine Zuversicht wachsen, wenn ich immer an sie denke. Dann nehmen meine Stärke und meine Selbstsicherheit zu. Denn Gott hat uns nicht den Geist der Angst, sondern den der Kraft, der Liebe und des klaren Verstandes gegeben.«

Diese Wahrheiten drangen in sein Bewusstsein, und sein Gehirn sandte diese heilenden Schwingungen in seinen gesamten Körper. Sie gelangten in sein Unterbewusstsein und vernichteten dort wie spirituelles Penicillin die Bakterien der Sorge, der Furcht, der Angst und alle negativen Gedanken. Innerhalb eines Monats erlangte er ein Bewusstsein für die Stärke, Kraft und Intelligenz, die ihm bei seiner Geburt mitgegeben worden waren. Er besiegte seine Sorgen durch die Einnahme spiritueller

Medizin und den Zugang zur Unendlichen Intelligenz, die in seinen unterbewussten Tiefen verschlossen war.

*Der Weg zum Glück besteht darin, sich um nichts zu sorgen, was sich unserem Einfluss entzieht.*

Epiktet

## Zerlegen Sie Ihre Sorgen in ihre Einzelteile

Der Ingenieur Andy F. erzählte, er gehe seine Sorgen an wie ein fachliches Problem. »Wenn ich im Beruf vor einem technischen Problem stehe«, sagte er, »dann nehme ich es auseinander und zerlege es in kleine Einzelteile. Dann frage ich mich: ›Woher kommen sie? Was bedeutet jedes einzelne Teil? Wie kann ich einen Zusammenhang zum Gesamtproblem herstellen?‹ Bei Sorgen frage ich: ›Haben diese Sorgen Macht? Ist hinter ihnen ein bestimmtes Prinzip erkennbar?‹«

Mit seinem kühlen, rationalen Denken und logischer Analyse zerlegt er seine Sorgen und erkennt, dass sie nur Schatten in seinem Kopf sind, trügerisch und illusionär. Sie sind keine Realität, nur Schatten im Kopf.

Ein Schatten hat keine Macht! Doch viele Sorgen sind genau das: Schatten in Ihrem Kopf. Sie besitzen keine Realität, hinter ihnen ist kein Prinzip erkennbar und ihnen liegt keine Wahrheit zugrunde. Diese Sorgen sind lediglich ein Konglomerat finsterer Schatten.

## Ihr Körper spiegelt Ihren Geist

Ärzte berichten, dass viele Patienten sich wegen Krankheiten, die sie nicht haben, solche Sorgen machen, dass sie alle relevanten Symptome entwickeln. Die Ärzte nennen das »psychosomatisch«. Die Wurzeln dieses Wortes sind »psycho«, was

»geistig, seelisch« bedeutet, und »somatisch«, was »körperlich« heißt. Was Sie in Ihrem Kopf denken, spiegelt sich also in Ihrem Körper.

Der Vizepräsident einer großen Versicherungsgesellschaft in Hartford im amerikanischen Bundesstaat Connecticut machte sich Sorgen um sein Herz. Sein bester Freund, der zwanzig Jahre älter war als er, hatte gerade einen Herzinfarkt erlitten, und er war sich sicher, dass er auch anfällig dafür war. Er ging zu einem Herzspezialisten und ließ ein EKG machen. Das zeigte, dass sein Herz vollkommen normal arbeitete und seine Beschwerden psychosomatisch waren. Der Herzinfarkt seines Freundes hatte in ihm unangebrachte Sorgen um sein eigenes Herz ausgelöst und er entwickelte tatsächlich Krämpfe im Brustraum und andere Herzbeschwerden. Der Arzt sagte ihm, die Heilung seines Problems sei nicht in medizinischen Büchern zu finden, sondern in seinem Unterbewusstsein. Er verschrieb ihm Meditationen über gute Gesundheit, bis die falsche Vorstellung aus seiner Psyche verschwunden sei und sein Körper entsprechend reagiere. Es dauerte nur wenige Wochen. Der Patient wandte das Gesetz des Ersetzens an und wiederholte die gute Vorstellung immer und immer wieder, bis sein Bewusstsein die Wahrheit akzeptierte. Das befreite ihn und schenkte ihm neue Gelassenheit.

*Lernen Sie, Freude auszustrahlen, nicht geizig, nicht schäbig, sondern großzügig. Werfen Sie mit Fröhlichkeit vorbehaltlos um sich. Verbreiten Sie sie zu Hause, auf der Straße, im Auto, beim Einkaufen, einfach überall, gerade so, wie die Rose ihre Schönheit verbreitet und ihren Duft verschenkt. Wenn wir lernen, dass Gedanken der Liebe heilen, dann sind sie Balsam auf Wunden. Wenn wir lernen, dass Gedanken der Harmonie, der Schönheit und der Wahrheit immer erheben und veredeln und dass das Gegenteil überall Tod und Zerstörung und Elend verbreitet, dann kennen wir das Geheimnis rechten Lebens.*

Es macht ein wenig Mühe, aber Sie können es. Es erfordert Disziplin und die Bereitschaft, es auch tatsächlich zu tun. »Ich werde das überwinden. Ich packe es an. Es ist ein Schatten in meinem Kopf, und ich werde einem Schatten keine Macht erteilen.« Die psychisch bedingten Krämpfe des Versicherungschefs waren ausgelöst worden, weil er von der Vorstellung besessen war, er habe ein schwaches Herz. Aber das hatte er gar nicht. Daher war er nun vollständig geheilt. Geheilt wovon? Von einer falschen gedanklichen Vorstellung.

## Die Macht liegt in Ihnen

Immer wenn Angst oder Sorgen Sie beschleichen oder wenn Sie denken, Sie können etwas nicht schaffen, halten Sie inne, kommen Sie zur Ruhe und erkennen Sie an, dass die Unendlichkeit in Ihnen ist, dass Gott grenzenlose Liebe ist, unendliche Intelligenz, unendliches Leben, wunderbare Weisheit, absolute Macht, absolute Harmonie.

Wenn Sie diese Macht anrufen, antwortet sie Ihnen. Die Unendliche Intelligenz antwortet auf Ihr Denken. Jeder moderne Wissenschaftler weiß das. Diese Art des Betens oder der Meditation bringt Ihnen völlige Entspannung und lässt Ihren Geist still werden. Versenken Sie sich in diesem tief entspannten Zustand in das, was Sie sein, tun oder haben möchten, und der Unendliche Geist in Ihnen wird Ihrem Glauben daran und Ihrem Vertrauen darauf antworten.

Bedenken Sie: Nichts währt ewig. Alles vergeht. Der Künstler ist größer als die Kunst. Der spirituelle Mensch weiß auch, dass materielle Dinge keine materiellen Dinge hervorbringen. Umstände schaffen keine Umstände. Alles unterliegt dem Wandel und der Veränderung.

Lassen Sie sich von nichts quälen, von nichts Angst einjagen, von nichts aus der Ruhe bringen und von nichts ärgern. Sie sind ein Meister oder eine Meisterin. Sie sind der Herr oder die Herrin Ihres Ideenreiches: Ihrer Gedanken, Gefühle, Emotionen und Reaktionen. Sie sind der König oder die Königin im Reich Ihrer Ideen. Wenn Ihnen eine negative Suggestion begegnet, können Sie sagen: »Gottes Liebe erfüllt meine Seele. Ich bin am geheimen Ort des Allerhöchsten. Der Herr ist mein Hirte, mir wird nichts mangeln. Güte und Gnade sind bei mir alle Tage meines Lebens, denn ich wohne für immer im Hause des Herrn.«

## Speisen Sie positive Gedanken in Ihr Bewusstsein ein

Sorge und Angst können Ihr Leben nur dann beherrschen, wenn Sie es zulassen. Sie haben die Macht, sie aus Ihrem Leben zu entfernen. Sie haben die Göttliche Gegenwart in sich, die Kraft, Ihr Leben zu ändern. Durch Gebet und Meditation, durch Hingabe an ihr spirituelles Selbst, durch Vertrauen zum Göttlichen werden Sie Ihre Ängste und Sorgen überwinden. Wenn Sie positive Gedanken in Ihr Bewusstsein einspeisen, dann reagiert Ihr Unterbewusstsein positiv, sobald Sie auf Probleme stoßen, und findet Lösungen, die zu einem glücklicheren, friedlicheren und erfüllteren Leben führen.

Wer sich chronisch Sorgen macht, dem fehlt es immer an Glauben. Wer daran glaubt, dass eine Macht, die unendlich viel weiser ist als er selbst, das Universum steuert und lenkt und dass sich alles auf die große Vollendung durch den allwissenden, allmächtigen Planer zubewegt, dass jegliche Zwietracht am Ende in Harmonie aufgehen wird, der macht sich keine Sorgen. Wenn ein solcher Mensch Enttäuschungen, Verluste, Rückschläge oder Katastrophen erlebt, dann bringt ihn das innerlich nicht aus dem Gleichgewicht, denn der Glaube hebt den Blick über die Fehlschläge hinaus und sieht die Sonne hinter den Wolken und den Sieg hinter der scheinbaren Niederlage. Was auch geschieht, ein solcher Mensch weiß, dass nach Gottes weisem Ratschluss alles seinen rechten Gang nehmen wird.

Viele Menschen scheitern, weil sie sich ständig fragen, wie sie am Ende wohl dastehen werden, ob sie Erfolg haben werden oder nicht. Dieses ständige Infragestellen des Ergebnisses schürt Zweifel, und die wiederum sind für das Gelingen all unserer Unternehmungen fatal.

Das Geheimnis des Gelingens ist Konzentration. Sorgen oder Ängste jeder Art sind das Ende der Konzentration und aller kreativen Fähigkeiten. Wenn das gesamte Bewusstsein von widerstreitenden Emotionen erschüttert wird, dann wird Effizienz unmöglich. Schließlich ist das tatsächliche Leid im Leben gar nicht so schwer. Was uns vorzeitig altern lässt, was Falten in unser Gesicht gräbt, unseren Schritt müde und die Wangen blass werden lässt, was uns alle Freude nimmt, ist nicht das, was tatsächlich geschieht.

Wie schön wäre es doch, wenn Leute, die sich gewohnheitsmäßig wegen allem und jedem Sorgen machen, ein Bild von sich sehen könnten, das zeigt, wie sie aussähen, wenn sie immer sorgenfrei gewesen wären! Was für ein Schock! Aber welche Hilfe würde es für sie auch bedeuten, wenn sie daneben ein Bild stellen könnten, das sie so zeigt, wie sie gerade wirklich aussehen – vorzeitig gealtert, viele Angst- und Sorgenfalten im Gesicht, ohne alle Hoffnung und Frische. Dieses Bild zeigte einen Menschen, der viele Jahre älter ist als der auf dem anderen Foto, auf dem er energiegeladen, optimistisch, hoffnungsvoll und strahlend wirkt.

Immer wenn Sie merken, dass Sie sich gerade Sorgen machen oder über etwas nachgrübeln oder Angst haben, sich unnötig belasten, abmühen oder widersetzen, dann halten Sie ein paar Augenblicke lang inne und sagen Sie sich: »So lebt kein intelligentes, denkendes Wesen. So lebt kein wahrer Mensch. So vegetiert bloß ein ignorantes Wesen vor sich hin, das die Freude eines normalen Lebens und eines erfüllten Daseins nie erfahren hat.«

## Entspannen Sie Ihren Körper und lassen Sie Ihren Geist zur Ruhe kommen

Nehmen wir einmal an, Sie haben morgen ihr jährliches Gespräch über Ihre Leistungen bei Ihrer Chefin. Was tun Sie? Wahrscheinlich machen Sie sich Gedanken, was sie wohl sagen wird. Alle Fehler, die Ihnen unterlaufen sind, alle Termine, die Sie nicht eingehalten haben, und alle Probleme, die es gab, kommen Ihnen wieder in den Sinn. Ihr Unterbewusstsein ist überladen mit Negativität und Sie können nachts nicht schlafen.

Nehmen wir nun stattdessen an, dass Sie die Gesetze des Bewusstseins kennen und wissen, wie der Geist arbeitet. Statt sich über das Gespräch Sorgen zu machen, setzen Sie sich auf einen Stuhl oder das Sofa, entspannen sich und mobilisieren Ihre Aufmerksamkeit. Zuerst entspannen Sie sich. Wenn der Körper entspannt ist, wird der Geist ruhig. Sagen Sie sich: »Meine Zehen sind entspannt, meine Füße sind entspannt, meine Bauchmuskeln sind entspannt, Herz und Lunge sind entspannt, meine Wirbelsäule ist entspannt, mein Nacken ist entspannt, meine Hände und Arme sind entspannt, mein Gehirn ist entspannt, meine Augen sind entspannt. Mein ganzer Körper ist von Kopf bis Fuß vollkommen entspannt.«

Wenn Sie entspannt sind, dann muss Ihr Körper Ihnen gehorchen; wenn Sie sich entspannen und glauben, dann wird Ihr Gebet immer erhört. Wenn Sie nicht entspannt sind, erhalten Sie auch kein Ergebnis. *Entspannen Sie sich und glauben Sie!* Wenn Sie Ihren Körper entspannen, dann entspannen Sie auch Ihren Geist. Ihr Geist wird still und ruhig. Was also würden Sie tun, um sich auf dieses Gespräch vorzubereiten, das bisher jedes Mal eine Tortur für Sie war? Sie konzentrieren sich auf alle Ihre guten Leistungen im vergangenen Jahr, auf die Kosten, die Sie reduziert, die Neuerungen, die Sie vorgeschlagen, die Kunden, die Sie gut bedient haben, kurzum: auf alles, was Sie an Positivem erlebt und bewirkt haben. Diesen »Film«

lassen Sie immer wieder vor Ihrem inneren Auge ablaufen, unbeirrbar und regelmäßig – und können nachts ruhig schlafen.

Am nächsten Morgen kommen Sie mit einer starken, positiven Haltung zum Gespräch. Die Sorgen sind der Zuversicht gewichen. Sicher wird Ihre Chefin auch auf Bereiche hinweisen, in denen Sie sich noch verbessern können. Das ist ihre Aufgabe und jeder Mensch kann immer noch besser werden. Aber jetzt können Sie diese Hinweise als konstruktive Vorschläge akzeptieren und nicht als Kritik. Sie haben Ihr Unterbewusstsein so programmiert, dass es Sorgen und Bedenken wegen Ihrer Arbeit durch die Versicherung ersetzt, dass Sie gut sind und bereit und fähig, sogar noch besser zu werden.

Wenn Sie die innere Haltung haben, dass Gott die spirituelle Kraft in Ihrem Leben ist und auf Ihr Denken reagiert und dass, weil Ihr Denken und Ihre inneren Bilder daher meist konstruktiv und harmonisch sind, diese Kraft Sie leitet und in jeder Hinsicht für Ihr Wohlergehen sorgt, dann wirkt sich diese Haltung in allen Lebensbereichen aus. Dann sehen Sie die Welt mit Ihrem positiven, affirmativen Blick. Ihre Einstellung ist positiv und Sie rechnen zuversichtlich immer nur mit dem Besten.

## Sie denken, Sie haben Probleme?

Ein altes Märchen erzählt von einem Mystiker, einem weisen Mann, der die Rätsel des Lebens liebte. Eines Tages wies er alle Menschen auf Erden an, einen großen Kreis zu bilden. In die Mitte dieses Kreises sollten sie all ihre Schwierigkeiten, ihren Kummer, ihre Missverständnisse, ihr Herzeleid, ihre Krankheiten, ihren Mangel, ihre Begrenzungen, alle ihre Probleme jeder Art und Herkunft legen.

Dann war ihnen erlaubt, nein, er befahl ihnen sogar, sich den ganzen großen traurigen Haufen (dieses Konglomerat von Schwierigkeiten) genau anzusehen. Jeder sollte sich etwas davon für sich selbst aussuchen. Plötzlich verstummten die Massen. Sie wurden ganz still und schweigsam.

Nach reiflicher Überlegung ging jeder Mann und jede Frau wieder zur Mitte des Kreises. Jeder holte sein eigenes Problem daraus hervor und ging nach Hause. Niemand, nicht einer, entschied sich dafür, sich die Lasten, Leiden und Sorgen eines anderen aufzubürden.

Es ist ein Zeichen spiritueller Reife, des Erwachsenseins, wenn wir anerkennen und akzeptieren, dass die Umstände immer einzig und allein durch uns selbst geschaffen werden. Emerson sagte, sie seien »maßgeschneidert – passen uns wie unsere Haut!« Probleme, die Ihre sind und mit denen Sie konfrontiert werden, werden nicht unbedingt auch mir begegnen; ebenso wenig werden meine individuellen Schwierigkeiten je vor Ihrer Schwelle stehen. Und genau so sollte es auch sein.

Wir sind immer wieder so sehr versucht, die Probleme anderer zu lösen. Aber das ist ein Irrtum und komplette Energieverschwendung. Auch bei allem guten Willen und besten Absichten und so sehr wir es uns auch wünschen: Wir sind nicht befugt, die Lebensumstände anderer zu lösen. Wir können füreinander beten und einander (vielleicht) als Bote dienen.

Letztendlich sind nur wir selbst in der Lage, mit unserem Leben fertig zu werden, denn wir haben es selbst so geschaffen, wie es ist. Wir können es verändern und verbessern, indem wir unsere Überzeugungen ändern und bedenken, wer wir wirklich sind. Wir müssen uns ständig daran erinnern, unser Erbe anzunehmen, unser Erbe all dessen, was gut, wahr und schön ist. Dann erreichen wir vollkommenen Seelenfrieden, denn dann sind wir eins mit Gott.

## Vertreiben Sie den Trübsinn

Im Leben der meisten Menschen gibt es Zeiten, in denen im Beruf etwas schiefläuft. Arbeit häuft sich an, Termine können nicht eingehalten werden. So viel Sie auch arbeiten, Sie kommen überhaupt nicht mehr hinterher, so will es scheinen. Sie sind der Verzweiflung nahe und es wird Ihnen alles zu viel.

Wenn Sie spüren, dass sich eine solch trübe Stimmung einschleicht, dann konzentrieren Sie sich entschieden auf die entgegengerichteten Eigenschaften. Denken Sie daran, dass Sie auch früher schon solche Krisenzeiten in Ihrem Beruf erlebt und überwunden haben. Suchen Sie Halt an den Idealen der Fröhlichkeit, der Zuversicht, der Dankbarkeit und des guten Willens gegenüber jedermann und Sie werden überrascht feststellen, wie schnell die Feinde, die Ihre Schwelle belagerten und Ihnen das Leben schwermachen wollten, verschwunden sind – genau wie die Dunkelheit verfliegt, wenn man die Rollläden hochzieht und das Licht einströmt. Wir vertreiben die Dunkelheit nicht, sondern führen ihr ihr Gegenmittel zu: das Licht, das sie sofort neutralisiert. Wenn Sie niedergeschlagen sind und spüren, wie der Trübsinn Sie packt, dann halten Sie inne und machen Sie es sich zur obersten Aufgabe, diese Feinde durch positive Suggestionen aus Ihrem Denken und Empfinden zu vertreiben, sie zu neutralisieren und auszumerzen. Sie wissen sehr gut, dass ein fröhlicher, schöner Gedanke, so schwierig er auch zu fassen sein kann, wenn man gerade leidet, schnell Erleichterung bringt. Setzen Sie eine fröhliche, hoffnungsvolle Miene auf, auch wenn Ihnen gerade nicht danach ist, und bald schon werden Sie sich wirklich so fühlen.

Wenn Sie ein Opfer Ihrer Launen sind, dann mischen Sie sich gezielt unter Leute, werden Sie aktiv und entwickeln Sie echtes Interesse an Ihrer Umgebung. Gönnen Sie sich etwas Erholung von Ihren Problemen am Arbeitsplatz. Eine kurze Pause erfrischt oft den Geist, und wenn Sie an Ihren Arbeitsplatz zurückkehren, dann können Sie wieder klarer denken. Seien Sie froh und glücklich und interessieren Sie sich für andere. Kreisen Sie gedanklich nicht um sich selbst. Lösen Sie sich von sich selbst, indem Sie sich mit Feuereifer in Unternehmungen mit Ihrer Familie oder mit anderen stürzen.

Beurteilen Sie Ihre Zukunft nicht nach den kleinen Sorgen, die Sie jetzt belasten. Die schwarzen Wolken, die heute Ihre Sonne verdunkeln, sind morgen wieder verschwunden. Lernen Sie, das Leben langfristig zu betrachten und nichts überzubewerten.

*Wenn Sie Sorgen haben, dann tun Sie Folgendes:*
1) *Fragen Sie sich, was schlimmstenfalls passieren kann.*
2) *Bereiten Sie sich darauf vor, es zu akzeptieren, falls Sie es müssen.*
3) *Dann machen Sie sich in aller Ruhe daran, das Schlimmste abzumildern.*

Dale Carnegie

Sie sind der Herr Ihrer gedanklichen Reaktionen. Sie können Ihre Gedanken herumkommandieren, wie es Ihnen gefällt, und Ihre Aufmerksamkeit dem zuwenden, womit Sie sich befassen möchten. Sie sind der Herrscher im Reich Ihrer Ideen. Fremden Besuchern wie Angst, Sorge, Negativität, Wut oder Hass, die Ihr Königreich betreten wollen, können Sie die Einreise verweigern. Sie können Ihren Themen, Gedanken und Gefühlen ganz nach Wunsch befehlen und diese müssen Ihnen gehorchen. Sie sind der absolute Herrscher in Ihrem geistigen Königreich und haben die Macht, alle Feinde (Sorgen, Ängste und negative Gedanken) aus Ihrem Reich zu entfernen.

Sorgen und Ängste sind falsche Denkmuster. Sie sterben ab, wenn Sie ihnen keine Aufmerksamkeit schenken. Alle Sorgen sind das Alarmsignal der Natur, dass Sie an etwas Falsches glauben. Eine Änderung Ihres Denkens wird Sie davon befreien. Menschen, die sich Sorgen machen, erwarten immer, dass alles schiefläuft. Sie zählen tausend Gründe auf, warum etwas Schlimmes geschehen könnte, und keinen einzigen, warum etwas Schönes eintreten sollte. Solche Sorgen schwächen sie und ihre Fähigkeit, sich Herausforderungen zu stellen. Die werden sehr wahrscheinlich kommen, denn sie ziehen genau die Umstände an, an die sie die ganze Zeit denken.

Ein ängstlicher, sorgenvoller Blickwinkel, den wir unserem Unterbewusstsein einprägen, ist praktisch eine Garantie dafür, dass die entsprechenden Herausforderungen oder Schwierigkeiten tatsächlich eintreten.

## Zusammenfassung und Essenz

- Wenn Sie sich Sorgen wegen Ihrer Arbeit machen, dann denken Sie häufig über sehr viele Dinge nach, die nie eintreten werden. Damit rauben Sie sich Vitalität, Begeisterung und Energie.
- Gönnen Sie sich etwas Erholung von Ihren Problemen am Arbeitsplatz. Eine kurze Pause erfrischt oft den Geist und wenn Sie an Ihren Arbeitsplatz zurückkehren, dann können Sie wieder klarer denken.
- Wenn Sie die Gewohnheit beibehalten, sich Sorgen zu machen, dann ziehen Sie genau das an, was Sie befürchten.
- Wenn Sie sich wegen jemand anderem Sorgen machen, dann stellen Sie sich diesen Menschen vor Ihrem geistigen Auge so vor, wie Sie ihn gerne sehen möchten. Wenn Sie sich geistig oft mit diesem Bild beschäftigen, dann wirkt das Wunder.
- Sorgen und Ängste sind falsche Denkmuster. Sie sterben ab, wenn Sie ihnen keine Aufmerksamkeit schenken. Alle Sorgen sind das Alarmsignal der Natur, dass Sie an etwas Falsches glauben. Eine Änderung Ihres Denkens wird Sie davon befreien.

Kapitel 8:

# Sie können Ihre Ängste besiegen

*Wenn Sie eine anomale Angst verspüren, dann lenken Sie Ihre Aufmerksamkeit auf das, was Sie sich am meisten wünschen. Gehen Sie ganz in Ihrem Wunsch auf und lassen Sie sich völlig davon vereinnahmen. Diese Haltung schenkt Ihnen Zuversicht und hebt Ihre Stimmung. Die unendliche Macht Ihres Unterbewusstseins arbeitet für Sie. Sie kann nicht fehlgehen. Deshalb sind innerer Frieden und Selbstsicherheit auf Ihrer Seite. Nur die Angst vor dem Fehlschlag lässt uns den Fehlschlag erleben.*

Von allen krankhaften Zuständen, die sich im menschlichen Körper auf katastrophale Weise widerspiegeln, reicht die Angst am weitesten. Sie kennt viele Abstufungen: vom Stadium extremer Furcht, des Schreckens oder der Panik bis zur leisesten Vorahnung drohenden Unheils. Im Grunde aber ist sie immer dasselbe – ein lähmender Eindruck auf das Lebenszentrum, der durch Weitervermittlung über das Nervensystem in jedem Gewebe des menschlichen Körpers Krankheitssymptome auslösen kann.

Angst ist wie Kohlendioxid in der Atemluft. Sie löst geistige, ethische und spirituelle Erstickungssymptome und zuweilen auch den Tod aus, den Tod der Energie, des Gewebes und allen Wachstums.

Es gibt sehr viele Menschen, die Angst vor dem Leben haben, zu Tode erschrocken, aus Angst, sie könnten sterben. Sie wissen nicht, wie sie die ungeheure Angst, die sie so schrecklich plagt, loswerden können, und sie bleibt ihnen von der Wiege bis zur Bahre auf Schritt und Tritt auf den Fersen.

Für Tausende von Menschen ist die Bedrohung durch bevorstehendes Unheil stets gegenwärtig. Sie verfolgt sie sogar in ihren glücklichsten Momenten. Sie vergällt ihnen alles Glück, und so finden diese Menschen an nichts wirklich Frieden oder Freude. Sie schaut ihnen über die Schulter und schleicht sich in ihre Träume. Sie ist tief in ihrem Leben verwurzelt und zeigt sich in einer ausgeprägten Furchtsamkeit, in Unscheinbarkeit und Schüchternheit.

*Sie haben die Wahl, sich auf die Sicherheit zurückzuziehen oder vorwärtszuschreiten zum Wachstum. Das Wachstum muss man immer wieder wählen; Angst muss man immer wieder überwinden.*

Abraham Maslow

## Die Angst kann Ihr Leben beherrschen

Angst in all ihren Ausdrucksformen wie zum Beispiel Sorge, Scheu, Wut, Eifersucht oder Ängstlichkeit ist der größte Feind des Menschen. Sie hat uns mehr Glück und Effizienz geraubt, mehr Menschen zu Feiglingen oder Versagern gemacht oder in die Mittelmäßigkeit gezwungen als alles andere.

Alle Arbeit, die mit einem Gefühl der Angst oder der schlimmen Vorahnung erledigt wird, ist wenig effizient. Angst würgt Originalität, Mut und Kühnheit ab, sie vernichtet die Individualität und lähmt alle Denkprozesse.

Mit Angst vor einer drohenden Gefahr im Leib kann man nichts Großes leisten. Angst ist immer ein Zeichen von Schwäche und Feigheit. Wie viele Jahre hat uns dieses Monster geraubt, wie viel Glück und große Pläne zum Opfer gefordert und wie viele Karrieren ruiniert! Es ist allgemein bekannt, dass seelische Niedergeschlagenheit – Melancholie – nachweislich die Drüsensekretion stark senkt und das Gewebe buchstäblich austrocknet.

Angst unterdrückt das normale Denkvermögen und verhindert, dass wir im Notfall klug reagieren. Denn niemand kann klar denken und klug handeln, wenn er zugleich gelähmt ist vor Angst. Wenn Sie niedergeschlagen und mutlos werden, wenn die Angst vor dem Scheitern Sie packt, wenn das Gespenst der Armut und einer Not leidenden Familie Sie verfolgt, dann beschwören Sie unweigerlich genau das herauf, was Sie befürchten, und Wachstum und Wohlstand in Ihrem Unternehmen sind zunichte. Aber das Scheitern geschah zuerst in Ihrem Kopf!

*Sie brauchen keine Angst zu haben.* Sagen Sie sich das immer und immer wieder. Allmählich wird Ihr Unterbewusstsein es akzeptieren. Ihr Unterbewusstsein wird es deshalb glauben, weil Sie ja auch mit Ihrem Bewusstsein und Ihrem Verstand davon überzeugt sind. Was immer Ihr Bewusstsein wirklich glaubt, das wird Ihr Unterbewusstsein inszenieren und manifestieren. Werden Sie nicht schwankend und weichen Sie nicht aus. Ihr Unterbewusstsein weiß, wann Sie es ehrlich meinen. Es weiß, wann Sie etwas wirklich glauben. Und dann reagiert es. Wenn Sie der Angst nicht nachgeben und stattdessen Wachstum und Wohlstand im Sinn behalten, eine hoffnungsvolle, optimistische Haltung einnehmen und Ihr Unternehmen systematisch, wirtschaftlich und mit Weitblick führen, dann ist ein Scheitern relativ unwahrscheinlich.

## Ändern Sie Ihr Denken von der Angst zum Glauben

Wir können die Angst ganz leicht zerstören oder neutralisieren, indem wir einfach unser Denken ändern. Angst deprimiert, unterdrückt, schnürt die Kehle zu. Wenn man sich ihr hingibt, verwandelt sie eine positive, kreative Einstellung in eine unproduktive, negative, und das ist das Ende allen Erfolgs. Insbesondere wenn die Angst zur Gewohnheit wird, trocknet sie letztendlich unsere Lebensquelle aus. Glaube anstelle der Angst hat genau die gegenteilige Wirkung auf unser Denken und unseren Körper. Er erweitert und öffnet unser Denken und Empfinden, schenkt den Zellen reichlich Lebendigkeit und stärkt die Leistungsfähigkeit des Gehirns.

Angst richtet in unserer Vorstellungskraft, die sich alle möglichen schlimmen Dinge ausmalt, katastrophalen Schaden an. Glaube ist das perfekte Gegenmittel. Denn wo die Angst nur die Dunkelheit und die Schatten sieht, entdeckt der Glaube den Silberstreif am Horizont, die Sonne hinter den Wolken. Angst schaut nach unten und rechnet mit dem Schlimmsten, Glaube schaut nach oben und freut sich auf das Beste. Angst ist pessimistisch, Glaube ist optimistisch. Angst sagt stets den Fehlschlag voraus, Glaube den Erfolg. Wenn der Geist vom Glauben beherrscht wird, dann kann es keine Angst vor Fehlschlägen und Armut geben. In der Gegenwart des Glaubens kann der Zweifel nicht existieren. Der Glaube steht über allen Widrigkeiten.

Ein starker Glaube wirkt lebensverlängernd, weil er Sorgen keinen Platz einräumt; er lässt uns hinter das vorübergehende Ärgernis, die Zwietracht und die Probleme sehen. Glaube schenkt uns die Gewissheit, dass am Ende alles gut wird, denn er sieht das Ziel, das unser Auge nicht sehen kann.

## So überwinden Sie die Angst

Wenn wir uns nun daran machen wollen, die Angst zu überwinden, muss uns zunächst einmal klar sein, wovor wir uns fürchten. Es ist stets etwas, was noch nicht geschehen ist – es existiert nicht. Schwierigkeiten sind ein Fantasiegebilde, an das wir denken und das uns Angst macht, weil es möglicherweise eintreten könnte.

Die meisten Menschen haben Angst davor, über einen schmalen Grat hoch über dem Boden zu gehen. Wäre dieselbe enge Strecke auf einem Zimmerboden markiert, könnten sie sich wunderbar darin halten und würden noch nicht einmal daran denken, dass sie ihr Gleichgewicht verlieren könnten. Das Gefährlichste an dem Gang auf so schmaler Strecke ist die Angst vor dem Fallen. Innerlich gefestigte Menschen haben einfach keine Angst; sie lassen nicht zu, dass Gedanken an mögliche Gefahren sie bezwingen, sondern haben ihre körperliche Kraft vollkommen im Griff. Ein Akrobat muss nur die Angst überwinden, um die meisten Kunststücke vollbringen zu können, die die Zuschauer in Erstaunen versetzen.

Eine weit verbreitete Angst ist die vor dem Verlust des Arbeitsplatzes. Die Menschen, die sich selbst das Leben vergällen, weil sie sich über dieses – möglicherweise einmal eintretende – Unglück Sorgen machen, haben ihren Arbeitsplatz noch nicht verloren; sie leiden nicht, es droht kein Mangel. Die momentane Situation ist also zufriedenstellend. Wenn die Entlassung tatsächlich kommt, ist es zu spät, sich deswegen Sorgen zu machen, und alle früheren Sorgen waren reine Energieverschwendung. Sie haben überhaupt nichts genützt, sondern die Betroffenen nur im Kampf um eine neue Arbeitsstelle geschwächt. Jetzt könnten sie sich Sorgen machen, dass sie keine neue Stelle finden. Und wenn sie dann doch eine gefunden haben, dann waren wieder alle Sorgen umsonst. Unter keinen Umständen sind Sorgen irgendwann durch die Situation gerechtfertigt. Ihr Gegenstand ist immer eine Fantasievorstellung in der Zukunft.

Sie können Ihre diversen Ängste überwinden: Denken Sie jede Angstvorstellung bis zu ihrem logischen Ausgang durch und überzeugen Sie sich dann, dass im Augenblick alles, was Sie befürchten, einzig und allein in Ihrer Vorstellung existiert. Ganz gleich, ob die befürchtete Situation je eintreten wird oder nicht: Ihre Angst davor ist Verschwendung von Energie und realer körperlicher und geistiger Kraft. Machen Sie sich keine Sorgen mehr, etwa so, wie Sie etwas nicht mehr essen oder trinken würden, von dem Sie genau wissen, dass es Ihnen schon einmal Beschwerden gemacht hat. Wenn Sie sich unbedingt über etwas Sorgen machen wollen, dann machen Sie sich Sorgen über die schrecklichen Folgen des Sorgenmachens – vielleicht werden Sie dann kuriert.

Sich immer wieder selbst zu überzeugen, dass das, was Sie befürchten, nur in Ihrer Fantasie existiert, wird so lange nicht genügen, bis Sie Ihr Bewusstsein so weit trainiert haben, Angst auslösende Suggestionen zu verwerfen und alle dahingehenden Gedanken automatisch zu bekämpfen. Das bedeutet ständige Wachsamkeit und aufmerksames geistiges Bemühen. Wenn sich Gedanken an schlimme Vorahnungen oder Sorgen einschleichen wollen, dann ignorieren Sie sie nicht nur und lassen sie gar nicht erst groß und düster werden, sondern verändern Sie Ihr Denken. Denken Sie an alles, was in die positive Richtung weist.

Wenn Sie sich vor einem persönlichen Fehlschlag fürchten, dann denken Sie nicht daran, wie klein und schwach Sie sind, wie schlecht Sie für die große Aufgabe vorbereitet sind und dass Sie sicher scheitern werden, sondern denken Sie daran, wie stark und kompetent Sie sind, dass Sie bereits ähnliche Aufgaben erfolgreich gemeistert haben und dass Sie alle Ihre früheren Erfahrungen einsetzen und an der Aufgabe wachsen werden. Denken Sie daran, dass Sie sie glänzend erfüllen werden und dass Sie dann bereit sind für die nächste, noch größere Herausforderung. Eine solche Haltung, ob Sie sie nun bewusst einnehmen oder nicht, bringt Sie im Leben ständig weiter voran. Das Prinzip, die Angst durch strahlende, hoffnungsvolle, zuversichtliche Gedanken zu vertreiben, lässt sich auf all die vielen unterschiedlichen Ängste anwenden, die uns Tag für Tag, Stunde um Stunde beschleichen.

Genau so, wie die Angst Sie schwächen kann, kann die Überwindung der Angst Sie zu einem großen Erfolg antreiben. Eines regnerischen, windigen Tages machte sich ein langbeiniger Medizin-Student große Sorgen. Er war Läufer und hatte an diesem Tag ein wichtiges Rennen. Vor Angst war er ganz blass. Später hieß es, er habe ausgesehen wie ein Verurteilter vor dem Gang zum elektrischen Stuhl und habe in der Nacht vor dem Rennen Geräusche von sich gegeben, als sei er gefoltert worden. Auch sein Trainer hatte Angst wegen des Wetters, behielt das aber für sich, denn sie saßen einander gegenüber im Zug. Der Läufer fürchtete, der auffrischende Wind würde seine Zeit in jeder der vier Runden um eine kritische Sekunde verschlechtern. Der Trainer wusste, wie sehr solches Denken einem Sportler schaden kann. Deshalb versicherte er dem Läufer, er habe seine Beine so gut trainiert, um die erforderliche Zeit zu laufen … mit der richtigen Motivation, versteht sich und mit einem guten Grund, warum er laufen wolle. Er sagte dem ängstlichen Läufer, dass sein Bewusstsein jede Widrigkeit überwinden könnte und dass er einen großen Sportler in Irland kenne, der ein Rennen ohne Training und angemessene Ernährung gewonnen habe, nur mit dem Willen zu laufen. »Und was wäre«, fragte der Trainer, »wenn dies deine einzige Chance wäre?« Später sagte der Läufer, er habe es wirklich gebraucht, dass der Trainer ihm sagte, er würde es schaffen. Er brauchte die sonore Stimme, die ihm sagte, wovon er hoffentlich zutiefst überzeugt war: dass er nämlich trotz der Umstände die größte Herausforderung annehmen konnte! Fritz Stampfl, der Trainer, schrieb später, außer seiner Fitness sei das größte Kapital eines Läufers ein kühler Kopf in Verbindung mit Zuversicht und Mut. Und er sollte es wissen, denn er hatte gerade Roger Bannister durch sein Coaching-Programm dazu verholfen, die Meile unter vier Minuten zu laufen und damit einen Rekord aufzustellen!

## Nichts währt ewig

In einem asiatischen Land kursiert eine Legende, wonach ein Bauer zu einem weisen Mann in seinem Dorf ging und sich bei ihm über sein hartes Leben beklagte. Er hatte Angst vor der Zukunft. Er wusste nicht, wie er über die Runden kommen sollte. Angst vor der Zukunft beherrschte sein Denken. Er wollte aufgeben. Er war des Kämpfens müde. Es schien, als tauchte jedes Mal, wenn er ein Problem gelöst hatte, sofort ein neues auf.

Der Weise bat ihn, zum See zu gehen und einen Eimer Wasser zu holen. Dann goss er das Wasser in drei Töpfe und hängte alle an einen Haken über das Feuer. Schon bald kochte das Wasser in den Töpfen. In den ersten Topf gab er einen Bund Karotten, in den zweiten ein paar Eier und in den letzten eine Handvoll Teeblätter.

Er ließ alles eine halbe Stunde kochen und nahm dann die Töpfe vom Feuer. Er nahm die Karotten heraus und legte sie in eine Schüssel, danach nahm er die Eier heraus und legte sie in eine zweite Schüssel und zuletzt goss er den Tee in eine dritte Schüssel. Er wandte sich zum Bauern und sprach: »Sag mir, was du siehst.«

»Karotten, Eier und Tee«, antwortete der Bauer. Dann sagte der Weise: »Nimm die Karotten und sag mir, was Du fühlst.« Das tat der Bauer und sagte: »Die Karotten sind weich.« Dann wies der Weise den Bauern an, ein Ei zu nehmen und es zu zerbrechen. Der Bauer pellte die Schale ab und stellte fest, dass das Ei hart geworden war. Und schließlich bat der Weise den Bauern, einen Schluck von dem Tee zu nehmen. Der Bauer lächelte, als er den vollen Geschmack genoss. Dann fragte er: »Was bedeutet das?«

Der Weise erklärte, jeder Gegenstand habe dieselben Widrigkeiten zu erdulden gehabt – kochendes Wasser. Jeder habe anders reagiert. Die Karotte kam stark und hart ins Wasser. Als sie aber dem kochenden Wasser ausgesetzt wurde, wurde sie weich und schwach. Das Ei war zerbrechlich gewesen. Seine dünne Außenschale hatte das weiche Innere geschützt, aber das kochende Wasser machte das Innere hart. Die Teeblätter hingegen waren einzigartig. Als sie ins kochende Wasser kamen, veränderten sie das Wasser.

»Was bist du?«, fragte er den Bauern. »Wenn Widrigkeiten dir begegnen, wie reagierst du dann? Bist du eine Karotte, ein Ei oder ein Teeblatt?«

Fragen Sie sich nun beim Blick auf die Probleme in Ihrem Leben: »Was bin ich? Bin ich die Karotte, die stark wirkt, aber bei Schmerzen und Widrigkeiten weich wird und ihre Kraft verliert? Bin ich das Ei, das mit verletzlichem Herzen und beweglichem Geist beginnt? Aber verhärte ich mich nach dem Verlust meiner Arbeitsstelle, nach dem Ende einer Beziehung, in finanziellen Schwierigkeiten oder bei anderen Schicksalsschlägen? Oder bin ich wie das Teeblatt? Das Teeblatt verändert das heiße Wasser – genau das also, was den Schmerz bereitet. Wenn das Wasser heiß wird, setzt das Teeblatt Duft und Aroma frei. Wenn Sie wie das Teeblatt sind, dann zeigen Sie in dem Moment, an dem alles am schlimmsten ist, ihre wahre Größe und verändern die Situation, in der Sie stecken. Wie gehen Sie mit Widrigkeiten um? Sind Sie eine Karotte, ein Ei oder ein Teeblatt?

## Übernehmen Sie die Verantwortung für Ihr Bewusstsein

Wir müssen lernen, unsere Gedanken, Gefühle und Reaktionen zu kontrollieren. Wir müssen die Verantwortung für unser Bewusstsein übernehmen. Wenn wir tatsächlich die Verantwortung für diesen bunt zusammengewürfelten Haufen in unserem Kopf übernehmen und sagen: »Ich bin hier der Herr im Haus. Ich werde meinen Gedanken befehlen«, und sie anweisen, welchen Dingen sie Aufmerksamkeit schenken sollen, dann sind wir wie ein Arbeitgeber, der seine Beschäftigten anweist, seine Anordnungen auszuführen.

Sie müssen die Verantwortung für Ihr Bewusstsein übernehmen und nicht zulassen, dass andere es an Ihrer Stelle regieren. Das Bewusstsein des Durchschnittsmenschen regieren übernommene Glaubenssätze, Dogmen, Traditionen, Aberglaube, Angst und Unwissenheit. Die größte Wüste der Welt ist nicht die Sahara, sondern das Bewusstsein des Durchschnittsmenschen. Allzu viele Menschen sind nicht im Besitz ihres eigenen Bewusstseins und bemühen sich nicht im Geringsten darum, selbst zu denken. Sie lassen ihr Denken und ihr Empfinden von strengen Familienangehörigen beherrschen oder von ihrem Chef oder willensstarken Kollegen dominieren. Lassen Sie das nicht mit sich machen! Stärken Sie die Macht Ihres Unterbewusstseins, um sich der Vorherrschaft durch andere zu widersetzen und sich die Fähigkeit zu bewahren, selbst über Ihr Schicksal zu bestimmen.

## Untersuchen Sie Ihre Ängste

Der Verkaufsleiter eines großen multinationalen Unternehmens gestand einmal, dass er zu Beginn seiner Tätigkeit als Verkäufer erst fünf- oder sechsmal um den Block gehen musste, bevor er den Mut aufbrachte, einen Kunden anzusprechen.

Seine Vorgesetzte war sehr erfahren und hatte zugleich ein feines Gespür für andere. Eines Tages sagte sie ihm: »Hab keine Angst vor dem Ungeheuer hinter der Tür. Dort ist kein Monster. Du bist das Opfer eines falschen Glaubens.«

Außerdem sagte seine Vorgesetzte ihm, dass sie sich schon bei den ersten Regungen eines ängstlichen Gefühls ihrer Angst stelle. Sie schaue ihr ins Gesicht, geradewegs in die Augen. Und wenn sie das tue, stelle sie immer wieder fest, dass ihre Angst verblasse und bis zur Bedeutungslosigkeit zusammenschrumpfe.

Eine ähnliche Erfahrung machte auch Sarah M. Ihre Chefin Agnes war eine Tyrannin. Ständig kontrollierte sie die Arbeit ihrer Untergebenen bis ins kleinste Detail hinein. Mit Kritik war sie schnell bei der Hand, aber Lob oder Anerkennung für gute Arbeit gab es bei ihr nie. Sarah ging jeden Morgen mit Angst zur Arbeit, und wenn Agnes in die Nähe ihres Arbeitsplatzes kam, fing sie buchstäblich an zu zittern.

Ihr fiel auf, dass ihre Kollegin Rebecca sich von Agnes' Tiraden anscheinend nie aus der Ruhe bringen ließ. Sarah bat sie, ihr zu zeigen, wie sie unter solchen Umständen dermaßen gelassen bleiben konnte. Rebecca sagte: »Als ich hier anfing, versetzte Agnes mich in Angst und Schrecken und ich war kurz davor, wieder zu kündigen, aber ich brauchte die Stelle. Da beschloss ich, dass es weder Agnes noch sonst jemandem gelingen sollte, mir das Leben schwer zu machen, wenn ich es nicht wollte. Mir wurde klar, dass nur ich allein mich unglücklich machen kann. Wenn ich zulasse, dass Agnes mir Minderwertigkeitsgefühle einflößt, dann werde ich minderwertig. Wenn sie mich also anmeckert, dann geht es bei mir zum einen Ohr hinein und zum anderen wieder heraus. Ich blocke ihre Negativität ab und konzentriere mich auf das Gute in meinem Leben. Ich nicke einfach, sage: ›Ja, Chefin‹, und mache weiter meine Arbeit. Versuch's auch einmal. Es gelingt nicht sofort, aber mit der Zeit kannst du Agnes' Geschwätz an dir abprallen lassen, ohne dass es dir etwas ausmacht.«

Sarah folgte Rebeccas Rat. Und obgleich sich ihr Arbeitsumfeld nicht änderte, wurde es durch ihre veränderte Wahrnehmung und Reaktion darauf doch erträglicher.

*Wieder aufzustehen und der Niederlage einen Triumph zu entreißen – das ist das Erfolgsgeheimnis eines tapferen und edlen Lebens.*

Theodore Roosevelt

## Inspiration bringt Ihnen den Sieg nach der Niederlage

Haben Sie in der Vergangenheit schon einmal eine bittere Enttäuschung erlebt? Beim Blick zurück glauben Sie vielleicht, dass Sie ein totaler Versager sind oder sich bestenfalls mittelmäßig durchs Leben schlagen. Vielleicht haben Sie nicht den erhofften Erfolg gehabt, vielleicht haben Sie Geld verloren, wo Sie eigentlich satte Gewinne einstreichen wollten oder vielleicht haben Sie sehr liebe Freunde oder Verwandte verloren. Vielleicht mussten Sie Ihr Geschäft aufgeben oder Ihnen wurde sogar Ihr Haus weggenommen, weil Sie die Hypotheken nicht mehr fristgerecht bedienen konnten, womöglich aufgrund einer Krankheit mit nachfolgender Arbeitsunfähigkeit. Vielleicht hat ein schwerer Unfall Ihnen alle Kraft geraubt. Die Zukunft sieht für Sie womöglich wirklich alles andere als rosig aus. Doch trotz all Ihres Unglücks gilt: Wenn Sie sich nicht unterkriegen lassen, dann wartet bald ein Sieg auf Sie.

Sie brauchen sich dennoch nicht minderwertig zu fühlen, wenn Sie den Mut verlieren und sich vor aller Welt verkriechen wollen, weil Sie einen Fehler gemacht oder sich einen Ausrutscher geleistet haben, weil Ihr Unternehmen gescheitert ist, weil Ihnen aufgrund einer allgemeinen Katastrophe Ihr Eigentum genommen wurde oder weil andere Schwierigkeiten eingetreten sind, die Sie unmöglich hätten abwenden können.

Das ist Ihre Mutprobe: Wie viel Courage haben Sie noch, nachdem Sie alles verloren haben außer sich selbst? Wenn Sie nun am Boden liegen, mit den Achseln zucken und sich geschlagen geben, dann steckt nicht mehr viel Mumm in Ihnen. Wenn Sie sich aber mit unerschrockenem Herzen und nach vorne gerichtetem Blick weigern aufzugeben und den Glauben an sich selbst nicht verlieren, wenn Sie die Option zum Rückzug ausschlagen, dann zeigen Sie, dass Sie größer sind als Ihr Verlust, größer als die Last, die Sie tragen müssen, und stärker als jede Niederlage.

Vielleicht sagen Sie jetzt, Sie seien einfach zu oft gescheitert, es habe gar keinen Sinn mehr, es noch einmal zu versuchen, Sie könnten einfach nicht gewinnen und Sie seien schlicht zu oft auf die Nase gefallen, um noch einmal aufzustehen und von vorne zu beginnen. Unsinn! Für einen Menschen mit ungebrochenem Geist gibt es keinen Fehlschlag. Egal, wie oft Sie schon gescheitert sind: Erfolg ist immer möglich. Immer wieder lesen, hören oder sehen wir in unserem täglichen Leben in Zeitungsnachrichten, in Biografien oder am lebendigen Beispiel direkt vor unseren Augen, wie Männer und Frauen erlittene Fehlschläge wieder wettmachen, sich aus der Starre der Mutlosigkeit lösen und den Blick mit neuem Mut nach vorne richten.

Wenn Sie aus dem Holz geschnitzt sind, das gewinnt, wenn Sie Mumm und Nerven haben, dann rufen Ihre Fehlschläge, Verluste und Niederlagen diese Qualitäten auf den Plan und machen Sie nur noch stärker. »Erst die Niederlage«, sagte Reverend Henry Ward Beecher, »verwandelt Knochen zu Feuerstein und Knorpel zu Muskeln und macht uns unbesiegbar.«

Wieder aufzustehen und der Niederlage einen Triumph zu entreißen – das ist das Erfolgsgeheimnis eines tapferen und edlen Lebens. Wie oft geraten wir in die Krise, wenn sich uns ein Hindernis in den Weg stellt, das wir für eine schreckliche Katastrophe und unseren sicheren Ruin halten, falls wir es nicht verhindern können! Wir befürchten, dass unsere ehrgeizigen Pläne durchkreuzt werden oder gar, dass unser ganzes Leben zerstört wird. Die Angst vor dem Schlag, der unausweichlich auf uns zukommt und von dem wir uns, wie wir befürchten, nicht mehr erholen werden, hat etwas Lähmendes.

Manche Menschen kommen ihr halbes Leben lang wunderbar zurecht, vielleicht solange alles glatt läuft. Solange sie ihren Besitz mehren und viele Freunde und Anerkennung finden, wirken sie stark und ausgeglichen. Sobald aber ernste Schwierigkeiten auftreten, eine geschäftliche Niederlage, eine Panik oder eine große Krise, bei der sie alles verlieren können, sind sie überfordert. Sie verzweifeln, lassen den Mut sinken, verlieren ihren Glauben, die Hoffnung und alle Kraft, es noch einmal zu versuchen. Kurzum, sie verlieren alles. Ihr Leben wird von einem – lediglich materiellen – Verlust vollkommen zunichte gemacht.

Lassen Sie alles los, wenn Sie müssen, aber behalten Sie sich im Griff! Verlieren Sie nie die Hoffnung. Sie ist Ihre unschätzbare Perle, wertvoller noch als Ihr Atem. Halten Sie sie mit aller Macht fest. Sie sind so viel größer als jeder materielle Fehlschlag, den Sie erleiden können, dass er in Ihrer Biografie kaum erwähnt wird und in Ihrer Karriere höchstens als ein kleiner Zwischenfall gilt – unangenehm zwar, aber nicht weiter von Bedeutung.

*Möchten Sie von mir eine Formel für … Erfolg? Nichts einfacher als das. Verdoppeln Sie Ihre Quote an Fehlschlägen. Sie glauben, Fehlschläge seien der Feind des Erfolgs. Aber dem ist ganz und gar nicht so. Sie können sich von Fehlschlägen entmutigen lassen – oder Sie können daraus lernen. Also, machen Sie munter Fehler! Machen Sie so viele, wie Sie nur können. Denn, bedenken Sie, dort finden Sie Ihren Erfolg. Genau da, wo Sie ihn nicht vermuten.*

Thomas J. Watson

## Zusammenfassung und Essenz

- Durch Angst und Sorge ziehen wir genau das an, wovor wir uns fürchten. Gewohnheitsmäßige Angst schadet der Gesundheit, verkürzt das Leben und lähmt alle Effizienz. Zweifel und Angst bedeuten Scheitern.
- Glaube ist das perfekte Gegenmittel. Denn wo die Angst nur die Dunkelheit und die Schatten sieht, da entdeckt der Glaube den Silberstreif am Horizont, die Sonne hinter den Wolken. Die Angst schaut nach unten und rechnet mit dem Schlimmsten, der Glaube schaut nach oben und erwartet das Beste. Angst ist pessimistisch, Glaube ist optimistisch. Die Angst sagt immer den Fehlschlag voraus, der Glaube den Erfolg.
- Eliminieren Sie sämtliche falschen Glaubenssätze, jede Voreingenommenheit und allen Aberglauben aus Ihrem Denken. Befehlen Sie Ihrem Geist und Ihrem Denken, aus ganzem Herzen zu akzeptieren, dass das, was Sie sich wünschen, im Unendlichen Bewusstsein bereits existiert und dass Sie es nur noch geistig und emotional erfassen müssen, damit es unweigerlich eintreten wird.
- Allzu viele Menschen sind nicht im Besitz ihres eigenen Bewusstseins und bemühen sich nicht im Geringsten darum, selbst zu denken. Sie lassen ihr Denken und Empfinden von strengen Familienangehörigen beherrschen oder von ihrem Chef oder willensstarken Kollegen dominieren. Lassen Sie das nicht mit sich machen! Stärken Sie die Macht Ihres Unterbewusstseins, um sich der Vorherrschaft durch andere zu widersetzen und sich die Fähigkeit zu bewahren, selbst über Ihr Schicksal zu bestimmen.
- Sie sind so viel größer als jeder materielle Fehlschlag, den Sie erleiden können. Ganz gleich, welche Rückschläge, welche Enttäuschungen oder Fehlschläge Sie erfahren, Sie sind ihnen überlegen. Verlieren Sie nie Ihre Gelassenheit.

Kapitel 9:

# So steigern Sie Ihre Kreativität

*Ihr Vorstellungsvermögen ist Ihre mächtigste Kraft. Stellen Sie sich Liebens- und Achtenswertes vor, denn Sie sind, was Sie sich vorstellen.*

Kreativität beginnt mit einer Vorstellung. Gemeint ist die disziplinierte, kontrollierte, zielgerichtete Vorstellung. Sich etwas vorzustellen, bedeutet, eine Idee zu entwickeln und sie dem Unterbewusstsein einzuprägen. Alles, was dem Unterbewusstsein eingeprägt wird, findet später Ausdruck als Form, Funktion, Erfahrung und Ereignis. Wenn Sie also erfolgreich sein wollen, müssen Sie sich zuerst vorstellen, dass Sie erfolgreich sind. Wenn Sie wohlhabend sein wollen, dann müssen Sie sich zuerst vorstellen, dass Sie wohlhabend sind.

Wenn die ganze Welt sagt: »Es ist unmöglich, das kann keiner«, dann sagt ein Mensch mit Vorstellungskraft: »Natürlich geht das.« Die Vorstellungskraft kann die Tiefen der Realität durchdringen und die Geheimnisse der Natur enthüllen.

## Vertrauen Sie Ihrer Vorstellungskraft

Ein mächtiger Industrieller erzählte einmal von seinen Anfängen in einem kleinen Laden. Er sagte: »Ich träumte immer von einem großen Unternehmen mit Filialen im ganzen Land.« Er fügte hinzu, er habe sich regelmäßig und systematisch vor seinem geistigen Auge die riesigen Gebäude, Büros, Fabriken und Läden ausgemalt. Dabei wusste er, dass er durch die Alchemie des Geistes den Stoff erschaffen würde, aus dem seine Träume Gestalt annähmen. Sein Geschäft wuchs und gedieh, und durch das universelle Gesetz der Anziehung zog er nach und nach die richtigen Ideen, das Personal, die Freunde, das Geld und alles andere an, was zur Verwirklichung seines Ideals vonnöten war.

Dieser Mann setzte also seine Vorstellungskraft aktiv ein und lebte mit seinen Gedankenmustern, bis die Vorstellungskraft ihnen Form verlieh. Er bemerkte: »Es ist genauso leicht, sich vorzustellen, dass man Erfolg hat, wie sich vorzustellen, dass man scheitert, aber es ist wesentlich interessanter.«

Was immer Sie sich vorstellen können, das können Sie auch erzeugen. Lassen Sie Ihr Unterbewusstsein schwanger gehen mit dem Bild Ihrer Idee, mit Ihrem Ideal. Die unsichtbaren Dinge, die schon bestanden, bevor der Welt Grund gelegt war, sind deutlich sichtbar. Die Seele, so heißt es seit alters her, kann die unsichtbaren Dinge in Ihrem Geist sehen. Wo ist die Erfindung? Wo ist das neue Spiel? Wo ist Ihre heimliche Entdeckung? In Ihrem Geist. Sie ist real. In einer anderen Dimension des Geistes hat sie bereits Form, Gestalt und Substanz. Glauben Sie, dass Sie sie bereits haben – und Sie werden sie erhalten.

## Ihre Vorstellungskraft ist der Samen der Tat

Ein Mensch mit Weitblick, Stärke und unerschütterlicher Zuversicht ist nötig, damit sich ein neues Konzept durchsetzen kann.

Ein gutes Beispiel dafür ist der Angestellte einer überaus erfolgreichen Kaffeehauskette: Der Mann wurde als Verkaufsleiter und Marketingchef für die Sparte Einzelhandel eingestellt. Damals bestand das Kaffeehandelsunternehmen aus ein paar einfachen Läden in Seattle; der Mann war 29 und hatte gerade geheiratet. Seine Frau und er zogen von New York nach Seattle, damit er die Stelle annehmen konnte.

Etwa ein Jahr später führte ihn eine Einkaufsreise nach Italien. Beim Bummel durch Mailand fiel ihm auf, wie wichtig Kaffee für die italienische Lebensart war. In Italien beginnt der typische Arbeitstag mit einer Tasse Espresso in einer Kaffeebar. Nach der Arbeit treffen sich Freunde und Kollegen dort noch einmal zu einem Plausch, bevor sie nach Hause gehen. Die Kaffeebar war der Mittelpunkt italienischer Geselligkeit. Der Marketingchef stellte sich vor, wie es wäre, wenn man solche Kaffeebars nach Amerika brächte. Das hatte noch keiner versucht. Aber er hatte das Gefühl, es könnte funktionieren – nicht zuletzt wegen der hohen Qualität des Kaffees seines Unternehmens.

Er malte sich Hunderte von Cafés in ganz Amerika aus. Geschäftsleute würden dort auf dem Weg zur Arbeit kurz vorbeischauen und nach der Arbeit entspannen. Beim Einkaufen könnte man in den Cafés eine kleine Verschnaufpause einlegen. Junge Leute würden sich eher auf einen Kaffee als auf ein Bier verabreden. Und ganze Familien könnten sich vor oder nach dem Kino eine kurze Erfrischung gönnen.

Diese Vision wurde zu einer Obsession. Der Mann war fest entschlossen, eine landesweite Café-Kette nach dem Vorbild der italienischen Kaffeebars aufzubauen. Aber die Eigentümer zögerten. Sie waren Kaffee-Großhändler, und die Restaurants, die zum Unternehmen gehörten, waren nur ein ganz kleiner Teil ihres Geschäftsfeldes.

Um sein Ziel umzusetzen, verließ der Mann seine Firma und gründete ein eigenes Unternehmen. Dann eröffnete er seine erste Kaffeebar in Seattle. Sie war ein durchschlagender Erfolg. Schon bald eröffnete er eine zweite Kaffeebar in Seattle und eine weitere in Vancouver. Im Jahr darauf kaufte er die Firma seiner früheren Arbeitgeber und übernahm den Namen für sein Unternehmen. Schließlich waren seine Kaffeebars elementarer Bestandteil der amerikanischen Kultur geworden und hatten in Dutzende weiterer Länder in der ganzen Welt expandiert.

*Der Traum geht über in die Wirklichkeit der Tat. Aus dieser Tat entspringt wiederum der Traum, und das schafft die höchste Form des Lebens.*

Anaïs Nin

Richard D., Geschäftsmann aus Los Angeles, hatte schwere finanzielle Verluste erlitten. Er betete um Hinweise, welche Schritte er unternehmen sollte, um im Leben wieder Fuß zu fassen. Da ergriff ihn das überwältigende Gefühl, in die Wüste zu gehen. Er verweilte dort in der Stille und hatte plötzlich *die* Idee. Er besprach sie mit einem alten Bekannten, einem erfolgreichen Immobilienmakler in Los Angeles. Richard erzählte ihm von dem immensen Potenzial, das er an jenem Ort in der Wüste entdeckt hatte. Er stellte sich vor, dass die Menschen Los Angeles verließen und aus dem Osten kämen, um dort zu leben, wo jetzt nur Wüste war. Vor seinem geistigen Auge sah er, wie sie an eben jenem Ort Häuser bauten, Krankenhäuser und Schulen. Sein Freund stellte ihn ein. Er sollte Kunden für die Erschließung der Wüste akquirieren. Sein Erfolg trug ihm die Partnerschaft in der Immobilienfirma ein und heute ist er ein millionenschwerer Immobilienmakler.

## Glauben Sie und Ihre Wünsche werden wahr

In Ihrem Unterbewusstsein gibt es eine Intelligenz und Weisheit, die Ihnen in der Not zu Hilfe kommt, wenn Sie sie anrufen. In zahllosen Fällen haben zum Beispiel Wissenschaftler die Antwort auf ihre Frage durch Gebete erhalten, wenn sie nirgendwo anders zu erlangen war.

Der brillante Physiker Nikola Tesla, der die erstaunlichsten Erfindungen gemacht hat, sagte, wenn ihm die Idee zu einer Erfindung kam, dann konstruierte er sie zuerst komplett in seiner Vorstellungskraft. Denn er wusste, dass sein Unterbewusstsein alle Teile, die zur Anfertigung notwendig waren, rekonstruieren und seinem Bewusstsein in konkreter Form mitteilen würde. Jede mögliche Verbesserung erdachte er zuerst im Geiste. Deshalb musste er nie Zeit für die Fehlerkorrektur aufwenden und konnte den Technikern stets das fertige Produkt seines Geistes vorstellen. Er sagte: »Meine Geräte funktionieren ausnahmslos so, wie ich es mir vorgestellt habe. In zwanzig Jahren war das niemals anders.« Sein Unterbewusstsein gab ihm die Antworten auf alle Fragen zu seinen Erfindungen.

Plato lehrte, dass alles zuerst als Idee oder Gedankenbild im Geist existiert, bevor es im Äußeren in Erscheinung treten kann. Es gibt falsche und wahre Ideen, richtiges und falsches Denken. Eine falsche oder fehlerhafte Idee kann sich im Körper als Krankheit manifestieren. Fultons Idee manifestierte sich im Dampfschiff, Morses Idee im Telegrafen. Eine Fabrik oder ein großes Kaufhaus ist der Gedanke eines Unternehmers, verdichtet zu objektiver Manifestation.

Allmählich entwickeln die Menschen ein gewisses Verständnis für den Einfluss von Ideen, von Vorstellungskraft, von Glaube und von Gefühl für ihren körperlichen Zustand und ihre physiologischen Funktionen.

Fernsehen, Radio, Radar, Superjets und alle anderen modernen Erfindungen sind zunächst im Reich der Vorstellungskraft entstanden. Unsere Vorstellungskraft ist das Schatzhaus der Ewigkeit, das aus unserem Unterbewusstsein all die kostbaren Juwelen aus Musik, Kunst, Dichtung und Erfindergeist freisetzt. Wir können heute eine antike Ruine, wie einen alten Tempel oder eine Pyramide, betrachten und daraus die Ereignisse längst vergangener Zeiten rekonstruieren. In den Ruinen eines alten Kirchenareals kann man eine moderne Stadt erkennen, die vor unserem inneren Auge in all ihrem einstigen Glanz und in ihrer Schönheit wiederaufersteht.

Stellen Sie sich bitte einmal einen angesehenen, großen Architekten vor. Im Geiste erbaut er eine wunderschöne Stadt für ältere Mitbürger, mit Schwimmbädern, einem Meeresaquarium, Freizeitzentren, Parks und so weiter. In seinem Geist kann er den schönsten Palast konstruieren, den die Menschheit je gesehen hat. Er kann sich die Gebäude schon als Ganzes vorstellen, fertig gebaut, bevor er seine Pläne den Baufirmen übergibt. Sein innerer Reichtum erschafft äußeren Reichtum für sich selbst und für zahllose andere.

Sie sind der Architekt oder die Architektin Ihrer Zukunft. Sie können heute eine Eichel betrachten und daraus vor Ihrem geistigen Auge einen prächtigen Wald voller Flüsse, Bäche und kleiner Rinnsale erschaffen. Sie könnten diesen Wald mit allen möglichen Lebensformen bevölkern, und wie das *Erste Buch Mose 9, 13-14* sagt, außerdem in jede Wolke einen Regenbogen setzen. Sie könnten eine Wüste anschauen und sie freudig mit Rosen erblühen lassen. Menschen, die die Gabe der Intuition und der Vorstellungskraft haben, finden Wasser in der Wüste und erschaffen Städte, wo andere nur Ödland und Wildnis sehen.

Was Sie sich als real vorstellen können, das existiert bereits in Ihrem Geist, und wenn Sie Ihrem Ideal treu bleiben, dann wird es eines Tages Gestalt annehmen. Der Meisterarchitekt in Ihrem Innern wird das, was Sie Ihrem Geist einprägen, auf die Leinwand der Sichtbarkeit projizieren.

## Die Vorstellungskraft stärkt Ihre Kreativität

Mario A. arbeitete als junger Chemiker für eine Firma, die jahrelang vergeblich versucht hatte, eine bestimmte Farbe herzustellen. Gleich bei seiner Einstellung wies man ihm genau diese Aufgabe zu. Er ignorierte die vielen Fehlschläge und synthetisierte die Verbindung problemlos.

Seine Vorgesetzten waren erstaunt und wollten sein Geheimnis erfahren. Darauf sagte er, er habe sich einfach vorgestellt, er kenne die Lösung des Problems. Seine Vorgesetzten fragten genauer nach und er sagte, er habe vor seinem geistigen Auge in leuchtend roter Schrift das Wort »Lösung« gesehen. Daraufhin habe er ein Vakuum unter der Schrift entstehen lassen. Denn er wusste, wenn er sich vorstellte, dass unter der Schrift die chemische Formel erscheinen würde, dann würde sein Unterbewusstsein sie genau dort einsetzen. Drei Nächte später hatte er einen Traum, in dem ihm die komplette Formel und die Technik zur Herstellung der Verbindung klar gezeigt wurden. Für den jungen Chemiker führte das zu einer großartigen Beförderung in eine leitende Position im Unternehmen.

Bewahren Sie Ihren Glauben bis zum Schluss, bei jedem einzelnen Schritt. Halten Sie bis zum Ende durch und vertrauen Sie darauf, dass alles gut ausgehen wird, denn Sie haben den Ausgang ja bereits gesehen. Wenn Sie den Ausgang einer Sache bereits gesehen haben, dann entwickeln Sie auch die notwendige Willenskraft, ihn Wirklichkeit werden zu lassen.

## Entwickeln Sie Ihre Vorstellungskraft

Nicht nur Künstler, Erfinder und Unternehmer besitzen Kreativität. Diese Kraft tragen wir alle in uns. Wir müssen sie nur noch entwickeln und nach außen sichtbar machen. Im Folgenden finden Sie ein paar Vorschläge, wie Sie das bewerkstelligen können.

1. Stellen Sie sich vor, Sie täten das, was Sie wirklich gerne tun möchten. Spüren Sie richtiggehend, wie Sie es tun, und es werden Wunder geschehen.
2. Malen Sie sich vor Ihrem geistigen Auge aus, dass es Ihnen richtig gut geht, dass Sie ein schönes Zuhause haben, einen erfolgreichen Ehepartner und eine glückliche, fröhliche Familie. Bewahren Sie sich dieses geistige Bild, und es werden Wunder geschehen.

3. Mit disziplinierter Vorstellungskraft können Sie vor Ihrem geistigen Auge den Aufbau antiker Ruinen erkennen. Mit Ihrer lebhaften Fantasie können Sie die verfallenen Gebäude rekonstruieren und die Vergangenheit wieder lebendig werden lassen.
4. Schriftsteller nutzen ihre Vorstellungskraft, um die großen Werke zu schaffen, die Männer wie Shakespeare, Bunyan, Milton und andere unsterblich gemacht haben.
5. Stellen Sie sich vor, dass das, was Sie schreiben, für die Lesenden faszinierend und höchst interessant ist, und stellen Sie sich auch vor, dass man Ihnen zu Ihrem Erfolg gratuliert.
6. Wenn Sie sich regelmäßig ein schönes Gedicht, Lied oder Theaterstück vorstellen, das Sie geschrieben haben, dann geschieht es häufig, dass das Gedicht oder das Lied oder das Thema des Theaterstücks Ihnen plötzlich vollkommen mühelos fix und fertig vor Augen steht.
7. Beim Blick auf antike Ruinen und ihre Hieroglyphen kann der Wissenschaftler mithilfe seiner Vorstellungskraft antiken Tempeln ihr Dach wieder aufsetzen und sie mit Gärten, Wasserbecken und Springbrunnen umgeben.
8. Sie können sich im Geiste eine wunderschöne idyllische Szenerie ausmalen, von der Sie sich wünschen, dass sie Wirklichkeit wird. Lassen Sie sie echt, natürlich, lebendig und spannend erscheinen. Ihr Unterbewusstsein akzeptiert, was Sie sich vorstellen und empfinden, und wird dafür sorgen, dass es eintritt.

William Harriman stellte sich eine Eisenbahn quer durch Amerika vor. Mit Papier und Bleistift skizzierte er die Route über den Kontinent, die er sich dachte. Dieses innere Bild untermauerte er mit Glauben und Zuversicht. Es revolutionierte Industrie und Handel, gab Millionen Menschen Arbeit und trug anderen ungeahnten Reichtum ein.

Stellen Sie sich nun vor, Ihr Wunsch wäre Wirklichkeit, und erfüllen Sie Ihre Rolle in Ihrer Vorstellungskraft mit Leben. Sie müssen dabei innerlich genau so handeln, wie Sie bei einer Verwirklichung Ihres Wunsches tatsächlich handeln würden.

## Jeder ist kreativ

Lassen Sie sich durch die Angst vor einer eventuellen Ablehnung nicht von kreativen Vorschlägen abbringen. Gary F. hatte eine Idee entwickelt, wie man die Produktivität in der Firma, in der er arbeitete, durch eine einfache Veränderung der Methodik erhöhen könnte. Sollte er sie seinem Chef mitteilen? Seinen letzten Vorschlag hatte der Chef auch als läppisch abgetan. Er meinte, er würde nicht funktionieren und gab ihm nicht einmal die kleinste Chance, ihn zu erklären. Warum sollte er sich also jetzt die Mühe machen?

Es ist leicht, angesichts einer Entmutigung aufzugeben. Aber wenn Sie nicht immer wieder neue Ideen entwickeln, dann bringen Sie Ihre eigene Kreativität zum Erliegen. Erfindergeist muss durch ständige Nutzung geschärft werden. Die Menschen neigen leider zur Selbstzensur und überlegen dauernd, wie ihre Ideen wohl bei anderen ankommen werden. Selbstzensur ist weitaus schlimmer als Kritik durch andere, denn sie sickert in Ihr Unterbewusstsein und verursacht ein Gefühl der Unterlegenheit. Natürlich werden Sie Fehler machen, Sie werden Vorschläge machen, die sich nicht umsetzen lassen, vielleicht lachen Ihr Chef und Ihre Kollegen Sie sogar aus. Aber lassen Sie sich davon nicht aufhalten. Auch Einstein, Edison, Whitney und Watt wurden sehr oft ausgelacht. Lassen Sie Ihre kreativen Ideen sprudeln.

*Ein inneres Bild sagt mehr als tausend Worte. Ihr Unterbewusstsein setzt jedes Bild um, das Sie im Geist erschaffen und durch Ihren Glauben untermauern.*

## Blockierte Kreativität

Leider wird der kreative Fluss, der ungehindert strömt, wenn er gut gepflegt wird, bei vielen Menschen schon in der Kindheit unterbunden, weil Lehrer, Eltern und schließlich auch ihre Vorgesetzten sie zu kritisch analysieren und zur Anpassung zwingen. Viel zu häufig wird die Kreativität durch starres Regeldenken unterbunden: »Hören Sie auf damit. Das widerspricht unserer Unternehmenspolitik!«; »Das haben wir noch nie so gemacht.« Das sind nur die gängigsten Argumente. Statt also Gründe dafür zu finden, warum Sie eine neue Idee nicht ausprobieren sollten, könnten Sie diese neuen Ideen aufgeschlossen überdenken. Ändern Sie die Regeln. Gehen Sie den Ideen weiter nach und erweitern Sie Ihr Denken und das der anderen Beteiligten über das Offensichtliche hinaus.

Nicht jede neue Idee wird funktionieren und nicht immer wird es sich lohnen, ihr weiter nachzugehen. Doch wenn Sie darüber nachdenken und mit anderen darüber sprechen, können Sie zumindest feststellen, ob sie sich überhaupt verwirklichen lässt. Wenn sie abgelehnt wird, dann informieren Sie sich über die Gründe. Lassen Sie den Mut nicht sinken. Häufig passt die Idee, so gut sie zunächst scheint, nicht in den speziellen Zusammenhang oder kommt nicht zur rechten Zeit. Das heißt aber nicht, dass sie nicht gut ist. Nehmen Sie die Ablehnung Ihrer Idee niemals persönlich. Die Idee wurde abgelehnt, nicht Sie.

## So können Sie Kreativität entwickeln

Kreativität kann man auf vielerlei Weise entwickeln. Im Folgenden finden Sie ein paar konkrete Ansätze, wie Sie Ihre kreativen Fähigkeiten wecken können.

1. *Beobachten.* Man muss Ideen nicht erträumen, um kreativ zu sein. Seine Umwelt zu beobachten und das, was man dabei

lernt, auf andere Situationen anzuwenden, ist genauso kreativ wie eine völlige Neuerfindung.

Stan L., leitender Angestellter bei Hooper Steel in Las Vegas, beobachtete, dass immer mehr Tankstellen zur Selbstbedienung übergingen und keinen Ölwechsel mehr anboten. Rasch füllten kleine Ölwechsel-Stationen die Marktlücke. Stan brachte seinen Wagen zu so einer Werkstatt und war mit dem Tempo und der Qualität der Arbeit sehr zufrieden.

Jahrelang hatte Hooper Steel seine Lastwagen zum Ölwechsel in die Werkstatt des Händlers gebracht. Dafür mussten jedes Mal zwei Leute zum Händler fahren (der eine im Lkw, der andere in seinem Privatwagen, damit der Kollege anschließend wieder in die Firma gebracht werden konnte), der Lkw blieb den ganzen Tag über beim Händler und am Abend mussten wieder zwei Leute den Lkw dort abholen. »Warum sollten wir unsere Lastwagen nicht in so eine Ölwechsel-Station bringen?«, fragte sich Stan. Die Folge war: Weil fortan nur ein Fahrer mit dem Lkw zur Ölwechsel-Station geschickt wurde und einfach wartete, bis der Ölwechsel nach einer halben Stunde beendet war, sparte Stan für sein Unternehmen monatlich etwa 1.600 Dollar an Kosten für Wartung und Arbeitszeitausfall ein. Außerdem konnte nun der betreffende Lastwagen fast den ganzen Tag genutzt werden

2. *Verändern.* Können Sie ein existierendes Produkt oder eine Leistung so modifizieren, dass daraus etwas anderes entsteht? Die Gründer von »Think Big« veränderten Standardprodukte, indem sie sie einfach in einer größeren Ausgabe herstellten. Ihre Riesenversionen von beliebten Dingen schufen völlig neue Märkte bei Werbung, Wohndekorationsartikeln und Geschenkartikeln.
3. *Ersetzen.* Darlene A., eine Büroleiterin, hatte große Schwierigkeiten, Arbeitnehmer zu finden und sie auch zu halten, weil sie eine sehr stumpfsinnige Routinearbeit zu erledigen

hatten – Prospekte und Proben in Umschläge zu stecken. Die Aufgabe war so gestaltet, dass sie nicht automatisiert werden konnte. Nicht nur die hohe Fluktuation verursachte enorme Kosten, Darlene konnte sich darüber hinaus nie sicher sein, dass sie genügend Kräfte hatte, wenn sie gebraucht wurden. Sie überlegte: Wenn die Tätigkeit für sogenannte »normale« Menschen so langweilig war, dann würden Menschen mit geistiger Behinderung sie vielleicht nicht so empfinden. Sie nahm Kontakt zu Behinderteneinrichtungen auf, sprach mit den Betreuern und vereinbarte, dass einige Männer und Frauen zum Probearbeiten kommen konnten. Mit diesen »Menschen mit Lernbehinderung« war es ihr gelungen, Menschen zu finden, denen die Arbeit Freude macht. Inzwischen sind sie beständige und zuverlässige Mitarbeiter.

4. *Abschaffen*. Gil W. war außer sich. Seine Firma hatte noch ein weiteres Formular eingeführt, das die Vertreter ausfüllen mussten. Wie sollte er seine Produkte verkaufen, wenn er solche Papierberge bearbeiten musste? Als er sich bei seiner Verkaufsleiterin darüber beschwerte, zuckte die nur mit den Schultern und sagte, »die da oben« bräuchten die zusätzlichen Angaben. Gil nahm sich daraufhin alle Formulare vor, die er ausfüllen musste, legte sie nebeneinander und analysierte, welche Angaben abgefragt wurden. Dabei zeigte sich, dass beträchtlich vieles doppelt erhoben wurde. Doch statt darüber zu meckern, entwarf Gil ein neues Formular, das das Management mit allen notwendigen Angaben versorgte und dabei einfach auszufüllen war. Das machte nicht nur den Vertretern die Arbeit leichter, sondern trug der Firma auch beträchtliche Einsparungen an Zeit und Geld ein. Der Zusatznutzen: Im Unternehmen wurden daraufhin alle Formulare systematisch überprüft und viele veraltete und überflüssige Berichte abgeschafft.

Dies sind nur wenige Möglichkeiten, wie man Kreativität zum Fließen bringen kann. Geben Sie Ihrer Vorstellungskraft mehr Raum, erweitern Sie Ihren Horizont und vergessen Sie konventionelle Lösungsansätze. So werden Sie erfinderischer, lösen schwierige Probleme, erdenken spannende neue Konzepte und setzen sie um. Das nützt nicht nur Ihrer Firma, sondern es ist ein großartiges Erfolgserlebnis für Sie, wenn Sie sehen, dass Ihre Ideen erfolgreich umgesetzt werden.

## Mit Kreativität kann ein untergehendes Unternehmen neu durchstarten

Es gibt zahllose Beispiele für Unternehmen, die am Rande des Ruins standen und durch das kreative Denken der Geschäftsleitung nicht nur gerettet wurden, sondern neu durchgestartet sind.

Mehr als vierzig Jahre lang kontrollierte eine große Frankier-Firma den Markt für das Frankieren von Werbesendungen zu 100%. Fast die Hälfte des gesamten Briefaufkommens in den USA lief über die Maschinen dieses Unternehmens. Aber das änderte sich, als *US Postal Service* das Monopol beendete. Mitbewerber mit innovativen Ideen drängten herein und beschnitten den Marktanteil der Firma.

Zum Glück übernahm in diesem Moment ein neuer Chef die Unternehmensleitung. Er stellte sich eine bessere Zukunft für das Unternehmen vor. Nach seiner Vorstellung sollte die Firma sich nicht nur als Frankierdienst verstehen, sondern als ein Unternehmen, das ganz allgemein die Technik für den Versand von Werbesendungen liefert. Der neue Chef erkannte, dass die Zeit der Faxe und Kopierer gekommen war. Das waren Produkte, die von der Kompetenz und dem guten Ruf des Unternehmens in Verkauf und Service profitieren könnten. Seine Vision funktionierte, und schließlich erzielte die Frankier-Firma fast die Hälfte ihres Umsatzes mit Produkten, die erst vor kurzer

Zeit eingeführt worden waren. Die Umsetzung der kreativen Vision führte zur Entwicklung einer neuen Marketingstrategie und zum Umstieg auf die topaktuellen Büroprodukte, die das neue Geschäftsmodell vorsah.

Andere große Unternehmen blieben groß, weil sie ihre Marketingstrategien mutig neu überdachten, neu bewerteten, anpassten und neu ordneten. Die Lebensmittelkette Kroger stellte ihr gesamtes System auf riesige Supermärkte um und verkaufte infolgedessen deutlich mehr als ihre führenden Mitbewerber. Der Pharmariese Abbott zog an seinen Konkurrenten vorbei, weil er sich auf Diagnostik und Krankenhausnahrung spezialisierte.

Auf dem Weg zum Erfolg ist häufig der Widerstand von Direktoren und anderen Führungskräften zu überwinden. Der Chef der eben beschriebenen Frankier-Firma gab die Hoffnung nie auf. Er glaubte fest daran, dass seine Vorstellungskraft, seine Kreativität und sein Mut bei der Umsetzung seines Konzepts zu ganz erstaunlichen Ergebnisse führen würden.

Wenn Ihnen Zweifel kommen, dann denken Sie an das, was große Führungspersönlichkeiten erreicht haben. Verankern Sie dann in Ihrem Geist Bilder, Ideen und Gedanken, die Sie heilen, segnen, inspirieren, stärken und wachsen lassen. Es ist tatsächlich so, dass Sie werden, was Sie sich vorstellen. Dauerhaft aufrechterhaltene Vorstellungen genügen, um Ihre Welt umzugestalten. Vertrauen Sie darauf, dass die Gesetze des Geistes das Gute, das Sie sich wünschen, eintreten lassen. So werden Sie allen Segen und die ganze Fülle des Lebens erfahren.

## Zusammenfassung und Essenz

- Wenn Sie erfolgreich sein möchten, dann müssen Sie sich zuerst vorstellen, dass Sie erfolgreich sind.
- Wenn die ganze Welt sagt: »Es ist unmöglich, das kann keiner«, dann sagt ein Mensch mit Vorstellungskraft: »Natürlich geht das.« Die Vorstellungskraft kann die Tiefen der Realität durchdringen und die Geheimnisse der Natur enthüllen.
- Mit Ihrer Fähigkeit, sich das Endergebnis vorzustellen, haben Sie alle Umstände und Bedingungen im Griff. Wenn Sie möchten, dass ein Wunsch, ein Verlangen, eine Idee oder ein Plan Wirklichkeit werden, dann entwerfen Sie im Geist ein Bild von den vollendeten Tatsachen. Stellen Sie sich die Verwirklichung Ihres Wunsches ständig vor. So zwingen Sie ihn förmlich ins Dasein.
- Ihre Vorstellungskraft kann jeder Idee oder jedem Wunsch Gestalt verleihen. Sie können sich Überfluss vorstellen, wo Mangel herrscht, Frieden, wo Zwietracht ist, und Gesundheit, wo Krankheit weilt.
- Was immer Sie sich vorstellen können, das können Sie auch erzeugen. Lassen Sie Ihr Unterbewusstsein schwanger gehen mit dem Bild Ihrer Idee, mit Ihrem Ideal. Der Erfolg, den Sie sich zutiefst wünschen, ist in Ihrem Kopf. Er ist real. Er hat Form, Gestalt und Substanz. Glauben Sie, dass Sie sie bereits haben – und Sie werden sie erhalten.
- Es ist leicht, angesichts einer Entmutigung aufzugeben. Aber wenn Sie nicht immer wieder neue Ideen entwickeln, dann bringen Sie Ihre eigene Kreativität zum Erliegen. Erfindergeist muss durch ständige Nutzung geschärft werden. Die Menschen neigen leider zur Selbstzensur und überlegen dauernd, wie ihre Ideen wohl bei anderen ankommen werden. Selbstzensur ist weitaus schlimmer als Kritik durch andere, denn sie sickert in Ihr Unterbewusstsein und verursacht ein Gefühl der Unterlegenheit.
- Durch Ihre Vorstellungskraft können Sie in allem, was Sie tun, erfolgreich sein. Sie können Widrigkeiten, Armut und Fehlschläge überwinden. Ihr Erfolg wird so einfach unvermeidlich.

Kapitel 10:

# Schlechte Gewohnheiten kann man ablegen

*Ganz gleich, welche schlechten Gewohnheiten Sie entwickelt haben oder welche Schwächen Sie überwinden möchten, Sie finden das Heilmittel dazu in Ihrem eigenen Innern. Ob die Gewohnheit nun wirklich schlecht ist oder nur eine kleine Dummheit, die Sie in gewisser Weise behindert: Sie können sie loswerden. Sie können Ihre Schwächen in Stärken verwandeln. Sie können alle Feinde Ihres Erfolges und Ihres Glücks besiegen, indem Sie Ihre Göttlichkeit, die Höchste Macht, die in Ihrem Innern ruht, zu Hilfe holen.*

Alle Menschen sind Gewohnheitstiere. Wir neigen dazu, bestimmte Dinge immer auf eine bestimmte Art zu tun. »Gewohnheit« wurde definiert als Sucht, Brauch, Eigenart oder Natur. Manche Gewohnheiten oder Rituale sind recht nützlich. Sie begründen eine Tradition oder Regelmäßigkeit und geben damit dem Leben einen Maßstab für Ordnung und Effizienz und einen Sinn. Allerdings können uns manche Gewohnheiten auch in starre geistige oder körperliche Muster pressen und unsere Aufgeschlossenheit für Veränderung erschweren. Gewohnheiten sind eine Lebensart, Muster, denen wir folgen, weil wir es so gewohnt sind. Manche Gewohnheiten sind gut, andere sind schlecht. In diesem Kapitel sehen wir uns an, wie Gewohnheiten entstehen, wie wir schlechte Gewohnheiten überwinden und durch gute ersetzen und außerdem ganz allgemein Verhaltensmuster entwickeln können, die uns zum Erfolg führen.

## Entwickeln Sie gute Gewohnheiten

Einen starken, kreativen, positiven Charakter erlangt man durch ständiges Wiederholen positiver Handlungen und kreativer Gedanken, bis solche Gehirnprozesse schließlich zur Gewohnheit geworden sind. Je nach unseren Denkgewohnheiten entwickeln wir einen starken oder schwachen Charakter. Mit einer zuversichtlichen, selbstsicheren, entschlossenen Geisteshaltung werden wir stark und kreativ. Wenn wir aber Zweifel nähren und ein unsicheres, misstrauisches, zurückhaltendes, uns selbst abwertendes und verleugnendes Denken pflegen, dann werden wir negativ und ineffizient. Es ist alles nur eine Frage dessen, worauf wir unser Gehirn durch gewohnheitsmäßiges Denken ausrichten.

*Ein Nagel wird mit einem anderen Nagel ausgetrieben. Gewohnheit wird durch Gewohnheit überwunden*

Erasmus von Rotterdam

Oft hört man, das Schicksal lege unsere Lebensbedingungen fest, in Wirklichkeit aber tut das die Gewohnheit. Wir müssen uns nicht einmal bewusst für die falsche Richtung entscheiden. Wir brauchen nur unserer Neigung zu folgen, unserer Leidenschaft, unserem üblichen Appetit, unserer geistigen Trägheit – und die Gewohnheit besorgt den Rest. Die Gewohnheit ruht nie, ob wir wachen oder schlafen, ständig windet sie ihr unsichtbares Band um unsere Gedanken und unseren Charakter. Ob zu unserem Wohl oder zu unserem Weh – nach und nach übernimmt die Gewohnheit das Ruder. Was wir heute mit Willensanstrengung tun, das fällt uns morgen schon leichter und übermorgen ist es ganz leicht.

Gute Gewohnheiten entwickelt man nicht dadurch am besten, dass man versucht, eine unschöne oder schlechte Eigenschaft direkt auszumerzen, sondern dadurch, dass man die entgegengesetzte Eigenschaft entwickelt. Bleiben Sie beharrlich bei der Sache und die andere Eigenschaft stirbt nach und nach ab. Löschen Sie das Negative aus, indem Sie das Positive entwickeln.

Die Sehnsucht nach etwas Höherem und Besserem ist das bestmögliche Gegen- oder Heilmittel für die niederen Neigungen, die man loswerden möchte. Wenn wir ganz allgemein die Gewohnheit entwickeln, immer vorwärtszustreben, weiterzugehen und zu Höherem und Besserem aufzusteigen, dann verschwinden nach und nach die unerwünschten Eigenschaften und schlechten Gewohnheiten; sie gehen zugrunde, weil sie keine Nahrung mehr erhalten.

*Die Entwicklung richtiger Gewohnheiten ist auf Dauer entscheidend für Ihre Sicherheit. Sie verringern die Gefahr des Scheiterns, wenn Sie in Bedrängnis sind und sie erhöhen Ihre Chancen auf Erholung, wenn Sie gestürzt sind.*

John Tyndall

## Legen Sie Ihre schlechten Gewohnheiten ab

Es ist nicht leicht, eine alte Gewohnheit abzulegen. Aber dass es möglich ist, und zwar in jedem Alter, das haben Tausende von Männern und Frauen bewiesen, die Gewohnheiten überwunden haben, die beinahe ihr Leben zerstört hätten.

Die meisten Menschen, die schlechte Gewohnheiten ablegen oder gute entwickeln möchten, haben das Problem, dass sie ihre latente Stärke nicht kennen und ihr höheres, mächtigeres Selbst nicht laut genug um Hilfe anrufen. Sie nutzen ihre Willenskraft, jenen großen Hebel, den Gott uns gegeben hat, damit wir uns in einen gottähnlichen Zustand erheben können, nicht einmal zur Hälfte. Ihr Entschluss ist schwach und halbherzig. Sie legen sich nicht genug ins Zeug und beißen die Zähne nicht fest genug zusammen.

Eine ausgezeichnete Methode, eine schlechte Gewohnheit loszuwerden, besteht darin, ihr die Nahrung zu entziehen. Gehen Sie nicht sanft mit schlechten Gewohnheiten um und versuchen Sie auch nicht, sie Stück für Stück abzulegen. Führen Sie Ihren Angriff gegen den Feind mutig und voller Selbstvertrauen. Folgen Sie der Methode von Professor William James, um sich von der Macht alter Gewohnheiten zu befreien und neue zu entwickeln.

»Wir müssen darauf achten«, so sagte er, »uns von der alten Gewohnheit so stark und entschlossen wie möglich loszureißen. Wir müssen all die positiven Umstände herbeiführen, die die richtige Motivation verstärken. Wir müssen uns geflissentlich in eine Lage bringen, die uns zur neuen Handlungsweise ermutigt. Wir müssen Verpflichtungen eingehen, die mit der alten unvereinbar sind. Wir müssen unsere Entschlossenheit mit jeder nur denkbaren Hilfe stärken. Das verleiht unserem Neuanfang solche Kraft, dass die Versuchung zum Abbruch nicht gar so früh kommt. Und jeder Tag, mit dem der Abbruch weiter hinausgeschoben wird, erhöht die Chance, dass es gar nicht erst so weit kommt. Bis die gute Gewohnheit fest in unserem Leben verwurzelt ist, dürfen wir jedoch keinerlei Ausnahme zulassen. Jeder Lapsus ist wie ein Wollknäuel, das man fallen lässt und doch eigentlich sorgfältig aufwickeln wollte – ein einziger Ausrutscher wickelt mehr ab, als wir in vielen, vielen Windungen wieder aufwickeln könnten.«

Das ist das Gesetz der Gewohnheit. Geben Sie Ihrer schlechten Gewohnheit nur ein klein wenig nach, und sehr schnell hat sie Sie wieder in ihrer Gewalt. Sie werden sie nur los, wenn Sie damit aufhören und den festen Entschluss fassen, dass Sie nichts mehr mit der Sache zu tun haben wollen, die Ihnen schadet. Wenn Sie sich ernstlich an Ihren Entschluss binden und alle Brücken hinter sich abbrechen, dann wird diese Bindung mächtige verborgene Ressourcen zu Ihrer Unterstützung auf den Plan rufen, von denen Sie vielleicht noch nicht einmal wussten, dass Sie sie haben. Solange Sie sich aber noch ein

Hintertürchen offenhalten und glauben, dass Sie vielleicht der alten Gewohnheit nur ein ganz klein wenig nachgeben könnten, so lange schmälern Sie Ihre Chancen, sie loszuwerden. Solange Sie mit dem Feind Kompromisse eingehen oder Sonderregelungen treffen, erhalten Sie nicht die volle Unterstützung Ihrer größten Ressource – der göttlichen Kraft in Ihnen.

Ein langjähriger Professor für Business Administration konnte von einer landesweit operierenden Einzelhandelskette für ein Management-Trainingsprogramm für Filialleiter gewonnen werden. In den einzelnen Fortbildungsveranstaltungen wollte er dieselben Techniken einsetzen, die er an der Universität mit großem Erfolg angewandt hatte. Aber schon nach kurzer Zeit erkannte er, dass er bei den Teilnehmern einfach nicht ankam.

Nach ein paar Sitzungen sprachen der Professor und der Fortbildungsleiter des Unternehmens über die mangelnden Fortschritte. Der Fortbildungsleiter sagte: »Diese Männer und Frauen sind aktive Menschen. Vorlesungen langweilen sie schnell.«

»Aber«, so erwiderte der Professor, »Vorlesungen sind nunmal meine Art zu lehren. Außerdem schaffen wir nur so den ganzen Stoff, der in der zur Verfügung stehenden Zeit zu bewältigen ist. Es hat immer gut funktioniert. Sie werden sich dran gewöhnen.«

Damit war der Fortbildungsleiter ganz und gar nicht einverstanden. »Sie müssen sie stärker einbeziehen. Ihr akademischer Unterrichtsstil ist hier unangebracht.«

Der Professor dachte lange und intensiv darüber nach. Er hatte einen seiner Meinung nach interessanten, bisweilen sogar unterhaltsamen Vorlesungsstil entwickelt, der ihm auch schon viel Anerkennung eingetragen hatte. Wenn er den nun verändern sollte, dann musste er eine sehr liebe Gewohnheit aufgeben. Schließlich beschloss er, einen neuen Ansatz auszuprobieren. Er wollte sich zurückhalten, auch wenn er wusste, dass es ihm schwerfallen würde, nicht wieder in seinen Vorlesungsstil zu verfallen. Stattdessen sollte die Gruppe stärker beteiligt werden.

Thema der nächsten Sitzung war die Einstellung neuer Mitarbeiter. Statt aber die Vorlesung zu halten, die er vorbereitet hatte, fragte er die Filialleiter und Filialleiterinnen, welche Probleme sie bei der Gewinnung und Auswahl neuer Mitarbeiter hatten. Einer nach dem anderen berichteten die Teilnehmer von ihren Methoden, ihren Erfolgen und Fehlschlägen und sprachen über ihre Schwierigkeiten in diesem Bereich. Der Professor war versucht, lange akademische Antworten zu geben, erinnerte sich aber gerade noch rechtzeitig an seinen Entschluss, die Teilnehmer stärker einzubeziehen. Zu seiner großen Freude konnten sie einander schon helfen, indem sie von ihren Erfolgen und auch von den Problemen berichteten, auf die man sich gefasst machen muss. Er ergänzte ihre Geschichten um kurze Kommentare und Zusammenfassungen. Am Ende der Sitzung war tatsächlich vieles dessen, was er hatte durchnehmen wollen, in den Gesprächen abgedeckt worden. Die Gruppe ging begeistert nach Hause und freute sich schon auf die nächste Fortbildungsveranstaltung.

Der Professor berichtete dem Fortbildungsleiter, dass es für ihn zwar sehr schwer gewesen war, die Gruppe nicht mit seinen eigenen Vorstellungen zu dominieren, dass aber, gerade weil er es tat, sowohl die Teilnehmer als auch er selbst eine erfolgreiche und lohnende Sitzung erlebt hatten.

## Geben Sie Ihre Schwächen zu

Wenn Sie eine schlechte Gewohnheit haben, die Ihnen im Weg steht und Ihnen Ihre Lebenskraft entzieht, können Sie Ihre Kraft, sie zu überwinden, enorm stärken, wenn Sie sich immer wieder sagen: »Ich weiß, ___________ (nennen Sie die Sache beim Namen) zerstört meine Vitalität. Ich bin nicht so energiegeladen, körperlich und geistig nicht so robust, nicht so effizient, wie ich sein sollte, ich denke nicht so klar, ich habe mich nicht so gut im Griff, wie ich es könnte, wenn mich diese Schwäche nicht behinderte.

Ich verschmähe das, was mich im Leben behindert, wodurch ich womöglich zum Versager werde. Ich gehe das Risiko nicht ein, mich auch nur der leisesten Hoffnung hinzugeben, dass mir später einmal irgendetwas hilft, die Gewohnheit abzulegen oder neue Kraft zu schöpfen. Denn ich weiß, dass ich mich jedes Mal, wenn ich der schlechten Gewohnheit nachgebe, nur stärker an sie binde, und meine Chancen, sie jemals loszuwerden, enorm verringere.«

Sprechen Sie, immer wenn Sie alleine sind, so mit sich selbst, und Sie werden überrascht sein, wie schnell die hörbare Suggestion den Griff der schlechten Gewohnheit lockert. In kurzer Zeit stärken Ihre Selbstgespräche Ihr Durchhaltevermögen so sehr, dass Sie fähig werden, die Schwäche komplett auszumerzen.

Wally L. gehörte zu der Sorte Abteilungsleiter, die meinen, sie müssten ihre Abteilung total unter Kontrolle haben. Ihm unterstanden zwölf Technikerinnen und Techniker, und obwohl sie alle sehr gut waren, überprüfte Wally ihre Leistungen extrem häufig. Weil die Fluktuation in seiner Abteilung deutlich höher war als in anderen, bat sein Vorgesetzter ihn zum Gespräch.

»Wally, in den Kündigungsgesprächen stellte sich heraus, dass alle Leute, die Ihre Abteilung verlassen, dieselbe Klage führen. Sie können es nicht ausstehen, dass Sie ihre Arbeit bis ins Kleinste kontrollieren. Sie stellen gute Leute ein. Lassen Sie sie ihre Arbeit tun.«

»Aber«, erwiderte Wally, »ich bin doch verantwortlich für die Arbeit meiner Abteilung. Wenn ich nicht die Oberhand behalte, dann erfülle ich meine Aufgabe nicht.«

»Wally, gute Leute muss man arbeiten lassen, ohne dass ihnen ständig einer über die Schulter schaut. Ich bin für Ihre Arbeit verantwortlich, aber ich schaue Ihnen auch nicht ständig auf die Finger, weil ich Ihnen vertraue. Sie müssen den Menschen vertrauen, die für Sie arbeiten.«

»Aber wenn ich sie einfach machen lasse, dann kann ich Fehler nicht rechtzeitig oder womöglich gar nicht entdecken.«

»Es gibt andere Möglichkeiten, die Kontrolle zu wahren, ohne alles mit Argusaugen zu beobachten. Es gibt bewährte Techniken, wie man Arbeit effizient delegieren kann. Lernen Sie sie und wenden Sie sie an.«

Er erklärte Wally einige der Techniken, die auch in Kapitel 11 dieses Buches vorgestellt werden.

Wally dachte lange und intensiv darüber nach. Er hatte Angst davor, seine strenge Kontrolle aufzugeben, aber er wusste, dass es sein musste.

Es fiel Wally schwer, seine Leute nicht mehr so eng zu überwachen. Immer wenn ihn die Versuchung überkam, seinen Technikern über die Schulter zu schauen, sagte er sich: »Tu's nicht. Du musst ihm bzw. ihr vertrauen.«

Mit der Zeit baute er zu jedem Mitarbeiter das notwendige Vertrauen auf und erkannte, dass zwar hin und wieder Fehler auftraten, diese aber von den Technikern an den Kontrollpunkten leicht entdeckt und behoben werden konnten. Die Arbeit wurde leichter für Wally und die Spannung in seiner Abteilung ließ nach. Die Fluktuation wurde geringer und Wally gewann Zeit für neue Aufgaben, die er übernehmen konnte.

*Jede Handlung, die oft wiederholt wird, wird schon bald zur Gewohnheit. Lässt man sie zu, gewinnt sie stetig an Stärke. Zunächst ist sie nicht mehr als ein Spinnennetz: leicht zu durchbrechen. Widersteht man ihr jedoch nicht, fesselt sie einen schon bald mit stählernen Ketten.*

Tryon Edwards

Emily R. hatte es immer eilig. Selbst als sie noch in der Schule war, erledigte sie ihre Hausaufgaben stets hastig, damit sie nur ja schnell fertig war und draußen spielen konnte. An ihrem ersten Arbeitsplatz als Datenerfasserin hielt sie es genauso. Sie war immer als Erste fertig, aber häufig steckte ihre Arbeit voller Fehler und musste noch einmal getan werden. Ihre Vorgesetzte ermahnte sie, langsamer und sorgfältiger zu arbeiten, aber sie konnte ihre alte Angewohnheit aus Schulzeiten nicht ablegen. Schließlich verlängerte ihre Chefin ihre Probezeit. Sie sagte: »Emily, Sie sind ein helles Köpfchen, aber durch ihre Angewohnheit, Geschwindigkeit vor Sorgfalt zu setzen, werden Sie nie gute Arbeit leisten können. Sie müssen sich das abgewöhnen. Wenn Sie nicht besser werden, können wir Sie nicht übernehmen.« Sie schlug ihr vor, beim nächsten Auftrag solle Emily sich auf die Sorgfalt konzentrieren und sich keinerlei Gedanken über die Zeit machen.

Emily war geschockt! Ihr gefiel ihre Arbeit und sie war stolz auf ihr rasantes Tempo. Sie beschloss, dass sie versuchen wollte, ihre Gewohnheit abzulegen. Beim nächsten Auftrag machte sie zunächst langsamer, wurde aber schon bald wieder schneller. Plötzlich hielt sie inne, überprüfte ihre Arbeit und stellte fest, dass der erste Teil völlig fehlerfrei war, der nächste aber, den sie schneller erledigt hatte, mehrere Fehler enthielt. Sie behob die Fehler und setzte ihre Arbeit fort.

Sie sagte sich: »Diese schlechte Angewohnheit verschafft mir bei der Arbeit viele Nachteile; ich mache mich lächerlich und ich schneide im Vergleich zu anderen schlecht ab. Ich weiß, dass ich mehr kann als viele Kolleginnen, die aber viel mehr erreichen. Jetzt werde ich diese Sache besiegen, die mein Vorwärtskommen behindert. Ich werde mich von diesem Zwang befreien, Geschwindigkeit wichtiger zu nehmen als Sorgfalt, ganz egal, wie schwer es mir fällt.«

Emily brauchte mehrere Wochen, bis sie ihr Unterbewusstsein so programmiert hatte, dass es ihren Entschluss akzeptierte, weniger schnell, aber dafür genauer zu arbeiten. Es führte dazu, dass sie zu einer der Besten in ihrer Abteilung wurde.

## Willenskraft alleine reicht für den Erfolg nicht aus

Wenn Ihr Verlangen im Konflikt mit Ihrer Vorstellungskraft steht, dann gewinnt immer die Vorstellungskraft. Alkoholiker wissen, dass sie bei jedem Versuch, den Alkoholismus mit Willenskraft zu überwinden, das Gesetz der umgekehrten Anstrengung auslösen. Sie erhalten das Gegenteil dessen, wofür sie beten, und scheitern. In Wirklichkeit spornen sie sich zum Trinken an, denn sie denken die ganze Zeit ans Trinken, schauen das Glas an und haben es ständig vor Augen. Wenn sie aber ihre Aufmerksamkeit auf den inneren Frieden lenken, auf Nüchternheit und Göttlichkeit und erkennen, dass eine Allmächtige Kraft ihnen Rückhalt gibt, dann, und nur dann, werden sie ihren Alkoholismus überwinden.

Versuchen Sie nicht, schlechte Gewohnheiten durch Willenskraft zu überwinden. Auf diese Weise verweilen Sie nur die ganze Zeit im Geiste bei der schlechten Gewohnheit. Es liegt in der Natur einer Eichel, zur Eiche heranzuwachsen, und es liegt in der Natur eines Apfelkerns, zum Apfelbaum zu werden. Je mehr Sie an die schlechte Gewohnheit denken, desto stärker verstricken Sie sich im Zwang dazu, denn Ihr Unterbewusstsein verstärkt und vervielfacht alles, worauf Sie Ihre Aufmerksamkeit lenken. Wenn Sie einer Sache oder Tätigkeit fortwährend Aufmerksamkeit zuwenden, erfasst Sie ein innerer Zwang, es zu tun. Stellen Sie sich vor, Sie seien ausgeglichen, gelassen, ruhig, entspannt und könnten das tun, was Sie gerne machen.

*Durch unsere Gewohnheiten geraten wir mit der Zeit in feste Bahnen. Und am Ende zeigen diese Bahnen, ob wir zweite Garde waren oder Meister. Durch die Wahl unserer Gewohnheiten bestimmen wir, welche Bahn die Zeit uns zuweist. Es sind die Bahnen, die unser Leben bereichern, die auf Gelassenheit, inneren Frieden und Glück zusteuern – auf den Erfolg.*

Frank Gilbreth

## Weichen Sie der Wahrheit nicht aus

Geben Sie Ihre schlechten Gewohnheiten zu. Weichen Sie dem Thema nicht aus. Man kann eine schlechte Gewohnheit nicht ablegen, wenn man sie nicht zugibt.

Sie leben in einem selbst geschaffenen, seelischen Gefängnis. Ihre Überzeugungen, Meinungen und all das, was man Ihnen gesagt hat, halten Sie gefangen. Wie die meisten Menschen sind auch Sie ein Gewohnheitstier. Sie sind konditioniert, genau so zu reagieren, wie Sie es tun.

Sie können die Vorstellung von Freiheit und innerem Frieden in Ihre Mentalität so einbauen, dass sie die Tiefen Ihres Unterbewusstseins erreicht. Das wird Sie aus den Ketten Ihrer schlechten Gewohnheit befreien. An diesem Punkt erlangen Sie ein neues Verständnis für die Funktionsweise Ihres Geistes. Sie entdecken in sich selbst die unendlichen Ressourcen, Ihrer Position Nachdruck zu verleihen und sich selbst die Wahrheit zu beweisen.

Wenn Sie den brennenden Wunsch verspüren, sich von einer zerstörerischen Gewohnheit zu befreien, dann sind Sie bereits zu 51 Prozent geheilt. Wenn Ihr Wunsch, die schlechte Gewohnheit abzulegen, größer ist als das Bedürfnis, sie fortzusetzen, dann werden Sie mit Erstaunen feststellen, dass Sie von der völligen Befreiung davon nur noch einen Schritt entfernt sind.

Ihr Geist verstärkt jeden Gedanken, an dem Sie sich innerlich verankern. Beschäftigen Sie Ihren Geist mit der Vorstellung von Freiheit (also Freiheit von der zerstörerischen Gewohnheit) und innerem Frieden. Halten Sie ihn bei dieser neuen Denkweise. Dabei erzeugen Sie Gefühle, die nach und nach die Vorstellung von Freiheit und Frieden erfüllen. Jede Idee, die Sie auf diese Weise emotionalisieren, wird von Ihrem Unterbewusstsein akzeptiert und umgesetzt.

Machen Sie sich klar, dass aus Ihrem Leiden etwas Gutes kommen kann. Sie haben nicht umsonst gelitten. Doch es ist dumm, wenn Sie weiterhin leiden. Wenn Sie weiterhin süchtig bleiben, führt das zu geistigem und körperlichem Verfall. Machen Sie sich klar, dass die Macht Ihres Unterbewusstseins Ihnen den Rücken stärkt. Auch wenn Sie in Melancholie versunken sind, können Sie anfangen, sich die Freuden der Freiheit vorzustellen, die auf Sie wartet.

## Zusammenfassung und Essenz

Es ist nie leicht, schlechte Gewohnheiten abzulegen, aber es ist möglich. Die folgenden zehn Vorschläge sollten Ihnen helfen, sich von Verhaltensmustern zu befreien, die verhindern, dass Sie der Mann oder die Frau sind, die Sie wirklich sein wollen.

1. *Wählen Sie die Gewohnheit, die Sie ändern möchten.* Suchen Sie sich gezielt eine Gewohnheit aus, die nicht nur ein Störfaktor in Ihrem Leben ist, sondern Sie daran hindert, Ihre Ziele zu erreichen. Wählen Sie ein sinnloses Muster, auf das Sie Ihre Unzufriedenheit konzentrieren und das Sie konstruktiv umkehren können.
2. *Beurteilen Sie das Problem.* Wenn Sie sich nun eine Gewohnheit ausgesucht haben, dann stellen Sie genau fest, was Sie tun und was Sie stattdessen tun wollen. Teilen Sie ein großes Problem in zu bewältigende, mundgerechte Stückchen auf.
3. *Erstellen Sie einen herausfordernden, aber zumutbaren Ziel- und Zeitplan.* Die Ziele sollten eine Herausforderung, aber erreichbar sein; wenn Sie Ihren Horizont und Ihren Handlungsspielraum nach und nach angemessen erweitern, dann sollten Sie Ihre Ziele erreichen können.
4. *Seien Sie darauf vorbereitet, den Verlust der Gewohnheit zu betrauern.* Seien Sie sowohl vor dem Beginn als auch während Ihres Programms zur Änderung Ihrer Gewohnheit darauf gefasst, dass Sie ein schmerzliches, womöglich sogar sehr tiefes Gefühl des Verlustes verspüren können. Wenn Sie übermäßig kontrollieren, dann fehlt Ihnen vielleicht die Befriedigung, die es Ihnen brachte, wenn Sie einen Fehler gefunden haben. Oder Sie vermissen das Hochgefühl, die Erste zu sein, die eine Arbeit

fertig hat, auch wenn sie nicht völlig akkurat ist. Mit der Zeit aber gewöhnt sich Ihr Unterbewusstsein daran und Sie empfinden keinen Verlust mehr.

5. *Buchen Sie ein Coaching oder machen Sie eine Therapie.* Suchen Sie in der Anfangsphase zu Ihrer Unterstützung die Erfahrung und den Rat eines Freundes oder Mentors oder professionelle Hilfe. Er oder sie hilft Ihnen, sich Ziele zu setzen, gibt Ihnen Tipps und Unterstützung im Umgang mit den unangenehmen Gefühlen, die wahrscheinlich auftauchen werden, macht Vorschläge und schenkt neuen Mut, wenn Sie hinter Ihren Vorgaben zurückbleiben.
6. *Handeln Sie.* Tun Sie's! Machen Sie den ersten Schritt. Sie werden schnell erfahren, womit Sie alleine fertig werden und womit nicht. Auch Ihre verfügbaren Ressourcen werden Sie kennenlernen. Sie werden mit Sicherheit Erkenntnisse darüber gewinnen, wie man etwas Schwieriges durchsteht, welche Fähigkeiten Sie haben und wie man sich die entscheidende Hilfe holt.
7. *Schließen Sie sich Gruppen anderer Menschen an, die dieselbe schlechte Gewohnheit ablegen oder eine neue entwickeln wollen.* Wenn mehrere Menschen mit demselben Ziel miteinander in Kontakt sind, dann gewinnt die Unterstützung, die sie einander geben, eine zusätzliche Dimension. Erkundigen Sie sich nach Gruppen wie den Anonymen Alkoholikern und ähnlichen Organisationen, die für die Hilfe in bestimmten Situationen eingerichtet wurden.
8. *Gehen Sie systematisch vor.* Eine Verhaltensänderung ist ein Entwicklungsprozess, der oft in drei klar unterscheidbaren Phasen abläuft: 1. Befreiung vom alten Muster, 2. Eintritt der Veränderung, 3. Festigen der neuen Gewohnheit. Zur ersten Phase gehört es, das sinnlose Muster zuzugeben und es loszulassen. In der zweiten Phase versucht man, neue Fähigkeiten, Hilfsmittel und Ressourcen zu erschließen und positives Handeln einzuüben. Während der erste Schritt niederschmetternd sein kann, so können in der mittleren Phase Ängste auftreten, denn nun probieren Sie – noch unbeholfen – neue Erkenntnisse aus. Die letzte Phase ist eingetreten, wenn die neue Gewohnheit durch Versuch und Irrtum und ständige Übung gefestigt wird. Allmählich fühlt sich die Veränderung natürlicher an.

9. *Geben Sie nicht auf!* Zu den verführerischen Fallen der Verhaltensänderung gehört, dass am Anfang zuweilen große Fortschritte stehen. Dann tritt ein Stillstand ein. Geben Sie jetzt nicht auf! Lassen Sie sich von schnellen Siegen nicht zur Euphorie verleiten und von ein paar Rückschlägen nicht aus der Fassung bringen. Wie Ebbe und Flut in der Natur, so gehören Tiefschläge und das Wiederaufstehen und Weitermachen einfach dazu.
   Erfolg bedeutet, einmal mehr aufzustehen, als man hingefallen ist, einmal mehr mutig zu sein, als man ängstlich war, einmal mehr Zuversicht zu entwickeln, als man verzagt war.
10. *Bleiben Sie dabei!* Dabei zu bleiben und Hürden und Hindernisse zu überwinden, ist der wichtigste Bestandteil des Lernprozesses. Eine tief sitzende, komplizierte Kette von Verhaltensmustern zu durchbrechen, sie neu zu erstellen und zu beherrschen, ist eine Lebensaufgabe.

# Teil II: Gewinnen Sie die Mitarbeit und Unterstützung anderer

*Denken Sie nicht schlecht von einem anderen, denn wenn Sie das tun, vergiften Sie sich selbst. Liebe ist die Lösung im Umgang mit anderen. Liebe bedeutet, die Göttlichkeit des anderen zu achten.*

Ihr Erfolg im Beruf hängt oft von anderen Menschen ab. Das können Leute in Ihrem Unternehmen sein, Ihre Vorgesetzten, Ihre Mitarbeiter und Ihre Kollegen. Manchmal können es auch Menschen außerhalb Ihres Unternehmens sein, zum Beispiel Kunden, Klienten usw.

Oft werden Sie Ihre Mitarbeiter, Ihre Vorgesetzten, ja sogar Ihre Kunden und Lieferanten motivieren müssen, mit Ihnen gemeinsam auf festgelegte Ziele hinzuarbeiten. Dazu werden Sie Ihre Fähigkeit verbessern müssen, mit anderen zu kommunizieren und sie von Ihren Ideen zu überzeugen. Sie werden lernen müssen, mit schwierigen Menschen umzugehen, anderer Meinung zu sein, ohne zu brüskieren, Ihre Zeit optimal zu nutzen und insgesamt eine effektive Führungspersönlichkeit zu werden.

In den folgenden Kapiteln erfahren Sie, wie Sie all dies erreichen, indem Sie die Macht Ihres Unterbewusstseins maximieren und sich die Kooperation und die Mitarbeit der Männer und Frauen sichern, mit denen Sie auf Ihrem Weg zum Erfolg zu tun haben.

## Kapitel 11:

# So werden Sie eine gute Führungskraft

*Wenn Sie nicht aufrichtig glauben, dass Sie eine Führungspersönlichkeit sind, dann werden Sie in Führungspositionen nie erfolgreich sein. Sie müssen in Ihrem Unterbewusstsein zwei einfache Tatsachen verankern: Sie müssen glauben, dass das, was Sie wollen, tatsächlich eintreten kann, und Sie müssen glauben, dass es eintreten wird.*

Nicht alle erfolgreichen Menschen sind auch Führungspersönlichkeiten. Aber alle guten Führungspersönlichkeiten sind erfolgreiche Menschen. Sie haben nicht nur selbst viel erreicht, sondern inspirieren auch andere, etwas zu erreichen. Sie genießen nicht nur die Früchte ihres Erfolges, sondern bemühen sich auch, anderen ebenfalls zum Erfolg zu verhelfen.

Die Auffassung, dass Führungspersönlichkeiten geboren und nicht gemacht werden, war viele Jahrhunderte lang allgemein akzeptiert. Sie war die Grundlage des Feudalismus und der absoluten Monarchie. Selbst in Amerika, wo Menschen aus bescheidenen Anfängen in hohe Positionen aufgestiegen sind, glauben viele Menschen immer noch, die Charaktereigenschaften, die sie zu Führungspersönlichkeiten machen, seien ihnen angeboren.

In den meisten Unternehmen steigen bestimmte Männer und Frauen aus einfachen Angestelltenverhältnissen zu Vorgesetzten und in leitende Positionen auf. Sind sie alle »geborene Führungspersönlichkeiten«? Wie die Erfahrung zeigt, lautet die Antwort: »Nicht unbedingt.«

Menschen werden aus vielerlei Gründen in verantwortungsvolle Führungspositionen befördert: das Dienstalter, Wahlen (in politischen Ämtern), Protektion oder ihre besonderen Leistungen können dafür ausschlaggebend sein. Sie werden nicht wegen ihrer Führungsqualitäten oder -erfahrung ausgewählt und müssen daher erst lernen, eine Führungspersönlichkeit zu werden. Das Erreichen einer höheren Position bedeutet nicht zugleich den sicheren Erfolg im Führen von Menschen. Führung muss man lernen. Sie lernen Führungsmethoden und lesen inspirierende Bücher, besuchen Vorträge und wenden das Gelernte in der Praxis an.

## Eigenschaften großer Führungspersönlichkeiten

Zwar hat jede große Führungspersönlichkeit in Vergangenheit und Gegenwart jeweils ihre eigenen Charaktereigenschaften, die sie groß gemacht haben, aber ich habe festgestellt, dass es einige Persönlichkeitsaspekte gibt, die ihnen allen gemeinsam sind. Meiner Meinung nach haben herausragende Führungspersönlichkeiten folgende gemeinsame Eigenschaften:

1. *Große Führungspersönlichkeiten finden, pflegen und inspirieren eine begeisterte Anhängerschaft.*
   Nur sehr wenige Unternehmen können überleben und wachsen ohne eine Belegschaft, die die Programme der Geschäftsführung umsetzt. In jeder Generation, in jedem Land und in allen Lebensbereichen haben Menschen Armeen zum Sieg geführt, große Kunst und Musik geschaffen, florierende Unternehmen und dynamische Organisationen gegründet. Die höchste Kunst besteht für eine Führungspersönlichkeit darin, Menschen einzuschätzen, zu beurteilen, ihre Stärken zu erkennen und ihre Schwächen auszuschalten. Sie umgeben sich mit Menschen, die Fähigkeiten haben, die ihnen selbst fehlen, Menschen, die mit ihren Stärken und Fähigkeiten die Schwächen und Unzulänglichkeiten der

Führenden ausgleichen können. Mit vereinten Kräften ergeben sie dann eine schlagkräftige Truppe. Häufig muss eine gute Führungspersönlichkeit dazu ihr Unternehmen gründlich umkrempeln, oft auch beiseitetreten.
Ein gutes Beispiel ist der Gründer eines Herstellers von Eiweißriegeln für Sportler. Durch den Verkauf von Fitnesscentern und einer großen Einzelhandelskette erreichte er in weniger als fünf Jahren ein Umsatzvolumen von sechs Millionen US-Dollar. Als das Wachstum des Unternehmens ins Stocken geriet, sah der Unternehmner sich gezwungen, sein Team einschließlich seiner selbst noch einmal kritisch unter die Lupe zu nehmen. Das Unternehmen hatte sich mit neuen Produkten etabliert. Dabei wurden seine Vorstellungen einfach befolgt und nicht hinterfragt. Die Führungsriege (hauptsächlich Familienmitglieder) war für den Anfang sehr gut gewesen, aber nun musste er feststellen, dass weder sie noch er die kulinarische oder betriebswirtschaftliche Erfahrung hatten, die jetzt notwendig war, um die Firma zu retten. Sie brauchten frisches Blut. Deshalb stellte er einen Controller ein und führte Einstellungsgespräche mit möglichen Geschäftsführern. Außerdem stellte er ein dreiköpfiges Forschungs- und Entwicklungsteam zusammen, das die Entscheidungen der Geschäftsleitung um neue und objektivere Erkenntnisse bereichern sollte.
Vor diesem mutigen, schwierigen Schritt stand auch der Unternehmensgründer einer großen Fluglinie, der erkannte, dass er nicht die Managementfähigkeiten besaß, um sein Unternehmen auf der nächsten Stufe der Erfolgsleiter zu positionieren. Das bedeutete nicht, dass er kein großer Visionär und Unternehmer war. Ganz im Gegenteil, es bewies, dass er all das und mehr war: eine große Führungspersönlichkeit.

2. *Große Führungspersönlichkeiten bündeln ihre Anstrengungen.*
Große Führungspersönlichkeiten wissen, was sie wollen, und konzentrieren ihre Anstrengungen auf das Erreichen

dieser Ziele. Wer nicht schon früh lernt, seine Anstrengungen zu fokussieren und seine Willenskraft zielgerichtet einzusetzen, der wird nie nennenswerte Erfolge erzielen. Menschen, die ihre Kräfte bündeln können und deren gesamte Anstrengung auf ein einziges, zentrales Ziel ausgerichtet ist, schaffen es bis ganz an die Spitze. Sie wissen, dass es nicht darauf ankommt, möglichst viel Arbeit an einem Stück zu bewältigen, sondern auf Beharrlichkeit. Das Ausharren über lange Zeiträume, die unbesiegbare Absicht und das nicht nachlassende Bemühen sind die Sieger im Kampf des Lebens.

3. *Große Führungspersönlichkeiten haben häufig große Schwierigkeiten durchgemacht und überwunden.*
   Widrigkeiten können manche Menschen vernichten, doch alle großen Führungspersönlichkeiten haben Widrigkeiten erlebt und konnten danach noch größere Erfolge vorweisen. Robert Fulton, der Erbauer des Dampfschiffs, scheiterte mehrere Male. Sein Schiff wurde als »Fulton's Folly« (Fultons Spinnerei) verlacht, bis es schließlich seine erste erfolgreiche Fahrt hinter sich brachte und den Transport auf dem Wasser revolutionierte.
   Helen Keller, die nach einer Krankheit in ihrem zweiten Lebensjahr erblindete und taub wurde, überwand ihre schwere Behinderung und wurde eine geachtete und verehrte Schriftstellerin und Lehrerin.
   1971 wurde ein schüchterner, bescheidener Haus-Justiziar namens Darwin E. Smith Chef von Kimberley-Clark, damals ein klassischer Papierhersteller auf dem absteigenden Ast. Die Aktien des Unternehmens waren im Laufe der Jahre stark gefallen. Nicht nur ein Direktor befleißigte sich, Smith darauf hinzuweisen, dass er für die Leitung des Unternehmens nicht unbedingt qualifiziert war. Aber das konnte den neuen Chef nicht daran hindern, Kimberley-Clark von einer langweiligen Marke zu einem der weltweit führenden

Hersteller von Papierartikeln des täglichen Bedarfs zu machen. Smith war in Armut aufgewachsen und nutzte diese Erfahrung, um seine Entschlossenheit zu stählen. Zwei Monate nach seiner Ernennung zum Unternehmensleiter wurde bei ihm Krebs diagnostiziert. Die Ärzte gaben ihm noch ein Jahr zu leben. In diesem Dilemma brachte er nur noch mehr Entschlossenheit auf. Er programmierte sein Unterbewusstsein so, dass es glaubte, dass er diese schwere Krankheit überwinden konnte und alle Gedanken an Angst und Scheitern vertrieb. Er weigerte sich, sich zum Sterben niederzulegen. Auch während seiner Bestrahlungen fuhr er täglich zur Arbeit. Er schenkte nicht nur sich selbst neues Leben, sondern baute auch sein Unternehmen neu auf. Er lebte noch 25 Jahre.

Am meisten bewundert die Wirtschaft an dem wenig bekannten Darwin Smith jedoch eine seiner allerersten Geschäftsentscheidungen: die Fabriken zu verkaufen. Sein Team und er hatten beschlossen, dass das Unternehmen den Geschäftszweig »gestrichene Papiere« nicht länger aufrechterhalten sollte. Auf dem heiß umkämpften Markt der Papierprodukte für den täglichen Bedarf hingegen war Kimberley-Clark gezwungen, entweder zu wachsen oder unterzugehen. Das war der mutigste Schritt, den man bis jetzt erlebt hatte. Die Wirtschaftspresse verurteilte die Entscheidung als rundweg dumm, und an der Wall Street fielen die Aktien des Unternehmens weiter. Aber Smith blieb bei seinem Entschluss. 25 Jahre später hatte Kimberley-Clark den Konkurrenzkampf um Längen gewonnen und ist heute in seiner Branche führend. Smith erklärte seinen Erfolg damit, dass er einfach nie den Glauben an sich selbst und an den Wert seines Unternehmens verloren habe.

4. *Große Führungspersönlichkeiten erwarten mehr von sich selbst als von anderen.*
Erfolg hängt nicht allein von unserer aufrichtigen Überzeugung und unserem Selbstvertrauen ab, sondern auch von dem Vertrauen, das andere in uns setzen. Dieses Vertrauen ist aber wiederum weitgehend eine Reflexion unseres Selbstvertrauens, die Wirkung unserer eigenen Persönlichkeit auf andere. Deshalb ist Ihre eigene Geisteshaltung das Mittel, mit dem Sie dieses Vertrauen in anderen wecken können. Aufrichtige Überzeugung ist ansteckend. Sie berührt jeden, mit dem Sie in Kontakt kommen, besonders diejenigen, die Sie überzeugen müssen, sei es nun als Lehrer, als Redner, als Anwalt, als Verkäufer, als Händler, als Stellenbewerber oder auf andere Weise. Es hat geradezu etwas Magisches, wie eine zuversichtliche Ausstrahlung andere beeinflusst. Wenn Sie sich diese Ausstrahlung erarbeitet haben, dann werden Sie überrascht feststellen, wie schnell sie sich auf andere überträgt und ihr Vertrauen darauf wachsen lässt, dass Sie tatsächlich können, was Sie sich vorgenommen haben.
Verlieren Sie nie Ihr Selbstvertrauen. Wenn Sie hin und wieder an Ihren Fähigkeiten und Stärken zweifeln, dann lesen Sie das 2. Kapitel dieses Buches noch einmal und stärken die Macht Ihres Unterbewusstseins, Ihr Selbstvertrauen wieder aufzubauen.

5. *Große Führungspersönlichkeiten scheuen keine harten Entscheidungen.*
Ob sie nun eine Nation oder ein Unternehmen führt, jeden Tag steht die Führungspersönlichkeit vor Problemen, die Entscheidungen erfordern. Manchmal ist ausreichend Zeit, über alle Umstände im Zusammenhang mit dem Problem nachzudenken, sie zu beurteilen und zu bewerten. Recht häufig aber tut eine sofortige Entscheidung Not. Eine gute Führungspersönlichkeit muss solche Entscheidungen treffen können.

Ein herausragendes Beispiel dafür ereignete sich im September 1982. Damals starben sieben Menschen nach der Einnahme des Schmerzmittels Tylenol (Wirkstoff Paracetamol). Im Laufe der Ermittlungen stellte sich heraus, dass mehrere Flaschen des Medikaments manipuliert worden waren. Jemand hatte das tödliche Gift Kaliumcyanid in die Kapseln gespritzt. McNeil Laboratories, eine Tochterfirma von Johnson & Johnson und der Hersteller von Tylenol, schritten sofort ein. Sämtliche Darreichungsformen von Tylenol auf dem Markt wurden zurückgerufen und vernichtet. Wichtiger noch: Die Geschäftsleitung des Unternehmens erklärte die Lage im Fernsehen. Man versicherte der Öffentlichkeit, dass Tylenol erst dann wieder auf den Markt käme, wenn die entsprechenden Vorkehrungen für die Produktsicherheit getroffen seien.
Die unmittelbaren Folgen waren katastrophal. Der Marktanteil fiel von 35 auf acht Prozent. Aber wegen der schnellen und konsequenten Reaktion der Geschäftsleitung von McNeil und Johnson & Johnson erholte sich der Marktanteil nicht nur, sondern überstieg innerhalb eines Jahres sogar noch den früheren Wert.

Ein weiteres Beispiel für einen Geschäftsführer, der eine harte und unpopuläre Entscheidung traf, ist Charles R. »Cork« Walgreen, der 1975 die Drogerie-Kette Walgreens Drug Co. übernahm. Damals boten die meisten Drogeriemärkte in den USA noch ein Mittagsbuffet an, was einen beträchtlichen Teil ihres Umsatzes ausmachte. Cork Walgreen war der Meinung, dass das Wachstum der Fast-Food-Ketten das Essensangebot der Drogeriemärkte überflüssig machte und beschloss daher, dass die Zukunft seines Unternehmens in der Drogerie lag und nicht in der Gastronomie. Es war eine sehr umstrittene Entscheidung, denn das Unternehmen besaß 500 Schnellrestaurants. Die starke Verbundenheit mit diesem Geschäftszweig war weniger finanziell als vielmehr emotional begründet. Die Buffets von Walgreens gingen noch auf Corks Großvater zurück, daher brauchte Cork Walgreen eine enorme Entschlossenheit, wenn er sie nun schließen wollte. Corks Entschluss zahlte sich aus, denn heute ist Walgreens eines der profitabelsten Unternehmen in seiner Branche und in kaum einem Drogeriemarkt findet man noch ein Buffet.

6. *Große Führungspersönlichkeiten haben eine Vision und glauben unerschütterlich daran, dass sie diese Vision auch umsetzen werden.*
   Alle großen Führungspersönlichkeiten der Welt hatten eine Vision. Sie wussten, was sie erreichen wollten, visualisierten das Ergebnis und widmeten all ihre Energie und ihre Emotionen der Umsetzung ihrer Vision. Am wichtigsten aber ist: Sie glaubten felsenfest daran, dass sie die Fähigkeit dazu besaßen. Ein solcher Glaube gab ihnen die Kraft, ihre Ziele zu verfolgen.

7. *Große Führungspersönlichkeiten können einer Krise standhalten und angemessen handeln.*
   Der Chef eines großen und bedeutenden Bankinstituts ist der Meinung, dass wir die wertvollsten Erfahrungen oft in einer Krise machen. Er sagt, in einem solchen Moment sei entscheidend, dass man erkennt, welche Eigenschaften wirklich wichtig sind, und sich darauf konzentriert, damit man sie nicht einfach unbewusst, sondern ganz bewusst einsetzt. Das verschafft der Führungspersönlichkeit einen Vorteil. Er sagt, jeder kann sich bewusst dafür entscheiden, Führungspersönlichkeit zu sein. Die herausragenden Führungspersönlichkeiten, mit denen er arbeiten möchte, sind »rational und emotional engagierte Menschen«.

8. *Große Führungspersönlichkeiten entwickeln Ehrgeiz für sich selbst, für ihr Unternehmen und für ihre Leute.*
   Ganz gleich, wie arm Sie sind oder wie schwierig Ihr Schicksal ist – Kopf hoch! Haben Sie keine Angst, Ihre Ziele zu hoch zu stecken. Behalten Sie sie immer fest im Auge – wie einen Stern. Lassen Sie andere darüber lachen, wenn sie wollen, aber lassen Sie sich nicht dazu verleiten, Ihren Blick auch nur ein ganz klein wenig von Ihrem Ziel abzuwenden. Dass sie einen einzelnen Stern immer fest im Auge hatten bzw. haben, das zeichnet die großen Männer und Frauen aller Zeiten aus.

## Lernen Sie zu delegieren

Zu den wichtigsten Anforderungen an eine Führungspersönlichkeit gehören die Fähigkeit und die Bereitschaft, Entscheidungen an Mitarbeiter zu delegieren. Allzu viele Manager sind dabei zu zurückhaltend. Erfolgreiche Führungspersönlichkeiten wissen, dass sie nicht alles selbst erledigen können. Die meisten Manager haben mehr zu tun, als sich an einem normalen Arbeitstag bewältigen lässt. Damit sie ihre Aufgaben erfüllen können, müssen sie zwangsläufig einen Teil davon an ihre Mitarbeiter delegieren.

Delegieren bedeutet, einem Mitarbeiter oder einer Mitarbeiterin Pflichten oder Aufgaben zuzuweisen und auch die Macht und Befugnis zu ihrer Erfüllung zu geben. Es ist nicht ein bloßes Übertragen der uninteressantesten oder unangenehmsten Arbeiten an Untergebene. Effektives Delegieren erfordert, dass bedeutende Aspekte der Arbeit abgegeben werden. Das verschafft nicht nur dem Führenden mehr Freiheit für wichtigere Aufgaben, sondern auch die Mitarbeiter gewinnen dabei etwas.

Gute Führungskräfte haben die Aufgabe, die fähigsten Menschen, die sie finden können, einzustellen, sie schulen zu lassen und sie dann in ihrem Bereich eigene Entscheidungen treffen zu lassen, damit die Führenden selbst Zeit für Entscheidungen auf einer höheren Ebene gewinnen.

> *Führungskraft wird weniger durch Worte als vielmehr durch Haltung und Handeln ausgeübt.*
>
> Harold S. Geneen

Führungskräfte aus der Wirtschaft sagen mir oft, dass sie es so sehr gewohnt sind, viele ihrer Aufgaben selbst zu erfüllen – und zwar sehr gut –, dass sie sie nur ungern an andere delegieren. Ein Manager erzählte mir: »Ich ertappe mich dabei, dass ich meinen Leuten bei der Arbeit über die Schulter schaue. Ich fühle mich einfach nicht wohl, wenn ich delegiere.«

Der erste Schritt besteht darin, anzuerkennen, dass Sie zwar die Aufgabe schneller und vielleicht sogar besser erfüllen können als Ihre Mitarbeiter, dass Ihre Zeit aber viel zu wertvoll ist, um sie mit nachgeordneten Dingen zu füllen. Die folgenden Richtlinien können es Ihnen leichter machen, gelassen zu delegieren:

- Wählen Sie fähige Menschen aus. Suchen Sie Ihre wichtigsten Mitarbeiter nicht nur danach aus, dass sie die Aufgaben erfüllen können, für die Sie sie einstellen. Sie sollten auch das Potenzial für eine Fortbildung und eine mögliche Beförderung in verantwortungsvollere Positionen haben.
- Kommunizieren Sie das, was Sie delegieren, klar und präzise. Wenn Sie sicher sein wollen, dass der Mitarbeiter verstanden hat, was sie von ihm erwarten, dann fragen Sie nicht bloß: »Haben Sie verstanden?« Die meisten Menschen antworten darauf einfach mit »Ja«. Vielleicht haben sie es wirklich verstanden; vielleicht denken sie aber auch nur, sie hätten es verstanden, interpretieren jedoch das, was Sie wollen, völlig anders als Sie; oder vielleicht verstehen sie überhaupt nichts, trauen sich aber nicht, Ihnen das zu sagen. Fragen Sie deshalb genau nach, was der Mitarbeiter tun will, um seine Aufgabe zu erfüllen.

- Richten Sie Kontrollpunkte ein. Ein Kontrollpunkt ist zum Beispiel ein Termin, an dem man innehält und prüft, ob Fehler unterlaufen sind, und diese gegebenenfalls korrigiert. Das ist wichtig, denn wenn schwere Fehler erst in letzter Minute entdeckt werden, bekommt man das Problem nicht mehr in den Griff. Ein Kontrollpunkt ist keine unangekündigte Inspektion. Die Mitarbeiter wissen genau, wann ein Kontrollpunkt erfolgt und was bis dahin erreicht sein sollte. Kontrollpunkte bedeuten nicht, dass Sie dem Mitarbeiter nicht vertrauen. Lassen Sie Ihre Leute von Anfang an wissen, dass Sie Vertrauen zu ihnen haben, und betonen Sie, dass die Kontrollpunkte als Hilfen gedacht sind – nicht als Überprüfung. Diese Punkte versetzen Ihre Mitarbeiter in die Lage, selbst zu ermessen, wie weit sie sind.
- Geben Sie Ihren Mitarbeitern die Mittel und Befugnisse, ihre Aufgaben zu erfüllen. Wenn mit den Aufgaben auch finanzielle Aufwendungen verbunden sind, dann richten Sie ein Budget ein und geben Sie dem entsprechenden Mitarbeiter oder der Mitarbeiterin die Vollmacht, über dieses Budget zu verfügen, ohne Sie jedes Mal um Erlaubnis zu fragen. Wenn die Mitarbeiter zusätzliche Arbeitskräfte einstellen oder Überstunden anordnen müssen, dann erteilen Sie ihnen als Bestandteil der delegierten Aufgabe auch die Befugnis dazu. So stellen Sie sicher, dass Sie wegen dieser Dinge nicht ständig in Ihrer Arbeit unterbrochen werden.
- Helfen Sie, wenn und wo es nötig ist. Das klingt vielleicht wie ein Widerspruch. Sie delegieren, um Ihre eigenen Bemühungen in dem delegierten Bereich zu reduzieren. Wenn Sie jetzt Hilfe anbieten, fordern Sie dann nicht geradezu dazu auf, unterbrochen zu werden? Um die dafür verwendete Zeit zu minimieren, sollten Sie deshalb verlangen, dass jeder, der mit einem Problem zu Ihnen kommt, auch einen Lösungsvorschlag macht. Ihre Mitarbeiter müssen also nachdenken, werden recht oft eigene Lösungen finden und brau-

chen mithin gar nicht mehr zu Ihnen zu kommen. Und wenn doch jemand kommt, nimmt die Besprechung des Problems wesentlich weniger Zeit in Anspruch.

## Lernen Sie Ihre Stärken und Ihre Grenzen kennen

Bevor Sie an dem Wettlauf um die Spitzenpositionen überhaupt teilnehmen und für die Erfolgsspur zugelassen werden können, müssen Sie eine klare Vorstellung haben, ein hohes, unerschütterliches Ziel und außerdem den Mut und die Entschlossenheit, daran festzuhalten, egal, was sich Ihnen entgegenstellt.

Wenn Sie die Fähigkeit, eine Führungspersönlichkeit zu sein, nicht entwickeln, dann werden Sie nie Erfolg in Führungspositionen haben. Das bedeutet: Sie müssen aufrichtig daran glauben, dass Sie eine Führungspersönlichkeit sein können.

Es liegt eine Kraft im gesprochenen Wort, die nicht geweckt wird, wenn man dieselben Worte lediglich im Geiste durchgeht. Laut ausgesprochen hinterlassen Worte einen länger anhaltenden Eindruck. Viele Menschen sind stärker beeindruckt und inspiriert, wenn sie eine große Rede oder Predigt hören, als wenn sie sie in gedruckter Form lesen. An das gesprochene Wort erinnern wir uns auch noch, wenn wir die kühle Schrift, die die Gedanken ans Gehirn übermittelt, längst vergessen haben. Gehörtes hinterlässt einen tieferen Eindruck im inneren Selbst.

Mit unserem inneren Bewusstsein oder Unterbewusstsein können wir sprechen wie mit einem Kind, und die Erfahrung lehrt uns, dass es auf unsere Suggestionen hört und ihnen Folge leistet. Wir senden unserem Unterbewusstsein ständig Befehle oder Suggestionen. Wir tun das zwar nicht hörbar, aber im Stillen, in unseren Gedanken. Unbewusst beraten wir, suggerieren wir und versuchen wir, es in eine bestimmte Richtung zu beeinflussen.

Wenn wir bewusst und hörbar mit ihm sprechen, Herzensgespräche mit uns selbst führen, werden wir feststellen, dass wir unsere Gewohnheiten, unsere Motive und unsere Lebensweise ganz konkret beeinflussen können. Ja, den Möglichkeiten, mit dieser Methode unseren Charakter und unser Leben zu beeinflussen, sind praktisch keine Grenzen gesetzt.

Erstellen Sie zunächst eine Liste der Eigenschaften, die einen starken, erfolgreichen Charakter ausmachen, sowie ihres jeweiligen Gegenteils, also Eigenschaften, die einen schwachen, ängstlichen, erfolglosen Charakter ergeben. Unterziehen Sie sich dann selbst einer kritischen Betrachtung und stellen Sie fest, wo Sie selbst auf dieser Liste stehen. Nennen Sie die Eigenschaften laut: Glaube, Mut, Selbstvertrauen, Ehrgeiz, Begeisterung, Ausdauer, Konzentration, Eigeninitiative, Fröhlichkeit, Optimismus, Sorgfalt usw. Fragen Sie sich, ob Sie diese glänzenden Eigenschaften besitzen oder eher zu ihrem Gegenteil neigen.

Haben Sie keine Angst, sich Ihren Schwachpunkten zu stellen oder Ihre Fehler deutlich beim Namen zu nennen. Bringen Sie sie ans Licht, schauen Sie ihnen ins Gesicht und setzen Sie sich mit ihnen auseinander. Sie können es sich nicht leisten, weniger zu sein als das, was Gott wollte, weniger als das, wovon Sie spüren, dass Sie es sein sollten und könnten. Lassen Sie sich Ihr Leben nicht von einem Fehler verderben, den Sie beheben können.

Wenn Sie die einzelnen Charaktereigenschaften durchgegangen sind, dann stellen Sie sich folgende, komplexere Fragen. Sehen Sie sich dabei selbst vor Ihrem inneren Auge und sprechen Sie sich mit Namen an.

»________, wozu bist du hier? Was bedeutest du für die Welt? Welche Botschaft vermittelt dein Leben, deine Berufslaufbahn? Was bedeutest du deinem Unternehmen, deiner Organisation oder der Gemeinschaft, in der du lebst?«

»________, wofür stehst du? Was repräsentierst du? Vermittelst du es geduldig, beharrlich, entschlossen, ohne Jammern oder Klagen und ohne dich davor zu drücken?«

Fragen Sie sich: »Träume ich von der großen Sache, die ich morgen tun werde, oder mache ich einfach die Kinkerlitzchen, die ich heute erledigen kann?«

Testen Sie sich auf diese Art, bis Sie ein klares Bild von sich bekommen, sich gut einschätzen können, bis Sie Ihre Stärken und Schwächen kennen und klar erkennen können, was Ihnen im Wege steht, welcher Mangel in Ihrem Wesen Sie behindert. Ihre Schwächen mindern Ihre Fähigkeiten im Durchschnitt um zehn, 20, 50 oder sogar 75 Prozent. Greifen Sie dann Ihre Feinde, die Feinde Ihres Erfolges, Ihrer Effizienz, Ihres Glücks energisch an. Versichern Sie sich ständig und nachdrücklich, dass Sie sie komplett überwinden werden und dass sie nicht die Macht haben, Ihr Leben zu beherrschen und Ihre Karriere zu ruinieren.

## Beziehen Sie Ihr Unterbewusstsein mit ein

Durch solche Herzensgespräche mit sich selbst können Sie Ihr ganzes Wesen verändern und Ihre Karriere revolutionieren. Ganz gleich, ob Ihnen Glaube, Mut, Eigeninitiative, Fröhlichkeit oder was auch immer fehlt: Nehmen Sie die Eigenschaft an, die Sie besitzen möchten, versichern Sie sich überzeugend, dass Sie sie bereits haben, setzen Sie sie sooft wie möglich ein, konzentrieren Sie sich darauf, und Sie werden überrascht sein, wie schnell Sie das Gewünschte erlangen werden.

Wir müssen unserem Unterbewusstsein genau sagen, was wir wollen. Wir müssen es anleiten, damit es uns hilft, unsere Ziele zu erreichen. Wenn Sie wissen, was Sie wirklich wollen, dann wird Ihr Unterbewusstsein Sie mit untrüglicher Sicherheit dorthin führen. Aber es muss wissen, dass Sie dieses Ziel aufrichtig, leidenschaftlich und unbeirrbar wollen und es nicht zugunsten aller anderen gegenteiligen Wünsche, Haltungen und vorübergehenden Launen aufgeben werden, die Ihnen in den Sinn kommen.

Macht kommt von innen, sonst nirgendwoher. Seien Sie Sie selbst. Hören Sie auf die innere Stimme. In jedem Beruf, in jeder Branche und in jedem Wirtschaftszweig kann man sich immer noch verbessern. Die Welt verlangt nach Menschen, die die Dinge auf neue und bessere Weise tun können. Glauben Sie nicht, dass man nicht auf Sie hört, bloß weil Ihr Plan oder Ihre Idee keine Vorläufer hat oder weil Sie jung und unerfahren sind. Jeder, der etwas Neues und Wertvolles zu geben hat, wird Gehör finden und man wird ihm Folge leisten. Wenn Sie eine starke Persönlichkeit sind und den Mut haben, selbstständig zu denken und eigene Methoden zu entwickeln, wenn Sie keine Angst haben, Sie selbst zu sein und keine schlechte Kopie eines anderen Menschen sind, dann werden Sie rasch Anerkennung finden.

Erst, wenn Sie Begriffe wie »Schicksal«, »ich kann nicht« und »Zweifel« aus Ihrem Vokabular gestrichen haben, dann können Sie persönlich und beruflich aufsteigen. Sie können nicht stark werden, wenn Sie zugleich Ihre Schwächen nähren, und Sie können nicht glücklich sein, wenn Sie zugleich Ihr Unglück bejammern.

## Seien Sie mit Hingabe bei dem, was Sie erreichen wollen

Eine der effektivsten Methoden, sich selbst zu motivieren, besteht darin, sich mit ganzer Hingabe dem zu widmen, was man erreichen will. Wenn etwas schiefläuft, wenn Hindernisse unüberwindlich scheinen oder wenn Mutlosigkeit um sich greift, dann motiviert Sie Ihre Hingabe zum Weitermachen.

Kraft kann man nur entwickeln, wenn man bereits in jungen Jahren beschließt, keine Gelegenheit dazu auszulassen. Drücken Sie sich vor nichts, was Sie disziplinierter macht, Sie trainiert oder Ihren Erfahrungshorizont erweitert. Auch wenn es Ihnen unangenehm ist: Zwingen Sie sich dazu. Es gibt nichts

Besseres, als die Verantwortung für die Entwicklung seiner Fähigkeiten zu übernehmen. Lassen Sie sich nicht davon abschrecken, wenn die Position, die Sie übernehmen sollen, schwierig ist. Nehmen Sie sie an und beschließen Sie, dass Sie sie besser ausfüllen werden, als das jemals jemand vor Ihnen getan hat.

*Die besten Führungskräfte findet man gewöhnlich unter denjenigen leitenden Angestellten, die eine stark orthodoxe Komponente in ihrem Charakter haben. Sie widersetzen sich Neuerungen nicht, sie verkörpern sie.*

David Ogilvy

Führungspersönlichkeiten müssen sich auf ihrem Weg selbst leuchten und ihren eigenen Pfad einschlagen, sonst hinterlassen Sie kaum Eindruck. Verblüffende Originalität zieht die Aufmerksamkeit auf sich. Wenn Sie eine Führungspersönlichkeit sein wollen, dann folgen Sie nicht anderen. Imitieren Sie niemanden. Machen Sie nichts so, wie »man es schon immer gemacht hat«. Versuchen Sie es auf neue, originelle Weise. Zeigen Sie auf Ihre ganz spezielle Weise, dass Ihre Vorgänger – gemessen an Ihnen – keine besonders gute Figur abgeben und dass Sie eigene Ideen verwirklichen.

Haben Sie keine Angst vor dem Selbstvertrauen. Glauben Sie an Ihre Fähigkeit, in originellen Bahnen zu denken. Wenn etwas in Ihnen steckt, dann bringt es die Selbstsicherheit an den Tag. Kultivieren Sie bei allem, was Sie tun, den Geist der Unabhängigkeit.

## Zusammenfassung und Essenz

- Wenn Sie nicht selbst daran glauben, dass Sie führen können, werden Sie in einer führenden Position nie erfolgreich sein. Sie müssen in Ihrem Unterbewusstsein zwei einfache Tatsachen verankern: Sie müssen daran glauben, dass das, was Sie wollen, eintreten *kann,* und Sie müssen daran glauben, dass es eintreten *wird*.
- Zu den wichtigsten Anforderungen an eine Führungspersönlichkeit gehören die Fähigkeit und die Bereitschaft, Entscheidungen an Mitarbeiter zu delegieren. Allzu viele Manager sind dabei zu zurückhaltend. Erfolgreiche Führungspersönlichkeiten wissen, dass sie nicht alles selbst erledigen können. Gute Führungskräfte haben die Aufgabe, die fähigsten Menschen, die sie finden können, einzustellen, sie schulen zu lassen und sie dann in ihrem Bereich eigene Entscheidungen treffen zu lassen, damit die Führenden selbst Zeit für Entscheidungen auf einer höheren Ebene gewinnen.
- Glauben Sie nicht, dass man nicht auf Sie hört, nur weil Ihr Plan oder Ihre Idee keine Vorläufer hat oder weil Sie jung und unerfahren sind. Jeder, der etwas Neues und Wertvolles zu geben hat, wird Gehör finden und man wird ihm Folge leisten.
- Haben Sie keine Angst, sich Ihren Schwachpunkten zu stellen oder Ihre Fehler deutlich beim Namen zu nennen. Bringen Sie sie ans Licht, schauen Sie ihnen ins Gesicht und setzen Sie sich mit ihnen auseinander. Sie können es sich nicht leisten, weniger zu sein als das, was Gott wollte, weniger als das, wovon Sie spüren, dass Sie es sein sollten und könnten. Lassen Sie sich Ihr Leben nicht von einem Fehler verderben, den Sie beheben können.
- Wenn Sie eine Führungspersönlichkeit sein wollen, dann folgen Sie nicht anderen. Imitieren Sie niemanden. Machen Sie nichts so, wie »man es schon immer gemacht hat«. Versuchen Sie es auf neue, originelle Weise. Zeigen Sie auf Ihre ganz spezielle Weise, dass Ihre Vorgänger – gemessen an Ihnen – keine besonders gute Figur abgeben und dass Sie eigene Ideen verwirklichen.

Kapitel 12:

# Schaffen Sie ein dynamisches Team

*Wünschen Sie anderen, was Sie sich selbst wünschen. Das ist der Schlüssel zu harmonischen zwischenmenschlichen Beziehungen.*

Die Arbeitswelt hat sich im Laufe des letzten Jahrzehnts radikal verändert und sie verändert sich weiterhin schneller als je zuvor seit der Industriellen Revolution. Im Laufe der nächsten Jahrzehnte werden sich wohl noch dramatischere Veränderungen abspielen.

Früher war es so üblich, dass das Topmanagement die Entscheidungen traf und sie über mehrere Ebenen bis ganz nach unten zu den Angestellten und einfachen Arbeitern weiterreichte. Diese Praxis wird seit einiger Zeit durch einen stärker auf Zusammenarbeit ausgelegten Organisationsaufbau ersetzt, bei dem erwartet wird, dass Menschen auf allen Ebenen zu allen Aspekten der Aktivitäten ihrer Organisation beitragen. Leistungen werden nun von Teams erbracht, das sind Gruppen, die – üblicherweise unter der Leitung eines Teamchefs – die Arbeit planen, ausführen und kontrollieren.

Das Wesentliche an einem Team ist das gemeinsame Engagement. Ohne dies agieren die Mitglieder eines Teams wieder nur als Einzelne, das gemeinsame Engagement jedoch macht sie zu einer kraftvollen Einheit kollektiver Leistungsfähigkeit.

In einem idealen Team führt jedes einzelne Mitglied seine Funktionen so aus, dass sie mit denen der anderen abgestimmt sind, damit das Team seine Ziele erreichen kann. Durch diese Zusammenarbeit wird das Ganze zu etwas Größerem als die Summe seiner Teile.

Ein medizinisches Operationsteam ist ein ausgezeichnetes Beispiel dafür. Jedes Mitglied des Teams – der Chirurg, der Anästhesist, die Krankenschwestern und die anderen Beteiligten – erfüllt seine jeweilige Funktion mit seiner ganzen Fachkenntnis. Bei einem gekonnt funktionierenden Team greifen die Handlungen der einzelnen Mitglieder nahtlos ineinander. Denn alle fühlen sich einem Ziel verpflichtet – dem Wohlergehen des Patienten.

Beispiele für erfolgreiche Teams gibt es in jedem »Unternehmen«: Sportmannschaften, die Meister werden; wissenschaftliche Forschungsteams, die Krankheiten ausrotten; Feuerwehrmannschaften und natürlich in allen Bereichen der Wirtschaft.

## Leiten Sie Ihr Team an

Wenn Sie Ihr Team nach der Philosophie leiten wollen: »Entweder du machst, was ich will, oder du fliegst raus«, dann seien Sie darauf gefasst, dass Sie eine komplette Kehrtwendung vollziehen müssen. Ein Teamleiter ist kein despotischer Lehrer. Er oder sie ist vielmehr ein Vermittler, ein Prozessbegleiter oder Förderer, der ein intelligentes und motiviertes Team so entwickelt und koordiniert, dass die Arbeit gut geleistet wird. Die Betonung liegt dabei auf der Entwicklung der Fähigkeiten und der Koordination der Tätigkeiten intelligenter, motivierter Team-Mitglieder.

Wenn Sie ein dynamisches, motiviertes Team schaffen wollen, dann müssen Sie aufhören, wie ein »Boss« zu denken. Bosse treffen Entscheidungen und erteilen Befehle. Teamleiter koordinieren Gruppen von Erwachsenen, die sich allen auftretenden Problemen gemeinsam stellen und Lösungen erarbeiten. Erfolgreiche Teamleiter schaffen ein Klima, in dem sich die Team-Mitglieder dazu aufgerufen fühlen, eigene Problemanalysen, Lösungsvorschläge und Entscheidungsbeiträge einzubringen.

Werfen wir einmal einen Blick auf die unterschiedlichen Methoden von Teamleitern:

- Sie sorgen dafür, dass die Team-Mitglieder die Visionen und Ziele der Organisation und des Teams kennen und ihre Umsetzung im Auge behalten.
- Sie sind Kommunikations-Experten und wissen, dass Kommunikation keine Einbahnstraße ist. Es ist wichtig, dass Teamleiter den Mitgliedern ihres Teams ihre Anweisungen und Konzepte vermitteln; genauso wichtig ist es aber, dass sie selbst immer ein offenes Ohr für die Ideen und Vorschläge der Team-Mitglieder haben.
- Ihr Ziel ist es, die Fertigkeiten und Fähigkeiten der Mitglieder ihres Teams zu entwickeln. Erfolgreiche Teamleiter nehmen sich die Zeit, die Stärken und Schwächen jedes einzelnen Mitglieds ihres Teams ausfindig zu machen und mit ihnen an der Verbesserung ihrer Leistungen zu arbeiten. Sie ermuntern die Team-Mitglieder zu lebenslangem Lernen und empfehlen Möglichkeiten innerhalb und außerhalb der Organisation, wie sie als Mensch und als Team-Mitglied wachsen können.
- Gemeinsam mit Mitgliedern des Teams erarbeiten sie klare, erreichbare und messbare Leistungsstandards und schaffen Möglichkeiten, an denen die Mitglieder sehen können, wo sie gerade stehen.
- Sie motivieren und inspirieren die einzelnen Team-Mitglieder durch Anerkennung, Lob und Belohnung. Sie motivieren und inspirieren das Team durch Zuspruch und Anerkennung für das ganze Team und indem sie ein Klima der Begeisterung schaffen.

## Wenden Sie die *Goldene Regel* an

Die *Goldene Regel* des harmonischen Umgangs miteinander erscheint in ähnlicher Form in fast allen großen Weltreligionen.

Häufig gilt sie als die Essenz der Religion. Auf die Bitte, die Heilige Schrift in einem einzigen Satz zusammenzufassen, sagte der große jüdische Gelehrte Hillel (ca. 30 v. Chr. bis 9 n. Chr.): »Was du nicht willst, dass man dir tu, das füg auch keinem andern zu. Das ist die ganze Thora.« Moderne Psychologen wiederholen diese Regel als den wichtigsten Faktor bei der Entwicklung gesunder zwischenmenschlicher Beziehungen.

Was hat das Befolgen der *Goldenen Regel* nun damit zu tun, dass man ein erfolgreicher Teamleiter wird? Auch diese Frage beantwortete Hillel, als er sagte: »Wenn ich nicht für mich bin, wer ist für mich? Und solange ich nur für mich bin, was bin ich?« Ja, Gott gab uns die Macht, Wohlstand und Fülle zu haben. Es ist unsere Pflicht, das Beste aus unseren Begabungen und Chancen zu machen, aber damit verbunden ist auch die Verpflichtung, nicht nur für uns selbst, sondern auch für andere zu sorgen.

Die *Goldene Regel* zieht sich wie ein Leitfaden durch alle großen Philosophien und Religionen. Nicht überall ist sie in dieselben Worte gefasst, aber die Absicht des Bildes ist stets dieselbe. In positiver Form ausgedrückt bedeutet sie, dass wir dieselbe Glaubens- und Religionsfreiheit, dieselbe Freiheit, etwas zu leisten und Wohlstand zu erwirtschaften, für andere ebenso bereitstellen, zulassen und wünschen sollten wie für uns selbst.

Wenn wir diese Haltung als unseren Moralkodex, unser Leitprinzip annehmen, dann wird sie ein dynamischer Einflussfaktor und eine kraftvolle Energie in unserem Alltag. Sie ist der Weisheitsschatz in den Tiefen unseres Wesens – eine Führerin, eine innere Anleitung tief aus dem Herzen und der Seele jedes Mannes und jeder Frau.

Wir müssen unser Unterbewusstsein darauf programmieren, dass wir nicht nur für uns selbst da sind, sondern Teil eines Teams und dass jeder Teamkollege ein Partner ist – ein Mensch, der die Verantwortung für den Erfolg des Teams annimmt und akzeptiert und bereit ist, mit seinen Kräften und seiner Haltung dazu beizutragen.

Wenn wir anderen aus voller Überzeugung und mit ganzem Herzen völlige Freiheit im Denken, Reden und Entscheiden lassen, dann schätzen wir sie genauso hoch wie uns selbst. Es ist eine Partnerschaft, in der wir mindestens so viel geben, wie wir zu erhalten hoffen.

## Wie wird man ein gutes Team-Mitglied?

Wie bereits erwähnt, ist ein Teamleiter nicht der »Boss« des Teams, sondern lediglich der Erste unter Gleichen. Alle Mitglieder des Teams müssen zusammenarbeiten, um die gesetzten Ziele zu erreichen. Ihr Erfolg als Team-Mitglied beginnt damit, dass Sie Ihre Arbeit hervorragend tun. Das gesamte Team verlässt sich darauf, dass alle seine Mitglieder auf ihrem Gebiet gut sind. Aber Spitzenleistungen allein sind noch nicht genug. Ein gutes Team-Mitglied braucht noch sehr viel mehr. Die folgenden Richtlinien können dabei helfen, dieses Ziel zu erreichen:

- Beteiligen Sie sich lebhaft an Teambesprechungen und hören Sie aktiv zu. Auch wenn Sie selbst keine eigenen Ideen vorstellen möchten, kommentieren Sie die Vorschläge anderer Mitglieder und stellen Sie gezielt Fragen. Bieten Sie Ihre Unterstützung und Hilfe an.
- Motivieren Sie sich selbst. Setzen Sie sich eigene Ziele, die zu den Aufgaben Ihres Teams passen. Beteiligen Sie sich an der Entwicklung von Zielen für das Team. Sie werden darauf hinarbeiten müssen, sie zu erreichen, daher sollten sie auch ein Mitspracherecht haben, wenn es um die Festsetzung geht.
- Versuchen Sie Neues und haben Sie keine Angst vor dem Risiko. Nur so kommt man vorwärts. Denken Sie an die Schildkröte: Wenn sie in ihrem Panzer bleibt, ist sie absolut sicher, wenn sie aber vorwärtskommen will, muss sie den Kopf herausstrecken.
- Schauen Sie über den teameigenen Tellerrand hinaus. Beschäftigen Sie sich mit der Unternehmenskultur Ihrer Firma

und bemühen Sie sich, die Firmenphilosophie zu verstehen. Ermessen Sie, wie nahe Ihr Team den Zielen der ganzen Abteilung und der Organisation kommt. Denken Sie darüber nach, wie sich Ihre Arbeit in das Gesamtbild einfügt.

- Seien Sie offen für andere Ansichten. Hören Sie zu, welche Meinungen die anderen Team-Mitglieder vertreten. Scheuen Sie sich nicht, Ihre eigene Ansicht zu vertreten, auch wenn sie von der der anderen abweicht oder sogar völlig gegensätzlich ist. Stehen Sie zu Ihrer Überzeugung, aber seien Sie nicht stur. Zeigen Sie Kompromissbereitschaft, damit ein Konsens möglich wird.
- Seien Sie ein Mannschaftsspieler oder eine Mannschaftsspielerin. Setzen Sie auf Kooperation statt Konkurrenz. Unterstützen Sie Ihre Teamkollegen. Helfen Sie ihnen, in ihre Aufgaben und ins Team hineinzuwachsen, indem Sie Informationen weitergeben, schwierige Aufgaben übernehmen und neue Team-Mitglieder ausbilden und begleiten. Loben Sie Kollegen, die etwas toll gemacht haben. Zeigen Sie Team-Mitgliedern, die für Sie oder für das ganze Team besonders hilfreich waren, Ihre Wertschätzung.
- Lernen Sie Ihre Teamkollegen kennen. Mit all Ihren Stärken und Schwächen, ihren persönlichen Zielen und Plänen, ihren Eigenheiten und dem, was Ihnen ein Dorn im Auge ist. Das macht die Zusammenarbeit leichter und angenehmer.
- Bauen Sie ein gutes Selbstvertrauen auf. Lesen Sie das 2. Kapitel dieses Buches noch einmal und wenden Sie an, was Sie dort erfahren haben. Lesen Sie außerdem Bücher und Artikel über die persönliche Weiterentwicklung. Studieren Sie sich. Werden Sie sich der Bereiche bewusst, in denen Sie sich verbessern können. Wenn Sie zum Beispiel schüchtern sind, dann besuchen Sie Kurse, um Ihr Selbstbewusstsein zu stärken. Wenn Sie nicht gut vortragen oder schreiben können, dann besuchen Sie Rhetorik-Kurse, um sich darin zu verbessern.

- Lassen Sie nicht zu, dass Konflikte den Fortschritt des ganzen Teams aufhalten. Wenn Sie mit einem Teamkollegen eine Auseinandersetzung oder einen ernsteren Konflikt haben, dann lösen Sie das Problem so schnell wie möglich. Lassen Sie es nicht schwelen. Und wenn es gelöst ist, dann denken Sie nicht mehr daran. Hegen Sie keinen Groll. »Lassen Sie die Vergangenheit ruhen.«
- Lernen Sie, andere Aufgaben im Team zu erfüllen. Lassen Sie sich auch in den Bereichen anderer Team-Mitglieder fortbilden. So steigern Sie Ihren Wert für das Team, weil Sie in Fehlzeiten, bei Arbeitsüberlastung oder anderen Engpässen andere Aufgaben übernehmen können.
- Behalten Sie Ihr Vorwärtskommen im Auge. Verschaffen Sie sich regelmäßig einen Überblick über Ihre persönlichen Ziele und die des Teams. Messen Sie, wie nahe Sie ihnen schon gekommen sind. Seien Sie bereit, Schritte zur Lösung von Problemen zu unternehmen, die Ihr Vorwärtskommen behindern.

Die Team-Idee fußt auf dem Prinzip, dass alle Mitglieder zusammenarbeiten, um das gewünschte Ziel zu erreichen. Das bedeutet, dass alle Team-Mitglieder alles Erforderliche tun, um die anstehenden Aufgaben zu erfüllen. Dazu gehört auch Arbeit, die Ihnen keinen Spaß macht, Hilfe für Langsamere und das Zurückstellen persönlicher Lieblingsprojekte zugunsten wichtigerer Aufgaben des gesamten Teams.

*In einem Team gibt es kein Ich. Teams bestehen aus Menschen, jeder mit seiner eigenen Individualität. Aber wenn ein Team Erfolg haben will, dann müssen individuelle Pläne hinter denen des Teams zurückstehen. Von jedem Team-Mitglied wird erwartet, dass es sein Bestes gibt, aber erfolgreiche Teams haben keine »Stars« oder »markante Individualisten«. Das Ego, das »Ich«, wird ersetzt durch das Team, das »Wir«.*

## Warum Vertrauen so wichtig ist

Die Grundlage jeder Beziehung – nicht nur im Beruf – ist Vertrauen. Wenn die Team-Mitglieder dem Teamleiter oder einem oder mehreren Kollegen nicht vertrauen, dann kommt das Team nie in die Gänge.

Erfolg oder Scheitern des Teamleiters oder der Teamleiterin hängt vom Vertrauen seines oder ihres Teams ab. Wenn man Ihnen vertraut, dann findet alles, was Sie sagen, Gehör. Wenn man Ihnen nicht vertraut, dann geht das Meiste dessen, was Sie sagen, zum einen Ohr hinein und zum anderen wieder heraus.

Für einen Vertrauensverlust braucht es nicht viel: Der Teamleiter verspricht etwas und hält es dann nicht – das Vertrauen ist geschwunden. Ein Mitglied enthält den anderen notwendige Informationen vor: Schon vertraut ihm niemand mehr.

Vertrauen wieder aufzubauen, ist nicht leicht. Ist das Vertrauen unter den Team-Mitgliedern geschwunden, dann kann der Teamleiter eingreifen und das Problem lösen. Hat jedoch der Teamleiter das Vertrauen der Team-Mitglieder verloren, dann erfordert der Wiederaufbau einer vertrauensvollen Beziehung außerordentliche Anstrengung.

Männer und Frauen, die man für geeignet hält, als Kollegen mit Ihnen zusammenzuarbeiten, müssen einander vertrauen und an ihre Fähigkeit zu selbstständigem Denken glauben. Wenn Potenzial in ihnen steckt, dann wird Selbstvertrauen es ans Licht bringen.

Was Sie auch tun, ermutigen Sie die Mitglieder Ihres Teams immer dazu, bei der Verwirklichung ihrer Pläne eine gewisse innere Unabhängigkeit zu bewahren. Geben Sie ihnen Gelegenheit, in ihrer Arbeit etwas von sich zu zeigen. Ermuntern Sie sie, sich nicht nur als Rädchen im Getriebe zu begreifen, sondern selbstständig zu denken und so weit wie möglich eigene Ideen umzusetzen, auch wenn sie für jemand anderen arbeiten.

## Veränderung ist nicht einfach

Die eigene Arbeitsweise zu verändern, ist oft nicht einfach. Es erfordert einen radikalen Wandel seiner Ansichten von der eigenen Arbeit – und von sich selbst. Niemand ändert gern seine Gewohnheiten. Wir lieben es, unsere Arbeit auf bestimmte Weise zu tun. Es ist so bequem. Um unsere Arbeitsweise zu verändern, müssen wir unsere Bequemlichkeit aufgeben, denn Fortschritte lassen sich nur erzielen, wenn wir es uns unbequem machen. Wir müssen tief in unser Unterbewusstsein eintauchen, alte Gewohnheiten ausfegen und neue Handlungsweisen darin verankern.

Das ist ein schwieriges Unterfangen, aber es ist der Mühe wert.

Sie gewinnen dabei unter anderem Folgendes:

1. Ihren Arbeitsplatz, schlicht und ergreifend. Wenn es mit Ihrem Unternehmen bergab geht, haben Sie keine Arbeit. Wenn das Unternehmen aber wächst und gedeiht, haben Sie nicht nur Arbeit, sondern auch größere Chancen im Unternehmen. Wenn ein Unternehmen in unserer stark wettbewerbsorientierten Welt wachsen oder zumindest überleben will, dann muss es sich verändern. Aber kein Unternehmen kann sich ändern, wenn nicht alle Unternehmensangehörigen mit zu dieser Veränderung beitragen. Indem Sie Veränderungen akzeptieren, leisten Sie einen kleinen Beitrag zum Überleben Ihres Unternehmens. Wenn Sie Veränderungen mit Begeisterung unterstützen, dann erhöhen Sie sogar die Konkurrenzfähigkeit Ihres Unternehmens.
2. Ihr persönliches Wachstum. Die Situation im Team erfordert von den Mitgliedern, dass sie ihre Intelligenz, ihre Kreativität und ihre Fähigkeiten zur Lösung der Teamprobleme einsetzen. Jetzt können Sie oft zum ersten Mal Ihre Ideen offen aussprechen und mitbestimmen, wie die Aufgabe erfüllt wird. Das regt zum Nachdenken an und ermutigt zum Erwerb weiterer Kenntnisse. Mit jedem Erfolg steigt Ihr

Selbstvertrauen. Wenn Sie sich bei Rückschlägen – und die wird es mit Sicherheit geben – auf frühere Erfolge konzentrieren, statt sich in Sorge zu verzehren, dann hilft Ihnen das, sich nicht unterkriegen zu lassen, die Rückschläge zu akzeptieren und aus ihnen zu lernen.

3. Ihre Karriere. Wenn Sie sich zum Ziel gesetzt haben, im Unternehmen aufzusteigen, dann vermittelt Ihnen die aktive Beteiligung im Team Führungserfahrung. Sie erleben, wie man Besprechungen abhält, Projekte leitet und Kollegen schult und begleitet. Sie werden dem höheren Management auffallen, weil Ihre Beiträge Anerkennung finden. Und wenn neue Teams gebildet werden, sind Sie bereits darauf vorbereitet, zum Teamleiter ernannt zu werden.

## So überwinden Sie Widerstände gegen Veränderungen

Wahrscheinlich verspüren nicht nur Sie Widerstände gegen Veränderungen, auch andere in Ihrem Unternehmen bekämpfen womöglich sämtliche Bemühungen, aus Arbeitsgruppen echte Teams zu machen. Die meisten Menschen widersetzen sich der Veränderung und erfinden alle möglichen Ausreden, warum man am besten alles beim Alten belässt.

Wenn man Veränderungen in der Arbeitsweise vornehmen will, dann muss man die Team-Mitglieder für die Vorteile dieser Veränderungen begeistern.

Ganz fraglos waren viele Prozesse, Verfahren und Methoden, nach denen bisher gearbeitet wurde, erfolgreich. Veränderungen sollten nicht um der bloßen Veränderung willen vorgenommen werden. Entscheidend ist aber, dass auch ein gut funktionierendes Verfahren unter die Lupe genommen und daraufhin geprüft werden sollte, welche Veränderungen man vornehmen könnte, damit das ganze als Teamwork noch effektiver sein kann.

Ein Wechsel zur Teamarbeit kann aber nur dann funktionieren, wenn die Geschäftsleitung davon überzeugt ist und den Wechsel voll und ganz unterstützt.

Abteilungsleiter der untersten Ebene könnten befürchten, dass ihre Position geschwächt oder vielleicht sogar ihre Stellen abgebaut werden und ihre veränderte Aufgabe als Herabstufung betrachten. Die Veränderung vom Vorgesetzten zum Teamleiter vollzieht sich nicht über Nacht. Sie braucht Zeit und ist zuweilen schwierig. Man muss diesen Vorgesetzten deutlich machen, welche Vorteile ihnen die Veränderung bringt. Man muss ihnen zeigen, dass sie durch das Delegieren eines Teils ihrer Funktionen Zeit gewinnen, um übergeordnete Prozesse zu verbessern, neue Projekte anzupacken und ihren Aufgabenbereich zu erweitern. Wenn man ihrem Bewusstsein diese Zusicherungen eingibt, dann wird ihr Unterbewusstsein sie aufnehmen, sich daran anpassen und ihnen helfen, die Veränderungen zu akzeptieren.

> *Nicht die stärkste Art überlebt, auch nicht die intelligenteste, sondern diejenige, die sich am besten an Veränderungen anpassen kann.*
>
> Charles Darwin

## Entwickeln Sie die Arbeitsgestaltung im Team

Ein Team besteht aus Mitgliedern mit einer Vielzahl unterschiedlicher Fähigkeiten, die zusammengeführt werden können, um die Ziele des Teams zu erreichen. Es sollte klar sein und im Einklang mit der Gesamtausrichtung des Teams stehen, wer was tut. Alle Mitglieder sollten wissen, wo sie im Gesamtbild stehen und wie sie durch Zusammenarbeit wesentlich mehr erreichen können, als ihnen in Einzelarbeit je möglich wäre.

Bei der Gestaltung der Aufgaben, die das Team durchführen soll, sollte sich der Teamleiter die Fachkenntnisse und die Erfahrung aller Team-Mitglieder zunutze machen. Teamziele werden eher erreicht, wenn sie vom ganzen Team entwickelt werden; nicht anders ist es bei der Gestaltung der Arbeit – also der Prozesse und Methoden zur Umsetzung dieser Ziele.

Die etwas abgewandelte Redewendung »zwei Hirne denken mehr als eins« kann beliebig erweitert werden zu »drei Hirne denken mehr als zwei« und so weiter. Wenn wir die geistige Leistung anderer mit unseren eigenen kombinieren können, dann steigen die Erfolgschancen.

Bei der engen Zusammenarbeit mit Team-Mitgliedern und Spezialisten auf anderen Gebieten als Ihrem eigenen, lernen Sie nicht nur von ihnen (und sie von Ihnen), sondern die Interaktionen in der Gruppe erweitern auch Ihr Denken. Sie schulen Ihre Intelligenz, schärfen Ihren Blick und regen Ihre Kreativität an.

Oft lösen die Ideen eines Menschen neue Ideen bei anderen aus. In Ihrem Gehirn liegt das Potenzial zu unbegrenztem Denken. Ein Großteil Ihrer Geisteskraft liegt tief in Ihrem Unterbewusstsein. Es wartet nur darauf, entdeckt zu werden. Wenn eine Gruppe von Menschen eine Sache bespricht, dann fördert oft das, was ein Team-Mitglied sagt, bei einem anderen Ideen aus dem Unterbewusstsein zutage. Jede Idee kann im Geiste eines anderen einen Samen legen, der zu einer neuen Idee aufkeimt. Wenn jeder seine Gedanken und Vorstellungen äußert, dann nimmt jeder der Teilnehmer diese Ideen in sich auf, formt sie um und passt sie seinem eigenen Denken an. Das gemeinsame Bemühen resultiert dann in einem neuen Denken, das von alleine nicht hätte entstehen können.

## Teamwork steigert den Enthusiasmus

Wenn Menschen an einer Entscheidung teilhaben, dann fühlen sie sich auch ihrem Erfolg verpflichtet. Die Tatsache, dass sie am Prozess der Entscheidungsfindung beteiligt waren, macht sie zu

»Herren« der Entscheidung. Und nichts weckt mehr Enthusiasmus als das Gefühl, Herr einer Sache zu sein. Innerlich sagt man sich dann ständig: »Es ist mein Projekt. Es muss einfach Erfolg haben.«

*Die Mannschaft ist eine auf Zusammenarbeit angelegte Gruppe; das sind nicht nur Leute, die Befehle annehmen und ausführen. Wenn die Mitglieder der Mannschaft bei der Festlegung eines Zieles mitbestimmen können, dann engagieren Sie sich stärker dafür, dass es auch erreicht wird. Wenn eine Mannschaft über die individuelle Leistung hinauswächst und Teamgeist lernt, dann wird sie ganz von selbst Hervorragendes leisten.«*

Joe Paterno

Für die Chefin einer enorm erfolgreichen Reiseagentur hat oberste Priorität, dass sie enthusiastische Teams um sich hat. Dazu achtet sie darauf, dass die Mitglieder innerlich beteiligt bleiben. Nach ihrer Philosophie gehen Menschen zur Arbeit, weil sie an die Menschen um sich herum, an ihre Kollegen glauben und überzeugt sind, dass ihr Unternehmen seinen Kunden etwas Gutes tut.

Sie sorgt auf vielfältige Weise für die innere Beteiligung ihrer Mitarbeiter: Sie verschickt wöchentlich Berichte, in denen sie beschreibt, wie und wo die Reiseagentur die Erwartungen ihrer Kunden übertroffen hat. Sie bittet ihre Angestellten, eine Kollegin oder einen Kollegen zu benennen, die oder der die zentralen Werte des Unternehmens verkörpert. Diese Menschen stellt sie dann mit ihren Aufgabenbereichen vor. Sie ermutigt Team-Mitglieder zum regelmäßigen Gespräch, nicht nur dann, wenn Probleme auftreten. Sie pflegt direkte Beziehungen zu allen ihren Teams durch monatliche informelle Treffen in einer Mittagspause. Die Teilnahme ist freiwillig, steht allen offen, und die Teilnehmenden dürfen sich etwas zu essen mitbringen. Sie steht für ungezwungene, offene Gespräche zur Verfügung. Einmal im Vierteljahr besucht sie alle Büros und spricht dabei offen über die Finanzen des Unternehmens, seine Stellung am Markt und andere Dinge. Das beeindruckt die Team-Mitglieder, die so direkt erfahren, dass ihre Bemühungen Früchte tragen.

## Fördern Sie Ihre Teamkollegen durch mehr Verantwortung

Verantwortung ist ein großartiges Instrument zur Förderung von Fähigkeiten. Wo Verantwortung ist, da ist auch Wachstum. Menschen, denen niemals eine verantwortungsvolle Position übertragen wird, finden nicht zu ihrer wirklichen Stärke. Schließlich wurden sie nie dazu gezwungen, selbstständig zu planen, und konnten somit nie Eigenschaften wie Originalität, Erfindungsreichtum, Eigeninitiative, Selbstständigkeit, Selbstvertrauen, Biss und Durchhaltevermögen entwickeln. Die Kraft, etwas zu schaffen, Verbindungen herzustellen, mit Notfällen fertig zu werden, jene Kraft, die daher kommt, dass man ständig seine Kräfte bündeln muss, um die geeigneten Mittel für ein bestimmtes Ziel zu finden und das Durchhaltevermögen, das einen selbst durch große Krisen trägt, lassen sich nur in Jahren praktischer Übung unter großer Verantwortung entwickeln.

## Zusammenfassung und Essenz

- Das Wesentliche an einem Team ist das gemeinsame Engagement. Ohne dies agieren die Mitglieder eines Teams wieder nur als Einzelne, das gemeinsame Engagement jedoch macht sie zu einer kraftvollen Einheit kollektiver Leistungsfähigkeit.
- Nicht kommandieren – führen! Sie müssen aufhören, wie ein »Boss« zu denken. Bosse treffen Entscheidungen und erteilen Befehle. Teamleiter koordinieren Gruppen von Erwachsenen, die sich allen auftretenden Problemen gemeinsam stellen und Lösungen erarbeiten. Erfolgreiche Teamleiter schaffen ein Klima, in dem die Team-Mitglieder sich aufgerufen fühlen, eigene Problemanalysen, Lösungsvorschläge und Entscheidungsbeiträge einzubringen.
- Veränderung erfordert, die eigene Bequemlichkeit aufzugeben. Aber Fortschritt lässt sich nur dann erzielen, wenn wir es uns unbequem machen. Wir müssen tief in unser Unterbewusstsein eintauchen, alte Gewohnheiten ausfegen und neue Handlungsweisen darin verankern.
- Die Grundlage jeder Beziehung – nicht nur im Beruf – ist Vertrauen. Wenn die Team-Mitglieder dem Teamleiter oder einem oder mehreren Kollegen nicht vertrauen, dann kommt das Team nie in die Gänge.

## Kapitel 13:

# Zeigen Sie aufrichtige Anerkennung

*Jeder möchte geliebt und geschätzt werden. Jeder möchte sich auf der Welt wichtig fühlen können. Machen Sie sich klar, dass Ihre Mitmenschen sich ihres wahren Wertes bewusst sind. Genau wie Sie spüren sie, welche Würde damit verbunden ist, Ausdrucksform des Einen Lebensprinzips zu sein, das alle beseelt. Wenn Sie das bewusst und von Herzen anerkennen, dann bauen Sie diese Menschen auf, die wiederum Ihre Liebe und Ihren guten Willen spiegeln.*

Konfuzius hatte recht, wenn er sagte: »Sittliches Verhalten beginnt beim Einzelnen in seinem Zuhause.« Doch leider erleben wir – im Familienkreis und im Berufsalltag – tagtäglich Beispiele für einen Mangel an Anerkennung, Freundlichkeit und Höflichkeit. Es ist nicht ungewöhnlich, dass man zu hören bekommt: »Was immer ich auch tue, es ist nie genug. Er (oder sie) erkennt es nie an und sagte nie ›Danke‹«.

Somit stellt sich die Frage: Wie oft sagen Sie »Danke. Ich schätze Sie sehr. Sie sind eine Bereicherung für unser Team«? Wenn Sie selbst solche aufmunternden Worte hören möchten, dann loben Sie am besten andere – täglich, bis es Ihnen in Fleisch und Blut übergegangen ist –, und stehen Sie auch hinter dem, was Sie sagen. Die angewandte Goldene Regel in ihrer positiven Form ist tätige Liebe.

Nur allzu oft halten wir es für selbstverständlich, dass unsere Mitarbeiter und Kollegen da sind. Wir gehen davon aus, dass sie wissen, dass wir sie schätzen, und sind dann schockiert, wenn sie kündigen und zu einer anderen Arbeitsstelle wechseln.

Als Tony E. seine Stelle bei einer Hausverwaltung kündigte, wurde er in seinem Abschlussgespräch gefragt, was ihm in der Firma am besten und was am wenigsten gefallen habe. Tony erwiderte, dass das Gehalt zwar angemessen und andere Vergünstigungen vorteilhaft für ihn gewesen seien, er aber nie das Gefühl gehabt habe, Teil des Unternehmens zu sein. »Ich hatte immer den Eindruck, ich gelte nicht mehr als ein Rädchen im Getriebe«, sagte er. »In den neun Monaten, die ich in der Abteilung gearbeitet habe, habe ich mehrere Vorschläge gemacht, ich habe angeboten, weitere Projekte zu übernehmen und bei einem Teil meiner Aufgaben kreative Ansätze eingebracht. Aber mein Chef hat einfach nicht erkannt, was ich für die Firma hätte leisten können.«

Hätte das Unternehmen Tonys Leistungen anerkannt, indem seine Vorschläge besprochen und er für seine Arbeit gelobt worden wäre, dann hätten sie einen sehr wertvollen Mitarbeiter in ihrem Team halten können.

*Oft sind wir so sehr auf unser Ziel fixiert, dass wir die Reise dorthin und insbesondere die Güte der Menschen, denen wir unterwegs begegnen, gar nicht mehr schätzen können. Wertschätzung ist ein wunderbares Gefühl. Übersehen Sie es nicht.*

## Anerkennung zu zeigen ist wichtig

Der große amerikanische Psychologe William James sagte: Das grundlegendste Bedürfnis des Menschen sei das Verlangen nach Anerkennung. Im Alltag nehmen wir so vieles als selbstverständlich hin, dass wir oft vergessen, all denen, die unsere Erfolge erst möglich und unser Leben schöner machen, unsere Anerkennung auszusprechen.

Wir neigen dazu, eher nach etwas zu suchen, das wir kritisieren müssen, statt nach etwas, das wir loben können. Doch Anerkennung zu zeigen, macht nicht nur die Beziehungen am Arbeitsplatz wesentlich angenehmer, es erleichtert auch die Zusammenarbeit im Team und erhöht die Bereitschaft der einzelnen Mitglieder, sich von Ihrer Denkweise überzeugen zu lassen, falls das einmal notwendig werden sollte.

Machen Sie es sich zu einem wichtigen Anliegen, mit all diesen Menschen zumindest freundliche, am besten sogar warmherzige und enge Beziehungen zu pflegen. Eine Möglichkeit, dies zu erreichen, besteht darin, Ihnen für alles, was sie zu Ihrer Unterstützung tun, Ihre Anerkennung zu zeigen.

Viele Geschäftsleute sind der Meinung, eine Gehaltserhöhung oder eine Gratifikation seien bereits genug Anerkennung für gute Arbeit. Natürlich erwarten Ihre Mitarbeiter eine greifbare Belohnung für gute Arbeit, aber Geld alleine ist nicht genug.

Ein Geschäftsmann in Maryland berichtete, dass er mehr tat. Einer seiner Mitarbeiter hatte über einen langen Zeitraum mehr geleistet als andere. Er hatte bei seiner Arbeit weit mehr als nur seine Pflicht getan. Seine Gratifikation war höher ausgefallen als die der anderen, aber Geld war kein angemessener Ausdruck für das, was der Chef empfand. Deshalb schrieb er ihm einen persönlichen Dankesbrief und legte ihm den Scheck mit der Gratifikation bei. Darin dankte er seinem Mitarbeiter und ließ ihn wissen, wie viel er der Firma bedeutete. Später dankte ihm der Mitarbeiter für den Brief. Er sagte, er habe vor Freude geweint, er schätze diesen Brief sehr und würde ihn für alle Zeiten aufbewahren.

> *Wenn ich jemanden kritisiere, dann tue ich das mündlich;*
> *wenn ich jemanden lobe, dann mache ich das schriftlich.*
> Lee Iacocca

Während des Einkaufsrummels vor Thanksgiving fielen mehreren Büroangestellten des Lebensmittelmarkts Stew Leonard's in Norwalk, Connecticut, die schier endlos langen Schlangen an den Kassen auf. Ohne extra eine Anweisung von der Verwaltung abzuwarten, verließen sie daraufhin ihren Schreibtisch und halfen an den Kassen beim Einpacken. So wurden die Schlangen rasch kürzer.

Stew, der Besitzer des Marktes, wollte den Angestellten, die geholfen hatten, etwas Besonderes zukommen lassen. Nach dem Feiertag kaufte er für jeden ein hochwertiges T-Shirt mit der eingestickten Aufschrift »Stew Leonard ABCD Award«. ABCD bedeutete »Above and Beyond the Call of Duty (weit über ihre Pflicht hinaus engagiert). Dadurch dass er Mitarbeitern, die sich weit über ihre Aufgabe hinaus engagierten, besondere Anerkennung zollte, lobte er sie nicht nur, sondern ließ alle – die Angestellten, ihre Kollegen und ihre Vorgesetzten – wissen, dass er den besonderen Einsatz schätzte.

## Warum zeigen manche Menschen keine Anerkennung?

Viele Menschen nehmen an, dass das Wort »Danke« bereits genügend Anerkennung ausdrückt. Manche erachten noch nicht einmal das für notwendig, denn der andere »macht ja bloß seinen Job«. Einige wenige zeigen keine Anerkennung, weil sie es für ein Zeichen von Schwäche halten oder dadurch an eigene Unzulänglichkeiten erinnert werden. Solche Menschen denken dann vielleicht unbewusst: »Wenn ich ihnen sage, dass sie das gut gemacht haben, dann denken sie und andere, dass ich mich ihnen unterlegen fühle.« Aber eine solche Schlussfolgerung ist vollkommen grundlos. Man kann immer wieder erleben, dass es erfolgreichen Menschen nicht schwerfällt, denjenigen zu danken, die ihnen geholfen haben. Tatsächlich verstärkt das sogar noch das Bild ihrer Stärke und erzeugt bei ihren Anhängern ein höheres Maß an Loyalität.

Wer Anerkennung aussprechen will, der muss dabei nicht überschwänglich sein. Aufrichtige Worte, wie sehr Sie die geleistete Arbeit oder die erbrachten Dienste schätzen oder wie stolz Sie darauf sind, dass etwas Bestimmtes erreicht wurde, genügen. Ehrliche Wertschätzung wird niemandem zu viel. Wenn Sie jedoch annehmen, Sie hätten Ihre Wertschätzung auch ohne Worte bereits gezeigt, dann bringen Sie Ihr Gegenüber um ein verdientes Lob. Sagen Sie ihm oder ihr, dass und warum Sie schätzen, was er oder sie geleistet hat.

Wenn die Leistung aus einer bestimmten Handlung besteht, dann zeigen Sie Ihre Wertschätzung so bald wie möglich nach Abschluss der Handlung. Wie die Glasur den Kuchen versüßt Ihre Anerkennung die Freude über das Erreichte.

## Anerkennung muss aufrichtig sein

Wenn man möchte, dass das, was man sagt, aufrichtig wirkt, dann muss man es selbst wirklich glauben und empfinden. Unaufrichtigkeit lässt sich nicht hinter einer geschickten Wortwahl verbergen. Ihre Stimme, Ihre Augen und Ihre Körpersprache spiegeln Ihr wahres Empfinden. Es gibt keinen Grund, warum man Anerkennung vortäuschen sollte. Es gibt doch so vieles, was wir schätzen, und so viele Menschen um uns, die unseren aufrichtig empfundenen Dank verdienen.

Wir sollten dankende Anerkennung für besondere Anstrengungen unserer Mitarbeiter oder Teamkollegen, für besonderes Mitgefühl von Freunden und Verwandten oder für die besondere Ermutigung durch unsere Kollegen zeigen. Die Erkenntnis, dass wir diesen Menschen so viel verdanken, sollte den Brunnen tiefer Dankbarkeit in unserem Herzen sprudeln lassen. Lassen Sie Ihre Dankbarkeit fließen. Halten Sie sie nicht zurück, sobald sie Ihren Mund erreicht. Lassen Sie sie in die Ohren derjenigen strömen, die sie verdient haben. Damit machen Sie ihnen und sich selbst das Leben an jedem Tag ein wenig schöner.

Ein selbstherrlicher Chef kritisiert ständig, verwirft alles, jammert herum und vergisst schlechte Leistungen nie. Gute Leistungen nimmt er jedoch für selbstverständlich. Heute wissen Manager, dass die positive Verstärkung der guten Leistung ihrer Mitarbeiter die Moral verbessert und die Produktivität steigert und reiten daher weniger auf ihren Fehlern und Unzulänglichkeiten herum.

Wenn Menschen ständig Kritik zu hören bekommen, dann fühlen sie sich allmählich dumm und unterlegen und entwickeln einen entsprechenden Groll. Wenn eine Leistung nicht zufriedenstellend war, dann sollten wir uns darum bemühen, das fehlerhafte Verhalten zu korrigieren und nicht den ganzen Menschen abzukanzeln.

Der berühmte Psychologe Burrhus F. Skinner stellte fest, dass Kritik schlechtes Verhalten oft verstärkt, da die Betroffenen nur dann Aufmerksamkeit erhalten, wenn sie kritisiert werden. Er empfiehlt daher, die Reaktion auf schlechtes Verhalten zu verringern, die auf gutes Verhalten hingegen zu verstärken.

Statt also einen Mitarbeiter wegen eines Fehlers zusammenzustauchen, sollten Sie dem Betroffenen in ruhigem Ton sagen: »Sie machen Fortschritte bei der Arbeit, aber es gibt noch viel zu tun. Lassen Sie mich Ihnen zeigen, wie Sie es besser machen können.« Wenn sich der Arbeitsablauf daraufhin verbessert, dann loben Sie das ausdrücklich und eingehend. So werden dem Unterbewusstsein positive statt negative Gedanken eingegeben.

Manche Vorgesetzte befürchten, Lob könnte ihnen als Weichherzigkeit ausgelegt werden. »Wir wollen unsere Mitarbeiter ja nicht verhätscheln.« Aber Lob ist nicht mit Weichherzigkeit gleichzusetzen – es ist vielmehr ein positiver Ansatz, der gute Leistungen verstärkt. Wenn Sie Ihre Mitarbeiter nicht mehr als Untergebene betrachten, sondern als Partner, die alle mit Ihnen auf dasselbe Ziel hinarbeiten, dann wird Ihnen angemessenes Loben in Fleisch und Blut übergehen.

## Loben Sie nicht wahllos

Lob lässt Menschen aufblühen. Doch obwohl wir alle Lob brauchen, damit wir uns gut fühlen, kann man doch nicht wahllos loben. Lob sollte Leistungen vorbehalten sein, die besondere Anerkennung verdienen. Was also macht man mit Menschen, die nie etwas besonders Lobenswertes tun?

Vor genau dieser Situation stand Maria C. bei ihren Schreibkräften. Einige hatten die Einstellung, es sei vollauf genug, wenn sie ihre Quoten erfüllten. Lob für erfüllte Quoten bestärkte sie nur noch in ihrer Auffassung, dass nichts weiter von ihnen erwartet würde. Auf Kritik, dass sie nie mehr leisteten, als ihre Quote vorgab, erwiderten sie, sie täten schließlich ihre Arbeit.

Maria beschloss, positive Verstärkung zu geben. Sie wies einer Kraft eine besondere Aufgabe zu, für die keine Quote festgelegt worden war. Als sie fertig war, lobte Maria die gute Arbeit der Mitarbeiterin. So machte sie es fortan bei allen neuen Aufgaben, und schon bald hatte sie Anlass, alle Schreibkräfte aufrichtig zu loben.

*Wenn Sie Ihren Blick auf das Positive konzentrieren – wenn Sie die guten Leistungen der Menschen beachten und wertschätzen – dann verstärken Sie ihren Wunsch, das Richtige zu tun.*

Manchmal neigen wir dazu, eher Kritikwürdiges als Lobenswertes zu suchen, weil wir erwarten, dass unsere Mitarbeiter gute Arbeit leisten, konzentrieren wir uns darauf, Bereiche, in denen sie Schwächen zeigen, zu verbessern.

Douglas P., Regionalleiter einer kalifornischen Supermarktkette, stattete den acht Supermärkten, die ihm unterstanden, regelmäßige Besuche ab. Er berichtete, dass er beim Betreten eines Ladens nach Problemen Ausschau halte. Er kritisierte die Filialleiter wegen unschöner Warenauslagen, langer Schlangen an den Kassen und wegen allem, was ihm sonst noch auffiel.

»Das ist meine Aufgabe«, sagte er. »Ich muss dafür sorgen, dass alles seine Richtigkeit hat.«

Wie Sie sich schon denken können, waren seine Ladenbesuche bei allen gefürchtet. Douglas' Chef stimmte ihm zu, wie wichtig es sei, dass er auf die Dinge hinwies, die nicht in Ordnung waren, aber er wünschte sich auch, dass er die Filialleiter loben sollte, wenn sie die Umsatzerwartungen übertroffen und die Kosten gering gehalten hatten. Sein Chef schlug vor, dass Douglas gezielt Erfolge suchen und seine Anerkennung dafür aussprechen sollte. Er ermunterte ihn auch zu Verbesserungsvorschlägen, aber die sollten nicht im Mittelpunkt seiner Besuche stehen.

Auch wenn es ihm nicht leichtfiel, so befolgte Douglas doch den Rat seines Chefs. Innerhalb weniger Monate freuten sich die Filialleiter auf seine Besuche. Sie teilten ihm ihre neuen Ideen mit und suchten seinen Rat in Fragen, die ihren Laden betrafen. Auch die Angestellten in der Verwaltung und in den Läden hatten bald ihre Angst vor dem »Big Boss« überwunden und nahmen seine Anmerkungen und Vorschläge bereitwillig auf.

*Eine der sichersten Methoden, Freunde zu gewinnen und die Meinung anderer zu beeinflussen, besteht darin, ihre Meinung zu achten und ihnen das Gefühl zu geben, dass sie wichtig sind.*

Dale Carnegie

## Fünf Tipps für effektives Lob

So wichtig Lob ist, um Menschen zu motivieren, es funktioniert nicht immer. Manche Vorgesetzten loben jede Kleinigkeit und mindern damit den Wert des Lobs für echte Leistungen. Andere sprechen ihr Lob so aus, dass es unecht wirkt. Im Folgenden finden Sie ein paar Vorschläge, wie Sie Ihrem Lob die richtige Bedeutung geben können:

1. Übertreiben Sie es nicht. Lob ist süß. Doch auch Bonbons sind süß, aber je mehr man isst, desto weniger süß kommt einem jedes einzelne vor – und am Ende hat man Bauchweh. Zu häufiges Loben mindert den Effekt des einzelnen Lobs. Wenn es übertrieben wird, verliert es seinen Wert.
2. Seien Sie ehrlich. Ehrlichkeit kann man nicht vortäuschen. Sie müssen wirklich überzeugt sein, dass das, wofür Sie Ihren Mitarbeiter loben, auch lobenswert ist. Wenn Sie es selbst nicht glauben, dann glaubt es auch Ihr Mitarbeiter nicht.
3. Benennen Sie exakt den Grund Ihres Lobs. Sagen Sie nicht: »Gute Arbeit!«, sondern: »Der Bericht, den Sie in der Sache XY vorgelegt haben, hat mir die Komplexität der Sache viel deutlicher gemacht.«
4. Bitten Sie Ihre Mitarbeiter um Rat. Nichts ist schmeichelhafter als die Bitte um Rat, wie in einer bestimmten Situation zu verfahren sei. Dieser Schuss kann allerdings auch nach hinten losgehen, wenn Sie den Rat dann nicht annehmen. Wenn Sie einen Rat ablehnen müssen, dann stellen Sie Fragen, bis der Betreffende seinen Fehler selbst erkennen kann und besseren Rat erteilt.
5. Machen Sie das Lob öffentlich. So, wie Tadel stets unter vier Augen ausgesprochen werden sollte, so sollte Lob möglichst immer öffentlich erteilt werden. Manchmal betrifft das Lob eine vertrauliche Angelegenheit, oft ist es aber angebracht, alle Ihre Mitarbeiter von dem Lob wissen zu lassen. Wenn andere von dem Lob wissen, das Sie einem ihrer Kollegen erteilt haben, dann spornt sie das an, auf eine ähnliche Anerkennung hinzuarbeiten.

## Leistungsträger dürfen groß herausgestellt werden

In manchen Fällen sollte Lob für bedeutende Leistungen öffentlich gemacht werden, zum Beispiel bei Besprechungen oder Firmenveranstaltungen.

Eine große Kosmetikfirma beispielsweise zollt Mitarbeiterinnen mit herausragenden Leistungen besondere Anerkennung. Die Gewinnerinnen erhalten Preise und Plaketten und werden darüber hinaus bei Firmenversammlungen gefeiert und in der Firmenzeitschrift genannt. Eine Betriebsversammlung bei dieser Firma ähnelt einer Siegesfeier: Die Gewinnerinnen werden auf die Bühne gebeten und dort werden ihnen unter dem Applaus des Publikums ihre Preise überreicht. Die Preisgewinnerinnen berichten, dass die Anerkennung durch die Geschäftsleitung und der Applaus ihrer Kolleginnen ihnen genauso viel Wert ist wie der Preis selbst. Diese Preise können je nach Unternehmen alles sein, von kostengünstigen Plaketten über kleine Geschenke bis zu Geldzuwendungen, Luxusgütern oder exotischen Reisen. Der höchste und begehrteste Preis ist ein rosafarbener Cadillac, den die besten Leistungsträgerinnen bei den Preisverleihungsfesten des Unternehmens erhalten. Dafür müssen die Verkäuferinnen eine Reihe von Kriterien erfüllen und sich einigen Herausforderungen gewachsen zeigen. Es ist nicht leicht, ihn zu erhalten, aber jedes Jahr schaffen es mehr Mitarbeiterinnen. Für jede Gewinnerin least das Unternehmen den Wagen ein Jahr lang. Wenn sie den Wagen behalten oder sogar das nächsthöhere Modell bekommen möchte, dann muss die Repräsentantin weiterhin die entsprechenden Kriterien erfüllen. Was für ein Ansporn, auch weiter gute Arbeit zu leisten! Nur relativ wenige Gewinnerinnen müssen ihr Auto wieder abgeben.

Sie müssen natürlich nicht so große Geschenke machen. Oftmals genügt auch eine kleine Geste der Aufmerksamkeit, um Lob und Anerkennung zu zeigen.

Aber wenn Sie Ihren Mitarbeitern einen Preis überreichen möchten, ganz egal ob klein oder groß, dann scheuen Sie nicht die paar Euro mehr für eine Urkunde oder Plakette. Ihre Mitarbeiter hängen diese Erinnerungsstücke gerne an ihrem Arbeitsplatz oder zu Hause auf. Geld wird ausgegeben, Waren verbrauchen sich, Reisen verblassen in der Erinnerung, aber eine Urkunde oder eine Plakette rufen die Anerkennung dauerhaft ins Gedächtnis.

## Kennen Sie die Erfolgsakte?

Hillary M., Verkaufsleiterin eines großen Immobilienmaklers in Florida, verschickt regelmäßig Anerkennungsbriefe an Mitarbeiter im Verkauf, die etwas Besonderes geleistet haben, etwa ein schwer verkäufliches Objekt verkauft, die Alleinvertretungsrechte an einem profitablen Gebäude erworben oder auf kreative Weise einen Verkaufserfolg zustande gebracht haben.

Wenn Hillary einem Mitarbeiter im Verkauf zum ersten Mal einen solchen Brief schickt, dann legt sie ihm einen Ordner mit der Aufschrift »Erfolgsakte« bei. Dazu erteilt sie folgenden Rat: »Legen Sie den beigefügten Brief in diesem Ordner ab. Und fügen Sie nach und nach alle anderen Belobigungsschreiben hinzu, die Sie von mir, von anderen Managern, von Kunden oder anderen Menschen erhalten. Im Laufe der Zeit werden Sie vielleicht auch einmal Fehlschläge oder Enttäuschungen erleben. Womöglich sind Sie dann überhaupt nicht mehr mit sich zufrieden. Wenn das passiert, dann lesen Sie diese Briefe noch einmal. Sie sind der Beweis dafür, dass Sie ein erfolgreicher Mensch sind, dass Sie große Fähigkeiten haben, dass Sie etwas Besonderes sind. Sie haben es schon einmal geschafft. Sie werden es wieder schaffen!«

Die Empfänger berichten Hillary immer wieder, dass das erneute Lesen der Briefe ihnen hilft, sinkende Verkaufszahlen, depressive Phasen und eine allgemeine Unzufriedenheit zu überwinden, wenn es nicht gut läuft. Es programmiert ihre Psyche um, weil es ihre Selbstachtung stärkt und sie sich dann Herausforderungen mit neuer Kraft und Zuversicht stellen können.

## Fördern Sie die Anerkennung unter den Kollegen

Ein weiterer erfolgreicher Ansatz zur Steigerung der Motivation ist die Anerkennung unter Kollegen. So ermuntern bestimmte Unternehmen zum Beispiel ihre Mitarbeiterinnen und Mitarbeiter ausdrücklich, Kollegen zu loben oder ihnen eine förmliche Anerkennung dafür auszusprechen, dass sie ihnen die Arbeit leichter oder zufriedenstellender gemacht haben. Das kann man unter anderem, wenn man andere Mitarbeiter, mit denen man zusammenarbeitet, als interne Kunden oder interne Lieferanten betrachtet.

Vorgesetzte, Manager und Teamleiter sind nicht die einzigen, die besondere Bemühungen ihrer Mitarbeiterinnen und Mitarbeiter wahrnehmen. Alle Team-Mitglieder und Kollegen bekommen Tag für Tag mit, wie sehr sich die anderen anstrengen. Wenn sie nun die Arbeit ihrer Kollegen offiziell anerkennen können, so werden dadurch nicht nur Leistungen hervorgehoben, die sonst vielleicht im Management unbemerkt geblieben wären, sondern sowohl der Nominierende als auch der Nominierte werden sich als Teil eines Unternehmens empfinden, in dem man sich miteinander verbunden fühlt, lebendige Beziehungen pflegt und sich umeinander kümmert.

Ein Hersteller von Elektronikbauteilen mit Niederlassungen in Brooklyn, New York und Hialeah, Florida, erzielte damit großartige Ergebnisse. In diesem Unternehmen erhielten alle Mitarbeiterinnen und Mitarbeiter Formulare mit der Aufschrift »Sie haben mir den Tag verschönt«. Darauf kann jeder einem Kollegen, Untergebenen oder einem anderen Beschäftigten, der an dem Tag seine besondere Anerkennung gewonnen hat, ein paar Dankesworte schreiben.

Bei einer Merchandising Company in Wilmington, Delaware, erhalten Teamleiter einen Stapel Dankeschön-Karten. Auf der äußeren Klappe steht in schöner Schrift »Dankeschön«, die Innenseite ist leer. Immer, wenn jemand etwas tut, was besondere Anerkennung verdient, dann schreibt der entsprechende Teamleiter ihm eine solche Karte. Darin nennt er die besondere Leistung und gratuliert dem Mitarbeiter oder der Mitarbeiterin dazu. Die Empfänger freuen sich über diese Karten und zeigen sie ihrer Familie und Freunden.

## Zusammenfassung und Essenz

- Ehrliche Wertschätzung wird niemandem zu viel. Wenn Sie jedoch annehmen, Sie hätten Ihre Wertschätzung auch ohne sie auszusprechen bereits gezeigt, dann bringen Sie Ihr Gegenüber um ein verdientes Lob. Sagen Sie ihm oder ihr, dass Sie schätzen, was er oder sie geleistet hat und warum.
- Wenn Menschen ständig Kritik zu hören bekommen, dann fühlen sie sich allmählich dumm und unterlegen und entwickeln einen entsprechenden Groll. Wenn eine Leistung nicht zufriedenstellend war, dann sollten wir uns darum bemühen, das fehlerhafte Verhalten zu korrigieren und nicht den ganzen Menschen abzukanzeln.
- Wenn Menschen ständig kritisiert werden, dann entwickeln sie ein Muster, das bis in ihr Unterbewusstsein dringt. Sie betrachten sich als unzulänglich und das steigert ihre Fehlerquote. Um dies zu vermeiden, sollten Sie Kritik durch Anleitung ersetzen. Statt also einen Mitarbeiter wegen eines Fehlers zusammenzustauchen, sollten Sie dem Betroffenen in ruhigem Ton sagen: »Sie machen Fortschritte bei der Arbeit, aber es gibt noch viel zu tun. Lassen Sie mich Ihnen zeigen, wie Sie es besser machen können.« Wenn sich der Arbeitsablauf daraufhin verbessert, dann loben Sie das ausdrücklich und eingehend.
- Lob ist nicht mit Weichherzigkeit gleichzusetzen – es ist vielmehr ein positiver Ansatz, der gute Leistungen verstärkt. Wenn Sie Ihre Mitarbeiter nicht mehr als Untergebene betrachten, sondern als Partner, die alle mit Ihnen auf dasselbe Ziel hinarbeiten, dann wird Ihnen angemessenes Loben in Fleisch und Blut übergehen.
- Wenn lobenswerte Leistungen öffentlich gemacht und diejenigen, die sie erbracht haben, vor ihren Kollegen und Kolleginnen gelobt werden, dann ermutigt das andere, es ihnen gleichzutun.
- Ein weiterer erfolgreicher Ansatz zur Steigerung der Motivation ist die Anerkennung unter Kollegen. Ermuntern Sie Ihre Mitarbeiterinnen und Mitarbeiter ausdrücklich, Kollegen, die ihnen die Arbeit leichter oder zufriedenstellender gemacht haben, zu loben oder ihnen eine förmliche Anerkennung dafür auszusprechen.

## Kapitel 14:

# Kommunikation muss effektiv sein

*Menschen, die gut reden können, die sich auf die Kunst verstehen, etwas ansprechend auszudrücken, die durch die Kraft ihrer Rede sofort Interesse wecken können, sind gegenüber all jenen enorm im Vorteil, die vielleicht mehr wissen, sich aber nicht leicht und verständlich ausdrücken können.*

Worte, Worte, nichts als Worte. Ja, um etwas zu erreichen, müssen wir mit den Menschen reden, mit denen wir zusammenarbeiten. Ohne Worte, sei es nun mündlich oder schriftlich, lässt sich keine Arbeit tun.

Jedoch nicht nur das, was wir sagen, sondern vor allem wie wir es sagen (oder schreiben) bestimmt, ob unsere Worte zu den gewünschten Taten führen. Wir müssen dafür sorgen, dass die Menschen, mit denen wir kommunizieren, das, was wir sagen, sei es nun eine Anordnung, ein Vorschlag oder eine Idee, nicht nur verstehen, sondern auch akzeptieren.

Heute kann Ihre Kommunikation – was Sie sagen und wie Sie es sagen – über Ihren Erfolg oder Misserfolg entscheiden. Nehmen wir zum Beispiel Ronald Reagan: Viele sagen, seine größte Stärke sei seine Fähigkeit, so effektiv (und so telegen) mit den Wählern zu kommunizieren und sie auf diese Weise davon zu überzeugen ihn zu wählen.

Diese Fähigkeit der erfolgreichsten Profis, führenden Wirtschaftsleute und politischen Persönlichkeiten können Sie auch entwickeln. Sie brauchen dazu lediglich ein Quäntchen Entschlossenheit. Mit einer verbesserten Kommunikationsfähigkeit können Sie Ihrem Chef, Ihren Kollegen, Ihren Kunden,

Ihrem Team und sogar Ihren Freunden und Ihrer Familie Ihre Ideen viel eindrucksvoller präsentieren.

Bei einem Seminar über die Verbesserung von Kommunikationsfähigkeiten lernten die Teilnehmer, dass Worte zu fantastischen Ergebnissen führen können. Sie erhielten den Rat, sich bestimmte Worte auszusuchen, die sie mochten, und sie zweimal am Tag mindestens zehn Minuten lang zu wiederholen. Falls es ihnen lieber wäre, könnten sie auch einfach aufschreiben, was sie erreichen wollten, und dies dann immer wieder einmal im Stillen durchlesen, um ihre Vorstellungen nach und nach an ihr Unterbewusstsein zu übermitteln.

Einer der Teilnehmer, ein Versicherungsvertreter, wiederholte kraftvoll: »Ich ziehe jetzt nur noch solche Männer und Frauen an, die das Interesse und auch das Geld haben, in die Bildung ihrer Kinder und ihre eigene Zukunftsvorsorge zu investieren.« Durch ständige Anwendung dieser Affirmation zog er mehr Interessenten an als je zuvor. Gute Tipps erhält er heute wie aus dem Nichts und er hat auf der Karriereleiter in allen Bereichen enorme Fortschritte gemacht.

## Gute Vorträge brauchen Vorbereitungszeit

Egal, ob Sie vor einer ganzen Gruppe sprechen oder nur ein persönliches Gespräch führen: Sie sollten sich immer bereits im Vorhinein darüber klar werden, was Sie sagen und wie Sie es vorbringen wollen. Manchmal müssen Sie es aus dem Handgelenk schütteln, ohne – oder fast ohne – Vorbereitungszeit, weil eine spontane Situation es erfordert. Doch meistens haben Sie Zeit zur Vorbereitung, wenn auch manchmal nur sehr wenig.

### Kennen Sie Ihr Thema?

Im Beruf sprechen Sie mit anderen meistens über Dinge, in denen Sie sich gut auskennen: über Ihre Arbeit, über Themen aus Ihrem Fachgebiet oder über firmenbezogene Probleme.

Dennoch sollten Sie sich mit den Einzelheiten noch einmal vertraut machen, damit Sie sicher sein können, dass Sie alle verfügbaren Informationen wirklich parat haben und Fragen beantworten können.

Hin und wieder werden Sie vielleicht auch einmal gebeten, über ein Thema zu referieren, in dem Sie sich noch nicht so gut auskennen. Wenn Ihre Firma zum Beispiel eine neue Computer-Software kaufen möchte und Sie gebeten werden, diese zu testen. Solche Aufgaben bewältigen Sie folgendermaßen:

Bringen Sie so viel wie möglich über das Thema in Erfahrung.

- Achten Sie darauf, dass Sie erheblich mehr wissen, als Sie glauben, für die Präsentation wissen zu müssen.
- Machen Sie sich Notizen über das Für und Wider des Kaufs, der Lösung etc.
- Ganz gleich, ob Sie nur einem Menschen berichten (zum Beispiel Ihrem Chef) oder vor einer Gruppe sprechen (Geschäftsleitung, Techniker usw.), seien Sie darauf gefasst, Fragen zu jedem Thema beantworten zu müssen, das in diesem Zusammenhang aufkommen könnte.

**Kennen Sie Ihr Publikum?**

Wenn Sie Ihr Publikum verstehen, dann ist das schon die halbe Miete einer guten Kommunikation. Selbst die begabtesten Redner können nicht effektiv kommunizieren, wenn ihr Publikum sie nicht versteht. Wählen Sie Worte, die für Ihre Zuhörer verständlich sind. Wenn Sie vor einem Fachpublikum sprechen, dann können Sie Fachbegriffe verwenden, die Ihre Zuhörer kennen. Wenn Sie aber vor einem Laienpublikum über ein Fachthema referieren, dann verwenden Sie besser keine Fachbegriffe. Wenn Ihre Zuhörer Ihr Vokabular nicht verstehen, dann geht das, was Sie sagen wollen, völlig unter.

Der Ingenieur Dennis K. wurde gebeten, einer Gruppe von Bankenvertretern ein Konzept zu erklären, das er entwickelt hatte. Er erhoffte sich von ihnen die Finanzierung des Projekts für sein Unternehmen. Er bat seinen Chef um Rat: »Ich kann meine Ideen problemlos anderen Ingenieuren erklären«, sagte er. »Wir sprechen dieselbe Sprache, aber diese Bankleute kommen aus einer anderen Welt. Ich mache mir fürchterliche Sorgen, dass sie mich überhaupt nicht verstehen.«

Sein Chef sagte ihm, es sei seine Aufgabe und nicht die der Bankenvertreter, dafür zu sorgen, dass man versteht, was er sagen will. Er müsse die technischen Fachbegriffe so übersetzen, dass sie auch für Laien verständlich werden. Wenn sich ein Begriff nicht vermeiden lasse, dann müsse er sich die Zeit nehmen, ihn zu erklären – auf jeden Fall beim ersten Mal und vielleicht noch ein weiteres Mal, wenn er merke, dass sein Publikum ihm nicht mehr folgen kann.

Dennis befolgte diesen Rat und sein Chef und seine Kollegen beglückwünschten ihn zu seiner Präsentation. Das Ergebnis war, dass die Banken das Projekt finanzierten.

*Sprechen Sie in angemessener Form und machen Sie dabei so wenig Worte wie möglich, aber sprechen Sie immer verständlich, denn das Ziel des Sprechens ist nicht Prahlerei, sondern verstanden zu werden.*

William Penn

**Achten Sie auf Ihre Körpersprache**

Wir kommunizieren nicht nur mit Worten, sondern auch mit unserem Gesichtsausdruck und unserer Körperhaltung. Gäbe es ein Wörterbuch der Körpersprache, dann könnten wir diese Zeichen ganz leicht interpretieren. Weil aber die Körpersprache nicht in dem Maße standardisiert ist wie die verbale Sprache, kann man ein solches Wörterbuch nicht schreiben.

Unser kultureller oder ethnischer Hintergrund, die Art und Weise, wie unsere Eltern sich nonverbal ausdrückten und andere individuellen Erfahrungen beeinflussen, wie wir unseren Körper einsetzen. Die Körpersprache ist von Mensch zu Mensch unterschiedlich. Bestimmte Gesten – etwa ein Nicken oder ein Lächeln – wirken universell, aber nicht alle Menschen nutzen die Körpersprache auf die gleiche Art und Weise. Im Umgang mit einem bestimmten Menschen können Sie sich nicht darauf verlassen, dass er die Signale aussendet, die Sie erwarten würden.

Ein Beispiel: Sie sprechen und Ihr Zuhörer nickt. Gut, nehmen Sie an, er stimmt Ihnen zu. Aber das muss nicht sein. Manche Menschen nicken einfach nur zum Zeichen, dass sie zuhören. Wenn jemand die Arme verschränkt, während Sie sprechen, dann könnten Sie das vielleicht für ein unbewusstes Anzeichen von Ablehnung halten. Es könnte aber auch einfach sein, dass Ihrem Gegenüber kalt ist. Es besteht immer die Gefahr, dass nonverbale Hinweise missverstanden werden.

Nehmen Sie sich die Zeit, die Körpersprache der Menschen, mit denen Sie arbeiten, zu verstehen. Dann merken Sie vielleicht, was es zu bedeuten hat, wenn John ein ganz bestimmtes Lächeln aufsetzt. Oder vielleicht runzelt Jane die Stirn, wenn sie anderer Meinung ist. Geben Sie sich bewusst Mühe, die individuelle Körpersprache der Menschen um Sie herum zu erkennen und sie sich zu merken.

Kennen Sie auch Ihre eigene Körpersprache? Wie Sie eine Botschaft senden, sehen Sie zum Beispiel, wenn Sie vor einem Spiegel proben. So entdecken Sie vielleicht an Ihren Gesten, Ihrer Mimik oder Ihren Bewegungen etwas, das von Ihrer Botschaft eher ablenkt oder dem, was Sie sagen, sogar widerspricht. Noch effektiver ist es, wenn jemand eine echte Präsentation von Ihnen auf Video aufnimmt. Wenn Sie sich dieses Video sorgfältig ansehen, dann können Sie erkennen, wann Sie einen falschen Eindruck vermitteln, es korrigieren und alle Gesten, die Ihre Worte unterstreichen, noch verstärken.

## Hören Sie anderen wirklich zu?

Nehmen wir einmal an, ein Kollege kommt mit einem Problem zu Ihnen und bittet Sie um Hilfe. Zunächst hören Sie aufmerksam zu, aber ehe Sie sich's versehen, beginnen Ihre Gedanken zu wandern. Statt Ihrem Kollegen zuzuhören, denken Sie an die Arbeit, die sich auf Ihrem Schreibtisch häuft, den Gesprächstermin, den Sie mit dem stellvertretenden Geschäftsführer vereinbart haben oder die Prügelei Ihres Sohnes in der Schule. Sie hören die Worte Ihres Kollegen, aber sie hören nicht wirklich zu.

Passiert Ihnen so etwas? Natürlich tut es das. Es passiert uns allen. Warum? Unser Gehirn kann Gedanken zehnmal schneller verarbeiten als wir sprechen können. Während jemand spricht, eilen Ihre Gedanken vielleicht schon voraus und im Kopf beenden Sie den Satz Ihres Gegenübers bereits lange vor ihm – oft allerdings falsch. Sie »hören«, was Ihr Kopf Ihnen diktiert, nicht was tatsächlich gesagt wird. So sind wir Menschen eben. Aber das ist keine Entschuldigung dafür, nicht zuzuhören.

Nehmen Sie weiter an, Sie schweiften gedanklich ab und hätten nicht gehört, was Ihr Gegenüber sagt. Weil es peinlich ist zuzugeben, dass Sie nicht zugehört haben, tun Sie so, als ob. Sie greifen die letzten paar Worte auf, die Sie gehört haben und machen eine Bemerkung dazu. Wenn die sinnvoll ist, dann haben Sie Glück gehabt. Aber den eigentlichen Inhalt des Gesprächs haben Sie wahrscheinlich nicht mitbekommen.

Wenn Sie nicht zugehört haben, dann brauchen Sie nicht zuzugeben: »Tut mir leid, ich hab vor mich hingeträumt.« Sie können den Faden auch wieder aufnehmen, indem Sie zum Letzten, was Sie gehört haben, eine Frage stellen oder eine Bemerkung machen. So eine Frage könnte in etwa lauten: »Können wir noch einmal auf das und das zurückkommen?« Eine Bemerkung wäre zum Beispiel: »Bitte erklären Sie das noch einmal näher, damit ich weiß, ob ich es verstanden habe.«

## Aktives Zuhören

Natürlich ist es wesentlich besser, seinen Geist so zu schulen, dass er gar nicht erst in Tagträume abgleitet oder sich ablenken lässt.

Agnes Gund war die Präsidentin des Museum of Modern Art, des größten Museums für Moderne Kunst in den USA. In ihre Amtszeit fiel ein großer Umbau, der etwa 800 Millionen US-Dollar kosten sollte. Sie musste mit allen Abteilungen sprechen und dafür sorgen, dass sie damit einverstanden waren, auch wenn sie zunächst ganz anders darüber dachten. Agnes Gund musste die Fähigkeit entwickeln, Menschen dazu zu bringen, dass sie ihre Ansichten nachvollziehen und akzeptieren konnten, dass es nach ihren Vorstellungen am besten klappen konnte.

Sie wusste, dass sie dazu neigte, anderen nicht aufmerksam zuzuhören, und musste außerdem erkennen, dass sie zwar eine Expertin in der Kunst, nicht aber im Bauwesen war. Sie kannte die Macht des Unterbewusstseins und arbeitete deshalb mit ihm daran, dass sie den Baufachleuten gut zuhören und sich darauf konzentrieren konnte, was sie ihr sagten. Das führte zu einem erfolgreichen Abschluss des Projekts mit einem Minimum an Spannungen.

Sie können Ihr Unterbewusstsein nicht nur so programmieren, dass es anderen gegenüber aufgeschlossener wird, sondern auch aktiv etwas für die Verbesserung Ihrer Fähigkeiten als Zuhörer oder Zuhörerin tun. Halten Sie nicht nur die Ohren offen, sondern beachten Sie folgende Richtlinien:

- Schauen Sie Ihren Gesprächspartner aufmerksam an. Durch Augenkontakt zeigen Sie Interesse. Aber übertreiben Sie es nicht. Schauen Sie den ganzen Menschen an und starren Sie ihm nicht nur in die Augen.
- Zeigen Sie auch durch Ihren Gesichtsausdruck Interesse. Lächeln Sie oder zeigen Sie Ihre Betroffenheit, wo es angebracht ist.

- Zeigen Sie durch Nicken oder Gesten, dass Sie dem Gespräch folgen.
- Stellen Sie Fragen zu dem, was Ihr Gegenüber sagt. Geben Sie das Gesagte mit eigenen Worten wieder: »Wenn ich es richtig verstanden habe, dann ist es so …« Oder stellen Sie konkrete Fragen zu bestimmten Punkten. Mit dieser Technik können Sie nicht nur etwas klären, was vielleicht noch unklar ist, sondern Sie bleiben auch wach und aufmerksam.
- Unterbrechen Sie Ihren Gesprächspartner nicht. Eine kurze Pause sollte für Sie nicht das Signal sein, das Gespräch an sich zu reißen. Warten Sie ab.

## Seien Sie mitfühlend

Eine weitere Ursache für schlechte Kommunikation ist fehlendes Mitgefühl. Wir sind häufig zu egoistisch, zu sehr mit unserem eigenen Wohlergehen befasst und in unserer eigenen kleinen Welt gefangen, zu sehr auf unser eigenes Vorwärtskommen bedacht, um uns für andere zu interessieren. Wer kein Mitgefühl hat, der kann kein guter Gesprächspartner sein. Als guter Zuhörer oder guter Redner müssen Sie sich in das Leben Ihres Gegenübers hineinversetzen, es mit ihm oder ihr gemeinsam nachvollziehen können und ihn an seinen Interessensgebieten berühren. Ganz gleich, wie viel Sie über ein bestimmtes Thema wissen, wenn es diejenigen, zu denen Sie sprechen, nicht interessiert, dann ist Ihre Mühe weitgehend vergebens.

## Erleichtern Sie die Kommunikation

Auf der ganzen Welt sind Kunden genervt von automatischen Telefonanlagen, die sie in einer Warteschleife zappeln lassen oder – im schlimmsten Falle – gleich aus der Leitung werfen. In stark umkämpften Märkten geben Unternehmen Millionen für

Werbung aus, aber wenn ein potenzieller Kunde anruft, dann muss er oft lange Wartezeiten in Kauf nehmen, bis ihn jemand bedient. Fachautoren über Arbeit und Wirtschaft sehen solche misslungene Kommunikation zunehmend als Führungsproblem. »Kunden zählen nicht« ist kein wünschenswertes Signal.

Bob Kierlin, Gründer und Vorstandsvorsitzender des führenden amerikanischen Baustoffhändlers Fastenal, geht selbst ans Telefon und vereinbart sofort, noch während des Gesprächs, einen Termin. Er hat kein »Vorzimmer«, keine schroffen Assistenten oder PR-Leute und baute doch ein Unternehmen mit einem enormen Umsatz und vielen Läden auf. Wenn er nach seinem Geheimnis gefragt wird, dann erwähnt er »Kleinigkeiten«, wie manche sagen würden, nämlich Kommunikation und Zugänglichkeit. Aber nicht nur Kierlin kommuniziert, auch seine Mitarbeiter betrachten Kundenservice als oberstes Gebot.

## So können Sie Vorschläge ablehnen, ohne jemanden zu verstimmen

Gute Führungskräfte ermuntern die Menschen, mit denen sie arbeiten oder Umgang haben, ihre Ideen und andere Vorschläge vorzubringen. Oft sind sie wertvoll und konstruktiv – aber nicht immer. Wir müssen lernen, schlechte Vorschläge diplomatisch abzulehnen, ohne jemanden zu verstimmen.

Viele Menschen reagieren sehr empfindlich, wenn ihre Ideen abgelehnt werden. Oft haben sie darüber intensiv nachgedacht und sind sehr stolz darauf. Wenn ihre Vorschläge dann abgelehnt werden, verstehen sie das als persönliche Beleidigung. Sie denken womöglich: »Die Firma will Vorschläge haben und wenn ich dann einen mache, dann schmettern sie ihn einfach so ab. Die meinen es überhaupt nicht ernst mit der Einbeziehung der Mitarbeiter. Es hat gar keinen Sinn, dass ich je wieder einen Vorschlag einreiche.« Natürlich können Sie einen schlechten Vorschlag nicht annehmen. Aber Sie müssen ihn so ablehnen, dass daraus keine Missstimmung entsteht. Hier folgen ein paar Ideen, wie Sie Vorschläge, die Sie für unbefriedigend halten, auf positive Weise ablehnen können:

- *Tun Sie's unter vier Augen.*
  Lehnen Sie einen Vorschlag nie ab, wenn andere dabei sind. Derjenige, der den Vorschlag gemacht hat, verliert sonst vor seinen Kollegen das Gesicht. Das ist sehr peinlich. Danken Sie ihm für den Vorschlag und sagen Sie, dass Sie später darauf zurückkommen werden. Selbst wenn der Vorschlag nicht praktikabel erscheint, sollten Sie sich damit beschäftigen. Sie könnten sich ja täuschen. Und geben Sie dem Betroffenen dann schnellstmöglich Bescheid.
- *Geben Sie die Gründe an und hören Sie zu, was der andere dazu zu sagen hat.*
  Wenn Sie einen Vorschlag erhalten, der offensichtlich fehlerhaft ist, dann würde eine herkömmliche Reaktion in etwa lauten (vorausgesetzt es stimmt): »Das haben wir schon einmal probiert und es hat nichts gebracht.« Etwas besser können Sie das folgendermaßen ausdrücken: »So etwas Ähnliches haben wir vor zwei Jahren schon einmal probiert und damals traten Probleme auf.«
  Achten Sie auf den Unterschied in der Wortwahl. Die erste Bemerkung: »Es hat nichts gebracht«, ist endgültig. Sie lässt dem anderen keine Möglichkeit zur Erwiderung. Die zweite Formulierung: »Damals traten Probleme auf«, lässt diese Möglichkeit offen. Die wahrscheinlichste Erwiderung darauf lautet: »Welche Probleme waren das?« Wenn der Mitarbeiter nun erfährt, welches die Probleme waren, dann sagt er vielleicht: »Oh, daran habe ich gar nicht gedacht. Ich glaube, ich sollte mir da noch einmal etwas überlegen.« Statt künftige Ideen zu unterdrücken, haben wir ihn nun ermutigt, weiter darüber nachzudenken. Oder vielleicht hat er ja sogar eine gute Idee: »Daran habe ich schon gedacht und auch eine Lösung gefunden.« Zu den Vorteilen der Zu-

sammenarbeit gehört, dass Sie akzeptieren, dass Sie nicht alles wissen und dass andere in einer Situation vielleicht etwas erkennen, was Sie übersehen haben.

- *Das sokratische Gespräch*
  Sokrates sagte seinen Schülern nie, dass sie unrecht hatten. Wenn einer seiner Schüler eine falsche Antwort gab, dann stellte Sokrates eine weitere Frage. Durch sorgfältiges Formulieren seiner Fragen ermunterte dieser große Lehrer seine Schüler, das Problem gründlich zu durchdenken und durch diesen Denkprozess selbst die richtige Lösung zu finden.
  Das nennt man auch heute noch das Sokratische Gespräch. Durch sorgfältig formulierte Fragen können Sie denjenigen, der den Vorschlag gemacht hat, dahin führen, dass er seine Idee noch einmal überdenkt, neu beurteilt und einen besseren Vorschlag macht. So müssen Sie nie einen Vorschlag ablehnen. Durch gute Fragen wird der Mitarbeiter seine unbrauchbare Idee selbst ablehnen und sie durch eine bessere ersetzen. Es entsteht keine Verstimmung, und die Methode ermuntert ihn außerdem dazu, eigene Ideen zu entwickeln.

## So können Sie Unangenehmes sagen, ohne unangenehm zu werden

Manche Menschen sind sehr empfindlich. Sie können Kritik kaum akzeptieren und reagieren beinahe aggressiv, wenn man ihre Ideen ablehnt. Nehmen wir einmal an, eine Ihrer Mitarbeiterinnen hat in tagelanger Arbeit ein neues Programm entwickelt und es Ihnen vorgelegt. Dafür erwartet sie nun nicht nur Anerkennung, sondern ausdrückliches Lob. Sie hingegen finden, dass zwar viel Gutes daran ist, es aber auch mehrere Dinge gibt, die noch deutlich verbesserungsbedürftig sind.

Wie können Sie das dieser sensiblen Person verständlich machen, ohne dass sie wütend wird, verstimmt ist und womöglich tagelang schmollt?

Weisen Sie nicht als Erstes auf all die Bereiche hin, mit denen Sie nicht einverstanden sind, sondern gratulieren Sie ihr zu den guten Punkten. Bringen Sie dann zum Rest nicht Einwände vor, sondern stellen Sie zu jedem einzelnen Punkt konkrete Fragen. Darauf gibt es nun drei mögliche Antworten.

Die erste: »Oh, daran habe ich gar nicht gedacht. Ich glaube, ich schaue mir das noch einmal an und mache einen besseren Vorschlag.« Auf diese Weise ermuntern Sie sie, nachzuarbeiten, was an dem Programm noch verbessert werden muss.

Die zweite: »Oh, daran habe ich gar nicht gedacht. Was soll ich jetzt machen?« Diese Antwort zeigt, dass sie einsieht, dass das Konzept noch nicht stimmt. Doch statt dass sie versucht, es selbst zu lösen, gibt sie das Problem an Sie zurück. Jetzt ist die Versuchung groß, ihr zu sagen, was sie tun soll – und in einer Krisensituation müssen Sie das auch, damit die Arbeit rechtzeitig fertiggestellt wird. Am besten ermuntern Sie ihre Mitarbeiterin jedoch dazu, ihre Probleme selbst zu lösen. Ihre Antwort sollte lauten: »Denken Sie einfach noch einmal darüber nach und wir unterhalten uns dann Ende der Woche noch einmal darüber.«

Die dritte: Sie beantwortet Ihre Fragen und Sie erkennen, dass sie recht hatte und Ihr Einwand nicht greift. Danken Sie ihr in diesem Fall, dass sie die Sache geklärt hat, und gehen Sie zur nächsten Frage über.

Indem wir Fragen stellen statt zu kritisieren, können wir unsere Mitarbeiter zu Höchstleistungen motivieren, ohne sie zu verstimmen. Sie verwerfen ihre schlechten Ideen dann selbst und fühlen sich ermuntert, bessere zu entwickeln. Das schärft die kreativen Fähigkeiten Ihrer Mitarbeiterinnen und Mitarbeiter und Sie erhalten zugleich mehr kreative Ideen, die die Effektivität Ihrer Abteilung steigern.

## Kommunikation ist keine Einbahnstraße

Wir senden nicht nur Botschaften aus, sondern empfangen auch ständig welche. Wir müssen lernen, andere dazu zu ermuntern, uns ihre Ideen mitzuteilen und – was noch wichtiger ist: Wir müssen lernen, wirklich zuzuhören, was man uns sagt. Für eine effektive Kommunikation müssen kontinuierliche Rückmeldungen zwischen den Gesprächspartnern hin und her gehen. Wer die Botschaft aussendet, muss immer darauf achten, dass sie auch verstanden wird und bei den Empfängern »ankommt«. Dazu muss er oder sie Fragen stellen, das Beobachtbare beobachten, mögliche Missverständnisse beheben und sich versichern, dass sie nun wirklich ausgeräumt sind. Er oder sie muss die Akzeptanz der Empfänger suchen, damit eine echte Bereitschaft entsteht, das Gewünschte auch zu tun.

Wenn Sie diesen Grundsätzen guter Kommunikation folgen, dann kommen nicht nur Ihre Botschaften besser an, sondern die Arbeiten werden auch rechtzeitig erledigt.

*Die Manager, die klug mit ihrer Zeit umgehen, verbringen mehr Stunden mit der Kommunikation nach oben als nach unten. Sie sprechen mit ihren Untergebenen nicht über ihre Probleme, wissen aber, wie sie sie dazu bringen, über die ihren zu sprechen.*

Peter Drucker

## Zusammenfassung und Essenz

Wer gut kommunizieren kann, hat sein Unterbewusstsein so geschult, dass es ihm die Kraft und die Fähigkeit gibt, anderen seine Ideen, Wünsche und wichtigsten Anliegen verständlich zu machen. Dies führt dazu, dass ihm gelingt, was er sich vornimmt.

- Wenn Sie Ihr Publikum verstehen, dann ist das schon die halbe Miete einer guten Kommunikation. Selbst die begabtesten Redner können nicht effektiv kommunizieren, wenn ihr Publikum sie nicht versteht. Wählen Sie Worte, die für Ihre Zuhörer verständlich sind. Wenn Sie vor einem Fachpublikum sprechen, dann können Sie Fachbegriffe verwenden, die Ihre Zuhörer kennen. Wenn Sie aber vor einem Laienpublikum über ein Fachthema referieren, dann verwenden Sie besser keine Fachbegriffe. Wenn Ihre Zuhörer Ihr Vokabular nicht verstehen, dann geht das, was Sie sagen wollen, völlig unter.
- Die Körpersprache ist von Mensch zu Mensch unterschiedlich. Im Umgang mit einem bestimmten Menschen können Sie sich nicht darauf verlassen, dass er die Signale aussendet, die Sie erwarten. Nehmen Sie sich Zeit, die Körpersprache der Menschen, mit denen Sie arbeiten, zu verstehen.
- Hören Sie aktiv zu. Halten Sie nicht nur die Ohren offen, sondern beachten Sie folgende Richtlinien:
  1. Schauen Sie Ihren Gesprächspartner aufmerksam an.
  2. Zeigen Sie auch durch Ihren Gesichtsausdruck Interesse. Zeigen Sie durch Nicken oder Gesten, dass Sie dem Gespräch folgen.
  3. Stellen Sie Fragen zu dem, was Ihr Gegenüber sagt.
  4. Unterbrechen Sie Ihren Gesprächspartner nicht.
  5. Seien Sie mitfühlend. Als guter Zuhörer oder guter Redner müssen Sie sich in das Leben Ihres Gegenübers hineinversetzen und es mit ihm oder ihr gemeinsam nachvollziehen können.
  6. Wer gut kommunizieren kann, lässt seine Zuhörer nahe an sich heran. Solche Menschen öffnen ihr Herz weit und zeigen ein aufgeschlossenes, großzügiges, freies Wesen. Sie gewähren freien Einblick in ihren Charakter und öffnen ihren Zuhörern den Zugang zu ihrem Innersten.

7. Wenn Sie Vorschläge anderer ablehnen müssen, dann kritisieren oder verurteilen Sie sie nicht, sondern nutzen Sie das sokratische Gespräch. Stellen Sie gezielt Fragen, und die Betroffenen werden ihre Fehler selbst erkennen.
8. Für eine effektive Kommunikation sind kontinuierliche Rückmeldungen zwischen den Gesprächspartnern unerlässlich. Wer eine Botschaft aussendet, muss immer darauf achten, dass sie auch verstanden wird und bei den Empfängern »ankommt«.

## Kapitel 15:

# Der Umgang mit schwierigen Menschen

*Ihr Unterbewusstsein ist ein Aufnahmegerät, das wiedergibt, wie Sie üblicherweise denken. Denken Sie gut über andere, dann denken Sie auch gut über sich selbst.*

Es gibt kein zwischenmenschliches Problem, das sich nicht harmonisch und zum Wohle aller lösen ließe. Wenn Sie sagen, dass mit Ihrem Kollegen oder Ihrer Kollegin im Büro nur sehr schwer auszukommen ist, dass er oder sie streitsüchtig, gemein, widerspenstig und schwierig ist, ist Ihnen dann klar, dass dies aller Wahrscheinlichkeit nach Ihr eigenes Inneres widerspiegelt? Bedenken Sie, dass Ähnliches oft Ähnliches anzieht. Wäre es möglich, dass die launische, bockige, überkritische Haltung Ihres Kollegen eine Reflexion Ihrer eigenen Enttäuschung und unterdrückten Wut ist? Was dieser Mensch tut oder sagt, kann Sie nur dann wirklich treffen, wenn Sie zulassen, dass er Sie aus der Ruhe bringt. Ihre Kollegin oder Ihr Kollege kann Sie einzig und allein durch Ihr eigenes Denken ärgern.

Das liegt daran, dass Sie in Ihrer Gedankenwelt der einzige sind, der denkt. Sie – und niemand anderes sind dafür verantwortlich, wie Sie über andere denken. Wenn Sie also zum Beispiel wütend werden, dann durchlaufen Sie in Gedanken die folgenden Schritte:

Zuerst denken Sie darüber nach, was der andere gesagt hat. Dann beschließen Sie, wütend zu werden, und erzeugen die Wut. Danach beschließen Sie zu handeln: Sie geben dem anderen eine Antwort, in der Sie es ihm mit gleicher Münze zurückzahlen.

Zu einem Streit gehören immer zwei. Sie sehen: Denken, Gefühl, Reaktion und Handeln spielen sich allesamt in Ihrem Kopf ab. Dafür sind einzig und allein Sie selbst verantwortlich.

Was Sie mit Ihrem Bewusstsein für wahr halten, das akzeptiert Ihr Unterbewusstsein, ohne es zu hinterfragen. Achten Sie sorgfältig darauf, dass Sie nur Dinge akzeptieren, die wahr, edel und gottgemäß sind.

*Werden Sie emotional erwachsen und erlauben Sie anderen, anderer Meinung zu sein. Sie haben das uneingeschränkte Recht, anders zu denken als Sie und Sie haben dieselbe Freiheit, anders zu denken als sie. Man kann anderer Meinung sein, ohne unzumutbar zu werden.*

## »Alle ärgern mich«

Henry F. konnte einfach nicht verstehen, warum ihn immer alle ärgerten. Er sprach darüber mit einem Therapeuten. Der wies ihn darauf hin, dass er die anderen ständig gegen den Strich bürstete. Er konnte sich selbst nicht leiden und steckte voller Selbstverachtung. Er sprach in einem sehr angespannten, gereizten Ton. Die Schärfe in seinem Ton zehrte an den Nerven. Er schätzte sich selbst nicht und war anderen gegenüber überkritisch.

Der Therapeut erklärte ihm, dass es zwar so schien, als mache er diese unglücklichen Erfahrungen mit anderen, jedoch wurden seine Beziehungen zu ihnen davon bestimmt, wie er über sich selber dachte und empfand. Wenn er sich selbst verachtete, dann könne er auch anderen gegenüber weder Respekt noch guten Willen aufbringen. Es ist schlichtweg unmöglich, denn es gehört zu den Gesetzen des Geistes, dass wir unsere Gedanken und Gefühle immer auf unsere Mitmenschen projizieren.

Allmählich wurde Henry eines klar: Solange er Vorurteile, Böswilligkeit und Verachtung auf andere projizierte, würde er auch immer nur genau das erhalten, denn unsere Welt ist lediglich ein Echo unserer Stimmungen und Haltungen.

Der Therapeut riet ihm, bestimmte Gedanken in sein Unterbewusstsein zu schreiben. Sie wissen ja, Ihr Bewusstsein ist der Stift und Sie können in Ihr Unterbewusstsein alles schreiben, was Sie wollen. Henry schrieb Folgendes:

»Von nun an praktiziere ich die *Goldene Regel*. Das bedeutet, dass ich über andere so denke und spreche und mich ihnen gegenüber so verhalte, wie ich möchte, dass sie über mich denken und sprechen und sich mir gegenüber verhalten. Ich wünsche allen von Herzen Frieden, Wohlstand und Erfolg. Ich bin immer ausgeglichen, gelassen und ruhig. Das Leben lohnt es mir sehr, denn es sorgt reichlich für mich. Die alltäglichen Kleinigkeiten bringen mich nicht mehr aus der Fassung und ärgern mich auch nicht. Wenn Angst, Sorge, Zweifel oder Kritik anderer an meine Tür klopfen, dann öffnen Glaube, Güte, Wahrheit und Schönheit die Tür zu meinem Denken. Und dort ist niemand außer mir. Die Suggestionen und Behauptungen anderer haben keine Macht über mich. Jetzt weiß ich, wie ich Verletzungen heilen kann. Die einzige Macht ist mein eigenes Denken.«

Henry sagte sich diese *Goldene Regel* morgens, mittags und abends und lernte das ganze Gebet auswendig. Er erfüllte diese Worte mit Leben, Liebe und Sinn. Sie drangen tief in die Schichten seines Unterbewusstseins, und er wurde ein anderer Mensch. Er berichtete: »Ich lerne, mich durch Zusatzqualifikationen aus der Durchschnittlichkeit herauszuarbeiten und es läuft gut. Ich bin befördert worden. Jetzt ist mir klar, was es heißt: ›Wenn ich im Denken erhöht werde, dann werde ich alle Manifestationen zu mir ziehen.‹ (*Johannes 12, 32*)«

Er lernte, dass der Ärger einzig und allein in ihm war. Er beschloss, sein Denken und Fühlen und seine Reaktionen zu ändern. Das kann jeder. Man braucht Entschlossenheit, Durchhaltevermögen und den Wunsch, sich zu transformieren.

## Vergelten Sie Böses mit Gutem

Es ist ja nichts Neues, dass es Menschen auf der Welt gibt, die schwierig sind. Sie sind psychisch verdreht und gestört. Viele sind dauernd wütend, streitsüchtig, unkooperativ, muffig, zynisch und vom Leben verbittert. Sie sind psychisch krank. Ihr Denken und Empfinden ist – vielleicht aufgrund früherer Erfahrungen – deformiert und gestört.

Was können Sie tun, wenn Sie es mit so jemandem zu tun haben? Die Versuchung ist groß, seine negative Energie in Form von Ablehnung gegen ihn zu kehren. Aber dazu müssen Sie zuerst seine Negativität in sich aufnehmen und damit auch all die negativen Folgen, die das für Sie hat. Versuchen Sie stattdessen lieber »Böses mit Gutem zu vergelten«. Das schafft ein Schild, das Sie vor seiner schwierigen und unangenehmen Art schützt. Wenn Sie Mitgefühl und Verständnis zeigen, dann setzt das außerdem Veränderungen in ihm in Gang.

Betty W. war eifersüchtig und voller Hass auf ihre unmittelbare Vorgesetzte. Sie war seelisch verletzt, litt unter Magengeschwüren und Bluthochdruck. Als sie vom spirituellen Prinzip der Vergebung und des guten Willens erfuhr, erkannte sie, dass sie viel Groll entwickelt hatte und dass dieses negative und schädliche Denken in ihrem Unterbewusstsein schwelte. Sie suchte das Gespräch mit ihrer Vorgesetzten, um die Sache aus der Welt zu schaffen, aber die wies sie schroff ab. Betty W. gab nicht auf, sondern bemühte sich weiter, die Situation ins Lot zu bringen. Jeden Morgen vor der Arbeit und jeden Abend bestärkte sie sich zehn Minuten lang in den Prinzipien der Harmonie und des guten Willens. Sie sprach folgende Affirmation: »Ich umgebe meine Vorgesetzte mit Harmonie, Liebe, Frieden, Freude und gutem Willen.«

Das war nicht nur so dahergeredet. Sie wusste, was sie tat und warum. Diese Gedanken oder Ideen sickern ins Unterbewusstsein. Es gibt nur ein Unterbewusstsein, deshalb greift der andere sie auf. Sie sagte: »Zwischen uns herrschen Harmonie, Frieden und Verständnis. Immer wenn ich an meine Vorgesetzte denke, sage ich mir: ›Gottes Liebe erfüllt deinen Geist.‹«

Mehrere Wochen vergingen, und schließlich musste Betty W. dienstlich übers Wochenende nach San Francisco. Als sie ins Flugzeug stieg, stellte sie fest, dass der einzige freie Platz ausgerechnet der neben ihrer Vorgesetzten war. Sie begrüßte sie herzlich und erhielt eine ebenso herzliche Reaktion. Sie verbrachten eine harmonische und schöne Zeit in San Francisco. Inzwischen sind sie Freundinnen und ihre Arbeitsbeziehung hat sich so sehr verbessert, dass beide befördert wurden.

Die Unendliche Intelligenz sorgte dafür, dass diese Schwierigkeit behoben werden konnte auf eine Weise, die Betty W. nicht ahnen konnte. Ihr verändertes Denken veränderte alles andere und heilte sogar ihre Magengeschwüre und ihren hohen Blutdruck. Sie hatte immer nur sich selbst verletzt.

Kein anderer ist dafür verantwortlich, wie wir denken und empfinden. Wir sind es selbst, denn in unserer Gedankenwelt sind wir der Einzige, der denkt. Nur wir allein sind dafür verantwortlich, wie wir über andere denken.

## Verändern Sie Ihre Grundhaltung

Lee Y., Kellner im Restaurant eines Luxushotels auf Hawaii, berichtet, wie er mit einem ausgesprochen ruppigen Gast fertig wurde. Ein exzentrischer Millionär vom Festland besuchte regelmäßig – einmal im Jahr – das Hotel. Er war ein missmutiger Mensch, der den Kellnern und dem Zimmerservice nur äußerst ungern Trinkgeld gab. Er war ungehobelt, rüde und einfach durch und durch unangenehm. Mit nichts war er zufrieden. Ständig beschwerte er sich über das Essen und den Service. Immer, wenn ihm etwas serviert wurde, knurrte er die Kellner an.

Lee berichtete: »Ich erkannte, dass er einfach krank war. Ein Kahuna (schamanischer Priester auf Hawaii) sagte mir, wenn Menschen so sind, dann frisst sie etwas von innen heraus auf.

Daher beschloss ich, ihm mit Freundlichkeit den Garaus zu machen.« Lee behandelte den Gast stets mit Freundlichkeit, Höflichkeit und Respekt und sagte sich im Stillen: »Gott liebt ihn und sorgt für ihn. Ich sehe Gott in ihm und er sieht Gott in mir.« Diese Technik wandte er etwa einen Monat lang an und am Ende sagte dieser exzentrische Millionär zum ersten Mal: »Guten Morgen Lee. Na, wie wird das Wetter heute? Sie sind der beste Kellner, den ich je hatte.« Lee war bass erstaunt: »Ich fiel fast in Ohnmacht. Ich hatte erwartet, dass er gleich wieder losmeckert – und da macht er mir ein Kompliment. Bei der Abreise gab er mir 500 Dollar Trinkgeld.«

Ein Wort ist ein ausgesprochener Gedanke. Lees Worte und Gedanken richteten sich an das Unterbewusstsein dieses griesgrämigen, streitsüchtigen Gastes. Nach und nach ließen sie das Eis in seinem Herzen schmelzen. Und er reagierte mit Liebe und Freundlichkeit. Letztendlich profitierten von Lees Verhalten nicht nur die Hotelmitarbeiter und er selbst, sondern auch der unfreundliche Millionär.

## »Mein Schreibtischkollege ist so schlampig!«

Sandy L., Art-Direktorin in Teilzeit, teilte sich einen Schreibtisch mit einem anderen Teilzeitbeschäftigten, der ihn jedes Mal völlig unaufgeräumt hinterließ. Sie fragte ihre Personalchefin, wie sie ihren Kollegen dazu bringen könnte, etwas ordentlicher zu werden. Die schlug ihr vor: »Natürlich sollten Sie ihn bitten, aufzuräumen. Um der guten Zusammenarbeit und des professionellen Umgangs willen sollten Sie ihm das aber persönlich sagen und nicht bloß eine Notiz hinterlassen, auch wenn das bedeutet, dass Sie an Ihrem freien Tag ins Büro kommen müssen. Versuchen Sie es mal so: ›Es würde mir sehr helfen, wenn Sie den Schreibtisch aufräumen könnten, wenn Sie gehen. Ich habe sonst immer Angst, ich verliere mal aus Versehen etwas von Ihren Unterlagen.‹«

Sandy erzählte, diese Technik, ein Problem zu lösen, ohne ein neues zu schaffen, habe so gut funktioniert, dass ihr Kollege sogar zwei verschiedene Posteingangskörbchen für sie beide aufgestellt habe und der Schreibtisch nun immer aufgeräumt sei. Was leicht hätte zu Missstimmung führen können, wurde durch ein persönliches, konstruktives Gespräch kollegial gelöst. Es erforderte zwar etwas mehr Zeit und Mühe, lohnte sich aber allemal.

## Der Umgang mit negativen Persönlichkeiten

Wenn Sie Vorgesetzte oder Vorgesetzter sind, dann haben Sie zweifellos auch negative Menschen unter Ihren Mitarbeitern. So geht es jedem Teamleiter oder Vorgesetzten. Solche Leute können einem das Leben wirklich schwer oder zur permanenten Herausforderung machen. Man kann sie auch nicht einfach ignorieren, man muss mit ihnen fertig werden.

In fast jedem Unternehmen gibt es solche notorischen Mießmacher. Immer, wenn Sie für etwas sind, sind sie dagegen. Sie finden immer einen Haken an einer Sache und finden immer einen Grund, warum etwas, was Sie erreichen wollen, nicht funktionieren kann. Mit ihrem Pessimismus können sie das ganze Team herunterziehen.

Der Grund, warum jemand so negativ ist, kann darin liegen, dass er oder sie früher einmal von Ihrem Unternehmen nicht richtig behandelt wurde oder dies zumindest so empfunden hat. Wenn das der Fall ist, dann gehen Sie dem nach. Wenn der Betreffende gerechtfertigte Gründe für seine Negativität hat, dann versuchen Sie, ihn davon zu überzeugen, dass er die Vergangenheit nun ruhen lassen und den Blick nach vorne richten sollte. Wenn Missverständnisse vorgekommen sind, versuchen Sie, sie aufzuklären.

Oft hat Negativität ihre Wurzeln jedoch auch in tief liegenden Persönlichkeitsfaktoren, die kein Vorgesetzter beheben kann. In diesem Fall ist professionelle Hilfe nötig.

Samantha A. gehört zu den Menschen, die überall Negativität verbreiten. Weniger durch das, was sie sagt, sondern eher durch ihr Verhalten. Jeden Vorschlag fasst sie als persönliche Beleidigung auf und jede neue Aufgabe nimmt sie so widerwillig und ärgerlich an, dass es allen zu viel wird.

Menschen wie Samantha merken oft gar nicht, wie sie auf andere wirken. Wahrscheinlich verhalten sie sich im Privatleben genau so wie am Arbeitsplatz. Es ist die Sorte Mensch, die mit ihrer Familie nicht auskommt, kaum Freunde hat und bei allem immer dagegen ist. Wenn Sie in Ihrem Team jemanden wie Samantha haben, dann sagen Sie ihm oder ihr in einem vertraulichen Gespräch offen, wie sehr ihre bzw. seine Haltung der Moral des ganzen Teams schadet. Erstaunlicherweise machen sich nämlich viele negative Menschen keinerlei Vorstellung davon, dass ihr Verhalten andere stört. Sie müssen lernen, die Negativität aus ihrem Unterbewusstsein zu vertreiben, indem sie ihrem Bewusstsein positive Gedanken eingeben.

Lesen Sie das 3. Kapitel noch einmal und helfen Sie Menschen wie Samantha, mithilfe von Suggestionen ihre negative Haltung in einen positiven, bestärkenden und selbstbewussten Umgang mit ihrem Beruf und ihrem ganzen Leben umzuwandeln.

## So bekommen Sie Wutausbrüche in den Griff

Terry ist ein guter Mitarbeiter, aber von Zeit zu Zeit verliert er die Beherrschung. Dann schreit er herum und brüllt alle Kollegen, einschließlich seines Vorgesetzten, an. Er beruhigt sich schnell wieder, aber sein Verhalten beeinträchtigt die gesamte Arbeit des Teams, und es dauert immer ein Weilchen, bis alles wieder normal läuft. Sein Vorgesetzter hat mehrfach mit Terry über sein Verhalten gesprochen, aber es hat nicht gefruchtet.

Es ist nicht leicht, in einer Umgebung zu arbeiten, in der jemand herumschreit, besonders wenn man dabei selbst angebrüllt wird. Weil die Opfer einer solchen Tirade danach wahrscheinlich stundenlang nicht mit vollem Einsatz arbeiten können, kann man so eine Situation nicht dulden. Im Folgenden ein paar Vorschläge, wie Sie mit jemandem umgehen können, der unter Wutausbrüchen leidet:

- Wenn derjenige sich wieder beruhigt hat, bitten Sie ihn zum vertraulichen Gespräch. Machen Sie deutlich, dass Sie volles Verständnis dafür haben, dass es manchmal nicht leicht ist, sich zu beherrschen, aber dass solche Wutausbrüche am Arbeitsplatz inakzeptabel sind.
- Wenn wieder ein Wutausbruch vorkommt, schicken Sie den Betreffenden aus dem Raum, bis er oder sie sich wieder beruhigt hat. Machen Sie ihm oder ihr klar, dass das nächste Mal disziplinarische Maßnahmen drohen.
- Wenn der Mensch, den Sie kritisieren, anfängt zu weinen oder erneut einen Wutanfall bekommt, dann verlassen Sie das Zimmer! Sagen Sie, dass Sie wiederkommen, wenn er oder sie sich beruhigt hat. Warten Sie zehn Minuten und versuchen Sie es dann noch einmal. Versichern Sie ihm oder ihr, dass dies kein persönlicher Angriff ist, sondern eine Maßnahme, um eine verfahrene Situation wieder ins Lot zu bringen. *Hinweis:* Führen Sie ein solches Gespräch nicht in Ihrem Büro. Es ist nicht gut, einen aufgebrachten Menschen in Ihrem Büro alleine zu lassen. Nutzen Sie stattdessen ein Besprechungszimmer.
- Empfehlen Sie das bewährte Rezept: »Zählen Sie bis zehn, bevor Sie sich äußern.«

## Das »Fliegenfänger«-Spielchen

Haben Sie schon einmal mit jemandem zusammengearbeitet, dessen größte Freude es ist, anderen – und besonders Ihnen – einen Fehler nachzuweisen? Wer solche Spielchen spielt, der möchte seine Überlegenheit beweisen. Weil solche Menschen meist selbst keine originellen Ideen oder konstruktiven Vorschläge haben, bereitet es ihnen diebische Freude, anderen Fehler nachzuweisen, besonders natürlich dem Chef. Sie versuchen, Sie in eine peinliche Situation zu bringen und Ihre Selbstsicherheit zu erschüttern. Dieses Vergnügen sollten Sie ihnen nicht gönnen. Nehmen Sie's mit Humor oder sagen Sie lächelnd: »Danke, dass Sie mich darauf aufmerksam gemacht haben, bevor es uns in ernste Schwierigkeiten gebracht hätte.« Wenn solche »Fliegenfänger« sehen, dass ihre Spielchen Sie nicht aus der Fassung bringen, geben sie auf.

## So können Sie auch mit unzufriedenen Menschen zusammenarbeiten

Wahrscheinlich gibt es in Ihrer Gruppe mindestens einen unzufriedenen Menschen. Wir erleben alle einmal Zeiten, in denen zu Hause oder am Arbeitsplatz etwas schiefläuft. Das beeinflusst die Qualität unserer Arbeit und unseren Umgang mit Kolleginnen und Kollegen. Vorgesetzte sollten auf so etwas gefasst sein und sich Zeit nehmen, mit dem oder der Betroffenen zu sprechen. Wenn jemand die Gelegenheit erhält, über ein Problem zu sprechen, so wird es oft schon allein dadurch leichter. Selbst wenn das Problem nicht gelöst wird, ist die Luft nach dem Gespräch doch wieder rein und die Mitarbeiterin oder der Mitarbeiter kann konzentriert weiterarbeiten.

Manche Menschen sind jedoch ständig mit irgendetwas unzufrieden. Oft sind sie mit den ihnen zugeteilten Aufgaben nicht glücklich. Doch auch wenn Sie ihren Bitten nachgeben und ihren Beschwerden abhelfen, sind sie nicht zufrieden. Wenn zum Beispiel die Bitte, einen bereits genehmigten Urlaub zu verschieben, abgelehnt wird, dann wird ein solcher Mensch wütend und zeigt das sowohl offen als auch versteckt in seiner Arbeitshaltung.

Man kann es nie allen recht machen. Die Moral von Menschen wieder aufzubauen, die sich ungerecht behandelt fühlen, erfordert Einsatz und Geduld. Als Vorgesetzte oder Vorgesetzter können Sie manche subjektiv empfundene Ungerechtigkeit vermeiden, wenn Sie zum Zeitpunkt einer Entscheidung auch die Gründe dafür mitteilen. Bei dem Beispiel mit dem Urlaub könnten Sie erklären, dass die Urlaubspläne in Ihrem Unternehmen bereits Monate im Voraus erstellt werden und dass bereits zwei andere Mitarbeiter zu der gewünschten Zeit Urlaub haben. Erklären Sie dann auch, dass Sie in Ihrem Team nicht mehr als einen Mitarbeiter auf einmal entbehren können. Sie könnten dem unzufriedenen Team-Mitglied sogar vorschlagen, dass sie oder er sich jemanden sucht, der den Urlaub mit ihr oder ihm tauschen möchte.

Der Umgang mit einem unzufriedenen Kollegen ist schwieriger als mit einem Untergebenen, denn Sie haben keine Möglichkeit, die Ursache der Unzufriedenheit zu beheben. Sie können sich die Situation aber etwas leichter machen, indem Sie zum Beispiel aufmerksam und mitfühlend zuhören und indem Sie dem Betroffenen helfen, die Dinge so zu nehmen, wie sie sind. Sie können ihn mit dem folgenden Gelassenheitsgebet bekannt machen:

*Gott, gib mir die Gelassenheit, die Dinge hinzunehmen, die ich nicht ändern kann, den Mut, die Dinge zu ändern, die ich ändern kann, und die Weisheit, das eine vom anderen zu unterscheiden.*

Unzufriedenheit rührt, genau wie Negativität, von mangelndem Selbstwertgefühl. Sie können anderen helfen, egal, ob es sich um Untergebene oder Kollegen handelt. Wenn Sie ihnen zeigen, wie man ein besseres Selbstwertgefühl entwickelt. In Kapitel 2 finden Sie viele Vorschläge dazu.

Als Vorgesetzter können Sie dazu beitragen, indem Sie den Blick auf die Erfolge und nicht auf die Fehlschläge richten. Die meisten Menschen verachten sich nicht selbst, leiden aber vielleicht unter vorübergehenden Tiefs in ihrem Selbstwertgefühl und brauchen Zuspruch. Wenn man dann keine Gegenmaßnahmen ergreift, können schlimmere Folgen eintreten. Diese Menschen brauchen zur Steigerung ihres Selbstwertgefühls keine professionelle Hilfe, sondern können das selbst.

Fehlschläge führen zu einem Verlust des Selbstwertgefühls. Alle Menschen erleben Fehlschläge und Erfolge im Beruf und im Leben. Wenn wir uns nur auf die Fehlschläge konzentrieren, dann schwindet unser Selbstwertgefühl. Konzentrieren Sie sich stattdessen auf die Erfolge:

- Lassen Sie Ihre Mitarbeiter ein Erfolgstagebuch führen (siehe Kapitel 13). Darin wird alles eingetragen, worauf sie besonders stolz sind, zum Beispiel Leistungen, für die sie gelobt wurden. Das beweist, dass sie schon einmal Erfolg hatten, und gibt ihnen zugleich die Sicherheit, dass sie wieder Erfolg haben können.
- Geben Sie positive Verstärkung für gute Leistungen und loben Sie jeden Fortschritt bei der Arbeit. Genauso wichtig: Zeigen Sie Ihre Freude, wenn Ihre Mitarbeiter eine gute Idee äußern oder bei Teambesprechungen und anderen Gelegenheiten gute Beiträge beisteuern. Menschen mit einem niedrigen Selbstwertgefühl müssen ständig daran erinnert werden, dass Sie als die oder der Vorgesetzte sie achten und ihnen etwas zutrauen.
- Geben Sie ihnen Aufgaben, die sie bewältigen, können und gewähren Sie zusätzliche Schulungsmaßnahmen, Zuspruch, Rat und Unterstützung, damit sie Erfolge erzielen. Erfolg ist eine bombensichere Methode zum Aufbau eines guten Selbstwertgefühls.
- Schlagen Sie ihnen vor, Seminare zum Aufbau von Selbstvertrauen oder Workshops über sicheres Auftreten zu besuchen. Weisen Sie sie auf inspirierende DVDs und Bücher hin.

Dies alles stärkt das positive Denken über sich selbst im Unterbewusstsein und wirkt Wunder gegen chronische Schicksalsergebenheit.

*Was Menschen und ihre Marotten, Eigenheiten und Persönlichkeitsmängel angeht, so scheint die Vielfalt unendlich. Das Ziel des Managers bleibt jedoch immer dasselbe: zu verhindern, dass diese Menschen die Abläufe in der Gruppe blockieren.*

Andrew S. Grove

## Zusammenfassung und Essenz

- Solange Sie Vorurteile, Böswilligkeit und Verachtung auf andere projizieren, ernten Sie auch immer nur genau das, denn unsere Welt ist lediglich ein Echo unserer Stimmungen und Haltungen.
- Über 90 Prozent aller Probleme in Industrie, Erziehung, Wirtschaft, Staat und Familie sind nicht sachlicher Natur, sondern liegen an der Unfähigkeit der Menschen, miteinander auszukommen.
- Es kommt einzig und allein darauf an, was Sie im Herzen denken. Ihr Herz ist Ihr Unterbewusstsein. Wie Sie denken und empfinden, so sind Sie. Einzig und allein Sie sind dafür verantwortlich, wie Sie denken. Die Suggestionen, Behauptungen und Handlungen anderer haben nicht die Macht, Sie aus der Ruhe zu bringen.
- Im Umgang mit schwierigen Menschen ist die Versuchung groß, ihre negative Energie in Form von Ablehnung gegen sie zu kehren. Aber dazu müssen Sie zuerst ihre Negativität in sich aufnehmen und damit auch all die negativen Folgen, die das für Sie hat.
- Wenn Sie es mit negativen Menschen zu tun haben, dann erkennen Sie deren Argumente an und überreden Sie sie, mit Ihnen zusammen an der Lösung ihrer Probleme zu arbeiten, damit das Projekt vorankommt. Machen Sie den Betroffenen zu einem Teil der Lösung und nicht zu einem weiteren Problem.
- Lernen Sie das Gelassenheitsgebet, bringen Sie es anderen bei und wenden Sie es auch selbst an: *Gott, gib mir die Gelassenheit, die Dinge hinzunehmen, die ich nicht ändern kann, den Mut, die Dinge zu ändern, die ich ändern kann, und die Weisheit, das eine vom anderen zu unterscheiden.*

Kapitel 16:

# Haben Sie mal kurz Zeit? – Zeitmanagement im Berufsalltag

*Geben Sie negativen Formulierungen wie »Nie reicht die Zeit« oder »Es gibt viel zu viel zu tun« usw. keine Chance. Solche Feststellungen vergrößern und vervielfachen Ihren Verlust nur noch.*

Nehmen wir einmal an, es käme jemand zu Ihnen und sagte: »Ich gebe Ihnen jeden Tag 86.400 Euro. Aber Sie müssen sie jeden Tag komplett ausgeben.« Jeden Tag bekommen Sie diese Summe, nicht mehr und nicht weniger. Sie können sie nicht behalten oder ansparen. Wäre das nicht ein wunderbares Geschenk? Gott macht uns ein ganz ähnliches Geschenk: 86.400 Sekunden jeden Tag unseres Lebens. Diese 86.400 Sekunden müssen wir jeden Tag verbrauchen. Wir können sie nicht behalten oder ansparen. Wir können diese Sekunden für fragwürdige Beschäftigungen verplempern oder sie sausen lassen, wenn wir nichts tun. Oder wir können sie nutzen, um uns geistig weiterzuentwickeln, zu arbeiten oder zu spielen, mit Freunden oder unserer Familie zusammen zu sein, anderen zu helfen. Nutzen Sie dieses Geschenk gut. Es ist ein Geschenk Gottes.

## Der Umgang mit der Zeit

Viele Menschen wissen gar nicht, welche Macht wir haben, unsere Zeit zu lenken. Wir sind wie die arme Frau, die ihr ganzes Leben lang weit draußen auf dem Land gelebt hatte. Dann zog sie in ein fortschrittliches kleines Dorf, und ihr neues Haus hatte sogar elektrisches Licht. Sie hatte keine Ahnung von Elektrizität, hatte noch nie elektrisches Licht gesehen, und die kleinen 8-Watt-Birnen, mit denen das Haus ausgestattet war, erschienen ihr wie ein Wunder.

Eines Tages kam ein Mann vorbei, der neuartige Glühbirnen verkaufte. Er fragte die Frau, ob er eine ihrer kleinen Glühbirnen durch eine seiner neuen 60-Watt-Birnen ersetzen dürfe, nur um ihr den Unterschied zu zeigen. Sie war einverstanden und als der Strom angeschaltet wurde, war sie starr vor Staunen. Es erschien ihr wie Zauberei, dass eine so kleine Glühbirne ein so wunderbares Licht erzeugen konnte, fast so hell wie das Sonnenlicht. Nicht im Traum wäre ihr in den Sinn gekommen, dass die Quelle der neuen Lichtflut die ganze Zeit schon vorhanden gewesen war, dass dieses enorm viel stärkere Licht aus derselben Stromquelle kam, die auch ihre kleinen 8-Watt-Birnen gespeist hatte.

Wir lächeln über die Unwissenheit dieser armen Frau, doch über unsere eigene Macht wissen wir meist noch viel weniger als diese Frau über die Macht des elektrischen Stroms. Wir gehen mit einer 8-Watt-Glühlampe durchs Leben und glauben, wir nutzten schon alle Macht, die wir nur haben könnten, seien alles, was wir nur darstellen könnten oder was das Schicksal uns geben mag. Wir glauben, dass wir auf 8-Watt-Birnen begrenzt sind. Nicht im Traum fiele uns ein, dass ein unendlicher Strom, ein Strom, von dem wir ständig umflossen sind, unser Leben mit Licht überfluten könnte, mit einem unvorstellbar strahlenden und schönen Licht, wenn wir denn nur eine stärkere Glühbirne einschrauben und eine stärkere Verbindung mit dem unendlichen Versorgungsstrom eingehen würden. Die Versorgungsleitung, die wir nutzen, ist so winzig, dass nur sehr wenig von dem großen Strom hindurchfließen kann – nur eine Birne mit wenigen Watt, wo doch Millionen an unserer Haustür vorbeifließen. Ein unbegrenzter Vorrat dieses unendlichen Stroms steht uns zur Verfügung: Wir dürfen ihn annehmen, wir dürfen ihm Ausdruck geben.

Unsere Zeit ist wie dieser Strom. Oft genügt es uns schon, sie wie eine 8-Watt-Birne zu verwenden, wobei wir in uns das Potenzial tragen, unsere Zeit sehr viel effektiver zu nutzen. Gerade so wie das Einwechseln einer stärkeren Glühbirne uns helleres Licht gibt, so kann auch eine Veränderung in unserem Umgang mit der Zeit bewirken, dass wir in unserem Leben wesentlich mehr erreichen können.

## Setzen Sie sich zeitlich definierte Ziele

Der erste Schritt zu einem effektiven Zeitmanagement besteht darin, sich Ziele zu setzen. Benennen Sie, was Sie in der zur Verfügung stehenden Zeit erreichen wollen. Leider sind viele Menschen eher handlungs- als zielorientiert. Sie denken nur daran, was als Nächstes getan werden muss, statt an das Ergebnis, das sie sich wünschen. Ein zeitbezogenes Ziel setzt die Wichtigkeit der Leistung in Beziehung zu einem entsprechenden Zeitplan.

Wenn diese Ziele eindeutig feststehen, dann planen Sie Ihre Zeit so, dass Sie den Dingen, die Sie Ihrem Ziel näherbringen, Priorität einräumen können. Wenn ein Konflikt auftritt, was zuerst getan werden soll, dann sollte die Handlung, die Sie Ihrem Ziel näherbringt, oberste Priorität genießen – es sei denn, eine dringliche Sache erfordert sofortiges Eingreifen.

## Legen Sie Prioritäten fest und halten Sie sich daran

Charles Schwab, der Mann, den Andrew Carnegie zum Chef von Carnegie Steel auserwählt hatte und der dann zum Leiter der neuen Bethlehem Steel Company gewählt wurde, erzählte mit Vorliebe die Geschichte, wie er gelernt hatte, gut mit seiner Zeit umzugehen.

Er konsultierte Ivy Lee, einen der ersten Managementberater. Zu seinen berühmten Klienten zählten J. P. Morgan, John D. Rockefeller, die DuPonts und andere riesige Unternehmen. Schwab sagte ihm: »Ich weiß, dass ich mit meiner Zeit nicht so gut umgehe, wie ich es tun müsste. Ich brauche also nicht mehr Theorie, sondern mehr Praxis. Wenn Sie uns also etwas geben können, damit wir das auch tun können, wovon wir wissen, dass wir es eigentlich tun sollten, dann höre ich Ihnen gerne zu und bezahle Ihnen alles, was Sie wollen.«

»Bestens«, sagte Lee. » Ich kann Ihnen auf der Stelle etwas geben, das Ihr Handeln und Ihr Tun um mindestens 50 Prozent erhöht.« Lee bat Schwab, die sechs wichtigsten Dinge, die er am nächsten Tag zu tun hatte, aufzuschreiben und sie nach Wichtigkeit zu nummerieren. Dann sagte er: »Wenn Sie morgen früh ins Büro kommen, dann schauen Sie sich Thema Nr. 1 an und fangen Sie an, daran zu arbeiten. Fangen Sie nichts anderes an, bis Sie damit fertig sind. Tun Sie danach dasselbe mit Nr. 2, dann mit Nr. 3 und so weiter bis zum Feierabend. Machen Sie sich keine Gedanken, wenn Sie nur zwei oder drei Dinge oder sogar nur eine einzige Sache abschließen können. Immerhin arbeiten Sie an dem, was am wichtigsten ist. Alles andere kann warten. Erstellen Sie in den letzten fünf Minuten jedes Arbeitstages eine ähnliche Liste für den nächsten Tag. Führen Sie zuerst das auf, was noch unerledigt ist und fügen Sie dann die anderen Dinge hinzu. Ordnen Sie sie auch wieder nach ihrer Priorität. Eventuell stellen Sie fest, dass etwas Neues wichtiger ist als etwas, was noch vom Vortag übrig blieb. Das verschieben Sie dann in der Priorität nach hinten. Wenn das wiederholt vorkommt, dann bedeutet das, dass diese Dinge Ihnen nicht wichtig genug sind. Deshalb sollten Sie sie entweder fallen lassen oder an jemand anderen delegieren.

Nach ein paar Tagen werden Sie wahrscheinlich feststellen, dass Sie mit dieser Methode nicht alles erledigen können, das aber auch mit keiner anderen möglich wäre und Sie ganz ohne

System wahrscheinlich nicht einmal zu einer Entscheidung kämen, was am wichtigsten ist. Wenn Sie selbst vom Wert dieses Systems überzeugt sind, dann lassen Sie das gesamte Management danach arbeiten. Probieren Sie es so lange aus, wie Sie wollen, und schicken Sie mir dann einen Scheck über die Summe, die es Ihnen wert ist.«

Das ganze Gespräch dauerte 25 Minuten. Zwei Wochen später schickte Schwab Lee einen Scheck über 25.000 Dollar. Tausend Dollar pro Minute. Schwab erzählte oft, dies sei die profitabelste Lektion gewesen, die er je gelernt hätte.

Hat es funktioniert? Innerhalb von fünf Jahren machte Schwab sein neues Unternehmen Bethlehem Steel zum größten unabhängigen Stahlhersteller der Welt, was Schwab ein Vermögen von über 100 Millionen Dollar eintrug.

> *Schließen Sie jeden einzelnen Tag komplett ab. Sie haben getan, was Sie konnten. Zweifellos haben sich ein paar Fehler und Absurditäten eingeschlichen; vergessen Sie sie, so schnell Sie können. Morgen ist ein neuer Tag. Beginnen Sie ihn heiter und in viel zu guter Stimmung, um sich von dem Unsinn des vergangenen Tages noch beeinträchtigen zu lassen.*
>
> Ralph Waldo Emerson

## Erstellen Sie eine Projektliste und halten Sie sich daran

Befolgen Sie Ivy Lees Rat. Setzen Sie Prioritäten und halten Sie sich daran. Das ist die wichtigste Komponente des effektiven Zeitmanagements. Nutzen Sie Listen. Erstellen Sie zunächst eine Projektliste, die alles enthält, was Sie machen möchten. Schreiben Sie es so auf, wie es Ihnen einfällt. Wichtigkeit spielt keine Rolle. Verwenden Sie statt fliegender Blätter lieber ein Notizbuch, in dem Sie alles festhalten können, was Sie erreichen möchten.

Sehen Sie diese Königsliste täglich durch. Unterteilen Sie größere Projekte in zu bewältigende Abschnitte. Legen Sie Prioritäten fest. Was sollte heute erledigt werden, was können Sie aufschieben, was delegieren? Erstellen Sie eine Tagesliste für alles, was Sie noch am selben Tag tun wollen, und Wochenlisten für das, was am Ende der Woche erledigt sein sollte. Schreiben Sie das, was Sie auf einen späteren Zeitpunkt verschoben haben, in Ihren Kalender.

Beurteilen Sie die Punkte auf Ihrer Tagesliste nach ihrer Wichtigkeit in Bezug auf Ihre Ziele. Weisen Sie den Punkten auf Ihrer Liste einen Zeitrahmen zu. Berücksichtigen Sie die Dringlichkeit der Sache und die Frage, wie sehr sie sich im Hinblick auf ihren Wert für Ihre Ziele auszahlt.

Wenn Sie diesem Vorgehen gewissenhaft folgen, programmieren Sie Ihr Unterbewusstsein, Ihr tägliches Handeln zeitorientiert anzugehen.

## Aufschieben

*Morgen, morgen, nur nicht heute, sagen alle faulen Leute.*

Wer etwas aufschiebt, muss nicht unbedingt faul sein. Die meisten Menschen schieben Dinge auf. Wir schieben vor uns her, was wir nicht gerne tun, oder warten bei dem, wovor wir Angst haben, bis zur letzten Minute. Vielleicht gefällt uns nicht besonders, was wir tun müssen, und wir würden lieber etwas anderes machen, häufig aber schieben wir etwas auf, weil wir Angst vor dem Scheitern haben.

Überall sehen wir, dass sich Menschen mit hervorragenden Fähigkeiten unter dem unterdrückenden, entmutigenden Einfluss der Angst nicht entfalten können und so zu mittelmäßiger Arbeit gezwungen werden. Allenthalben gibt es kompetente Leute, deren Bemühungen zunichte gemacht werden und deren Leistungsfähigkeit praktisch ruiniert wird, allein durch das Ungeheuer »Angst«, das mit der Zeit auch den Entschlossensten unschlüssig und den Fähigsten ängstlich und ineffizient macht.

*Es gibt nur eine wichtige Zeit: JETZT! Es ist die wichtigste Zeit, denn es ist die einzige Zeit, in der wir etwas vermögen.*

Leo Tolstoi

Es gibt keinen »richtigeren« Moment als jetzt, und nicht nur das: Es gibt überhaupt keinen anderen Moment, keine verfügbare Kraft und Energie als jetzt. Mit der Energie, die man braucht, um eine Aufgabe, die man heute tun müsste, auf morgen zu verschieben, hätte man sie oft bereits erledigt. Um wie viel schwerer und obendrein unangenehmer ist es doch, aufgeschobene Arbeit zu erledigen. Eine Arbeit, die im rechten Moment mit Freude oder leidenschaftlichem Enthusiasmus hätte getan werden können, wird zur Plackerei, wenn man sie tage- oder wochenlang aufgeschoben hat.

Promptheit verhindert, dass etwas zur Plackerei wird. Aufgeschoben ist oft aufgehoben und aus »später« wird »gar nicht«. Etwas zu erledigen ist wie einen Samen zu säen: Wenn man es nicht im richtigen Moment tut, dann hinkt man seiner Zeit immer hinterher. Der Sommer der Ewigkeit währt nicht lange genug, damit eine aufgeschobene Tat Früchte trägt.

Menschen, die immer sofort handeln, werden Erfolg haben, auch wenn ihnen gelegentlich Fehler unterlaufen. Menschen hingegen, die immer alles aufschieben, werden scheitern, selbst wenn sie das bessere Urteilsvermögen besitzen.

Hier folgen ein paar Vorschläge, wie Sie die Neigung zum Aufschieben überwinden können:

- Aufschieben bedeutet nicht nur, Termine nicht einzuhalten, Aufschieben bedeutet, gar nicht erst anzufangen. Also kommen Sie in die Gänge! Denken Sie an das berühmte Sprichwort: Was du heute kannst besorgen, das verschiebe nicht auf morgen.

- Vergessen Sie die Angst davor, etwas Neues oder Anderes zu tun. Beschäftigen Sie sich mit dem Thema und fangen Sie einfach an.
- Lassen Sie sich von einem komplexen Projekt nicht überwältigen. Unterteilen Sie es in zu bewältigende Abschnitte und erstellen Sie für jeden Abschnitt einen Zeitplan.
- Tun Sie das, wovor Sie am meisten Bammel haben oder was Sie am wenigsten gern tun, wenn Sie am frischesten sind und die meiste Energie haben.
- Bauen Sie Zwischenschritte ein. Es kann schwierig sein, sich zum Arbeitsbeginn an einem Projekt zu motivieren, das erst in ferner Zukunft Früchte trägt. Wenn Sie aber für jede Stufe des Projekts einen Fertigstellungszeitpunkt festlegen, dann können Sie den Fortschritt beobachten und daraus Befriedigung beziehen.
- Starten Sie willkürlich. Wenn Sie bei einem schwierigen Projekt nicht wissen, wo Sie anfangen sollen, dann denken Sie nicht endlos darüber nach, sondern erstellen Sie eine vorläufige Arbeitshypothese und fangen Sie an. Die Arbeit selbst wird Sie auf Ideen bringen. Und wenn es so nicht funktioniert, dann können Sie noch einmal von vorne anfangen. Es ist immer besser, eine aktive Rolle einzunehmen, als den Beginn des Projekts zu blockieren.
- Wenn Sie an einem besonderen Projekt arbeiten, das den Rahmen Ihrer üblichen Aufgaben übersteigt, dann ist es sehr verlockend, es aufzuschieben »bis mir Zeit dafür bleibt«. Nehmen Sie sich jeden Tag eine bestimmte Zeit nur für die Arbeit daran.
- Belohnen Sie sich, wenn Sie eine Aufgabe rechtzeitig erledigt haben, die Sie sonst immer vor sich her geschoben haben.

Apropos: Kennen Sie eigentlich Ihr Energieniveau?
Jeder Mensch hat im Laufe des Tages unterschiedliche Energieniveaus. Stellen Sie fest, wann Sie Ihre Hochphase haben.

Manche Menschen können morgens am besten arbeiten. Manche können gleich nach dem Essen sehr gut arbeiten, andere sind dann erst mal eine Stunde lang träge. Legen Sie schwierige und komplexe Aufgaben in die Zeit Ihres Energiehochs, dann kommen Sie nicht in die Versuchung, sie aufzuschieben.

## Führen Sie ein Zeittagebuch

Wissen Sie, womit Sie Ihre Zeit verbringen? Die meisten Menschen haben nur sehr vage Vorstellungen davon, wo ihre Zeit bleibt. Ich habe diese Frage zahllosen Menschen gestellt. Wie nicht anders zu erwarten, hatten viele noch gar nicht weiter darüber nachgedacht, aber sie hatten eine verblüffende angeborene Fähigkeit, ihre Zeit effizient zu nutzen. Andere hingegen führten Zeittagebücher, in denen sie festhielten, womit sie ihre Arbeitsstunden verbrachten.

Vielleicht fragen Sie sich, wie ein viel beschäftigter Mensch noch die Zeit aufbringen soll, ein Zeittagebuch zu führen. Ja, es macht Mühe und manchmal ist man so intensiv mit etwas beschäftigt, dass es weder möglich noch angebracht wäre, zu unterbrechen und Einträge ins Tagebuch zu machen. Realistisch betrachtet müssen Sie Ihr Bestes tun, um sich an das zu halten, was Sie sich vorgenommen haben, aber wenn Sie einmal etwas vergessen haben, dann tragen Sie es eben so bald wie möglich nach.

Ein Zeittagebuch brauchen Sie nicht ständig zu führen. Tun Sie es etwa zwei oder drei Wochen lang an drei bis vier Tagen pro Woche. Das vermittelt Ihnen schon einen guten Eindruck, womit Sie Ihre Zeit verbringen. Sie können sich diese Blätter dann ansehen und analysieren, wo der Großteil Ihrer Zeit bleibt.

Wenn Sie wissen, in welchen Bereichen Sie Zeit verschwenden, dann können Sie etwas unternehmen, um das zu ändern. Manches ist leicht zu ändern, bei anderem ist es schon schwieriger.

## Fassen Sie die lästigen Zeiträuber

Sie hatten einen vollen Arbeitstag geplant und einen sehr guten Zeitplan dafür erstellt. Jetzt ist der Tag vorüber und Sie haben nur einen Bruchteil dessen erledigt, was Sie sich vorgenommen haben. Wo ist die Zeit geblieben?

Sehr wahrscheinlich haben Sie die Projekte auf Ihrer Liste mit der festen Absicht begonnen, sie zu erledigen. Aber kaum hatten Sie angefangen, da stellten sich auch schon diese lästigen Plagegeister ein, die einem die Zeit stehlen. Solche Zeiträuber gibt es zu Dutzenden. Werfen Sie einen Blick in Ihr Zeittagebuch und Sie werden entdecken, welches Ihre häufigsten Zeiträuber sind und was Sie tun können, um diesen Effekt zu minimieren.

> *Zeit ist die knappste Ressource. Wenn sie nicht gemanagt wird, dann kann auch nichts anderes gemanagt werden.*
>
> Peter Drucker

- *Unterbrechungen durch Mitarbeiter*

  Am häufigsten wird man wahrscheinlich von den eigenen Mitarbeitern unterbrochen. Sie kommen mit Problemen, die ihrer Meinung nach Ihre sofortige Aufmerksamkeit erfordern. Wahrscheinlich gibt es darunter einige, die Sie häufiger unterbrechen als andere. Sie legen Ihnen jedes kleine Problem vor, statt erst einmal zu versuchen, es selbst zu lösen. Wer diese Leute sind, können Sie sehr leicht feststellen, wenn Sie sich diese Unterbrechungen aufschreiben. Notieren Sie den Namen des Mitarbeiters, das Problem oder die Frage und die Zeit, die es in Anspruch nahm. Wenn Sie sich diese Notizen von Zeit zu Zeit ansehen, dann können Sie feststellen, wer Ihre Zeit beansprucht und welche Probleme er oder sie Ihnen vorlegt.

  Manchmal sind die Probleme, die Ihnen vorgelegt werden, wichtig und Ihre Mitarbeiter brauchen Ihren Rat, Ihre Meinung oder Anweisung, um weiterarbeiten zu können. Oft aber legen Sie Ihnen Dinge vor, die sie eigentlich selbst bewältigen sollten.

Jack Welch, der brillante Chef von General Electric, berichtete, dass seine Mitarbeiter ihm Probleme vortrugen, die sie seiner Meinung nach eigentlich hätten selber lösen sollen. Er erwiderte darauf: »Was sollte Ihrer Meinung nach jetzt geschehen?« So gab er ihnen das Problem zurück und zwang sie, eingehender darüber nachzudenken. Nach einiger Zeit kamen seine Mitarbeiter nur noch zu ihm, wenn seine persönliche Entscheidung absolut notwendig war. Machen Sie es wie Welch. Sagen Sie Ihren Mitarbeitern, dass sie Ihnen zu jedem Problem mindestens einen Lösungsvorschlag unterbreiten sollen. So müssen sie sorgfältiger darüber nachdenken und lösen das Problem oft schon, ohne Sie deswegen zu unterbrechen. Wenn sie aber doch mit Ihnen sprechen müssen, dann wird das wesentlich weniger Zeit beanspruchen.

Der Chef eines in den Fortune 500 gelisteten Unternehmens erzählte mir einmal, dass die ständigen Unterbrechungen durch Fragen und Probleme seiner Mitarbeiter ihn so wütend gemacht hätten, dass er folgende Anordnung erließ: Wenn die Sache nicht so dringend war, dass durch eine Verzögerung irreparabler Schaden entstünde, dann sollten sie sich ihre Fragen bis 17 Uhr aufsparen. Jeden Tag um diese Zeit stand er für solche Angelegenheiten zur Verfügung. Es dauerte nicht lange, und seine Leute versuchten, ihre Angelegenheiten selbst zu lösen, statt bis zum Ende des Arbeitstages zu warten.

- *Das Telefon*

  Sie sitzen an Ihrem Schreibtisch, tief versunken in Ihre Arbeit – da klingelt das Telefon. Es ist ein Kollege mit einer geschäftlichen Frage. Aber kommt dieser Kollege unumwunden darauf zu sprechen? Meist nicht. Er plaudert übers Wetter, das Wochenende, Urlaubspläne und kommt dann erst zum eigentlichen Thema des Gesprächs. Die Zeit, die man für solche Anrufe verwendet, könnte erheblich verkürzt werden, wenn man sich auf das konzentrieren würde, worum es wirklich geht. Allerdings hätte es auch negative Folgen, wenn man jedes persönliche Wort unterbinden wollte. Ein wenig persönliches Geplauder macht die gegenseitigen Beziehungen reibungsloser und schafft ein angenehmeres Arbeitsumfeld, das wiederum zu besserer Zusammenarbeit und mehr Teamwork führt.

Reduzieren Sie den sozialen Aspekt des Gesprächs auf ein Minimum. Wenn Ihr Gegenüber mit seinen langatmigen, abschweifenden Erzählungen nicht aufhören will, dann sagen Sie freundlich: »Ich würde ja gerne noch mehr über diese Party hören, aber ich habe einen großen Stapel Arbeit vor mir liegen«, und kommen Sie dann zum geschäftlichen Teil des Gesprächs.

Fassen Sie sich kurz. Planen Sie das Gespräch, bevor Sie zum Hörer greifen. Machen Sie sich eine Liste der wichtigsten Punkte, die Sie ansprechen möchten, und haken Sie sie im Laufe des Gesprächs ab. Ein bekannter Geschäftsmann beginnt ein Telefongespräch meist mit dem Hinweis, er müsse in fünf oder zehn Minuten bei einer Besprechung sein, deshalb möge der Teilnehmer sich bitte kurz fassen. Wenn möglich, schicken Sie eine E-Mail, statt anzurufen.

- *Besucher*

  Wenn Sie in einem Großraumbüro arbeiten oder es in Ihrem Büro sehr lebhaft zugeht, dann kommen sehr wahrscheinlich immer mal wieder Kolleginnen und Kollegen bei Ihnen vorbei, um ein paar Worte mit Ihnen zu wechseln. Meist geht es dann um geschäftliche Dinge, aber oft auch einfach um Privates. Solche Besuche sind eine hübsche Unterbrechung in der Monotonie des Arbeitstages und tragen zur Verbesserung der Beziehungen zu anderen Kollegen bei, aber sie können äußerst zeitraubend sein.

  Versuchen Sie, private Besuche auf ein Minimum zu reduzieren. Wenn eine Kollegin oder ein Kollege Sie regelmäßig nur zum Plaudern besucht, dann beenden Sie den Besuch so schnell und diplomatisch wie möglich.

Wenn ein Besucher ohne Termin nach Ihnen fragt, zum Beispiel ein Vertreter, dann treffen Sie sich mit ihm im Eingangsbereich, nicht in Ihrem Büro. Laden Sie ihn erst dann in Ihr Büro ein, wenn Sie sein Produkt oder seine Dienstleistung wirklich interessiert. Begegnungen im Eingangsbereich kann man auf wenige Minuten beschränken. Wenn er aber erst einmal in Ihrem Büro ist, dann kann es wesentlich länger dauern, bis Sie den Vertreter wieder loswerden.

Eine weitere Möglichkeit ist es, das Gespräch mit Besuchern in Ihrem Büro im Stehen zu führen. Fordern Sie sie nur dann auf, Platz zu nehmen, wenn Sie möchten, dass sie bleiben.

Unterbrechungen können Sie auch so reduzieren, dass Sie jeden Morgen eine Stunde reservieren, in der Sie nicht gestört werden möchten. Hängen Sie ein Schild vor Ihre Tür »Bitte nicht stören«. Leiten Sie während dieser Zeit alle Anrufe um und lassen Sie Ihre Mitarbeiterinnen und Mitarbeiter wissen, dass Sie in dieser Stunde nur in dringenden Notfällen gestört werden dürfen. Achten Sie darauf, dass auch Ihr Chef oder Ihre Chefin dies wissen und damit einverstanden sind, damit auch er oder sie Sie in dieser Zeit nicht stört. Sie werden staunen, wie viel Sie in dieser Stunde erledigen können.

## Reservieren Sie Zeit für sich selbst

Wir alle haben auch ein Leben außerhalb der Arbeit. Wir brauchen Zeit für die Familie, unsere außerberuflichen Tätigkeiten und uns selbst. Lassen Sie sich von Ihrer Arbeit nicht überwältigen. Reservieren Sie Zeit für sich selbst.

Jeff Weinstein aus Santa Monica in Kalifornien gründete die erfolgreiche Fast-Food-Kette *The Counter*, in der sich die Kunden ihre Hamburger selber zusammenstellen können. Als die

Kette größer wurde, arbeitete er rund um die Uhr an sieben Tagen in der Woche – ohne Zeit für sich selbst und seine Familie. Er versuchte, einen Plan aufzustellen und ökonomischer mit seiner Zeit umzugehen. Er versuchte, keine Arbeit mit nach Hause zu nehmen. Er versuchte alles, aber nichts funktionierte, bis er schließlich herausfand, warum. Er erkannte, wenn er Hamburger selbst zusammenstellen konnte, dann konnte er auch seine Zeit selbst zusammenstellen.

Der Trick dabei ist, im Fluss zu bleiben, nahtlos von einem Lebensbereich zum anderen übergehen zu können. Jetzt gehört es zu seinem Tagesplan, den Morgen mit etwas zu beginnen, das er für sich selber tut. Vor der Arbeit geht er ins Fitnessstudio. So kommt er zwar später, aber in besserer Stimmung zur Arbeit. Er behandelt seine Mitarbeiter besser, wodurch sie wiederum produktiver werden. Er erledigt mehr und genießt mehr Zeit mit seiner Familie.

Mehr Zeit für sich selbst gewinnen Sie auch, wenn Sie einen größeren Teil der Arbeit, die Sie normalerweise selbst erledigen, an andere delegieren. Analysieren Sie einmal Ihre Arbeitsmenge. Dabei werden Sie feststellen, dass Sie häufig Arbeiten erledigen, für die Ihre Mitarbeiter genauso befähigt sind. Auch wenn Ihnen gerade diese Aufgaben wirklich Freude machen, so ist es doch effizienter, wenn andere sie tun. In Kapitel 11 finden Sie Vorschläge zum effektiven Delegieren.

## Scheuen Sie sich nicht, Nein zu sagen

Zu den häufigsten Klagen gehört, dass die Leute sich überarbeitet fühlen. »Ich breche unter der Last schon fast zusammen, und dann bürdet mir der Chef noch ein weiteres Projekt auf. Was soll ich nur machen?« Sie brauchen nicht jede Aufgabe zu übernehmen. Häufig weiß Ihr Chef nicht, an wie vielen Dingen Sie gerade arbeiten. Sagen Sie es ihm. Werden Sie nicht wütend und verlieren Sie nicht die Beherrschung. Erklären Sie vielmehr ruhig, woran Sie gerade arbeiten, und bitten Sie Ihren Chef, Ihnen bei der Festlegung der einzelnen Prioritäten zu helfen. Es könnte sein, dass Ihr Chef Ihnen vorschlägt, die Arbeit an weniger wichtigen Dingen auszusetzen oder dass er die neue Aufgabe jemand anderem zuweist.

Aber nicht nur Ihr Chef bittet Sie wahrscheinlich um Dinge, für die Sie eigentlich keine Zeit haben. Das tun zum Beispiel auch Kollegen. Oder man bittet Sie in den Vorstand eines Vereins, in dem Sie Mitglied sind. Bevor Sie eine solche Aufgabe annehmen oder ablehnen, überlegen Sie gründlich, wie viel Zeit sie wohl in Anspruch nimmt. Wenn Sie wirklich zu sehr mit Wichtigerem beschäftigt sind, dann lehnen Sie höflich ab.

## Haben Sie Geduld

Zeitmanagement bedeutet nicht, dass alles möglichst schnell erledigt werden sollte. Viele große Erfolge sind das Ergebnis langer, geduldiger Bemühungen. Doch allzu vielen Menschen fehlt es leider an der nötigen Geduld. Man kann nicht immer alles sofort erreichen. Der Satz: »Das kann nicht warten«, ist ein typisches Kennzeichen unseres Jahrhunderts. Und es gilt überall: im Handel, in der Schule, in der Gesellschaft und in den Kirchen.

## Zusammenfassung und Essenz

- Erstellen Sie eine Prioritätenliste und halten Sie sich daran.
- Planen Sie jeden Tag eine Stunde ein, in der Sie nicht gestört werden wollen. Überarbeiten Sie in dieser Zeit Ihren Terminplan und passen Sie ihn aktuellen Prioritäten an.
- Schieben Sie nichts auf. Tun Sie's heute. Tun Sie's jetzt. Verschieben Sie es nicht.
- Planen Sie Ihren Tag so, dass Sie die Zeit, in der Sie die meiste Energie haben, für schwierige Dinge nutzen, und die Zeit, in der Sie keine Spitzenleistungen erbringen können, für weniger Wichtiges.
- Delegieren Sie. Wenn Sie weniger Wichtiges an andere delegieren, dann verschaffen Sie sich Freiraum für die Beschäftigung mit anspruchsvolleren und/oder dringlichen Dingen.
- Lernen Sie, Nein zu sagen. Lernen Sie, wo Ihre zeitlichen Grenzen liegen und wie Sie taktvoll Nein sagen können, wenn Ihnen das hilft, Ihre Ziele zu erreichen.

## Kapitel 17:

# So verkaufen Sie Ihre Ideen

*Erhöhen Sie Ihre Umsätze, indem Sie sich immer wieder Folgendes sagen: Meine Umsätze steigen jeden Tag. Ich komme voran, steigere mich und werde jeden Tag wohlhabender.*

Im Beruf und in anderen Lebensbereichen müssen wir oft andere Menschen von unseren Ideen überzeugen. Damit Ihnen dies gelingt, müssen Sie denken wie ein Verkäufer. Studieren Sie die Techniken erfolgreicher Verkäufer, wenden Sie sie an und Ihre Überzeugungsfähigkeit wird sich verbessern. Von den vielen Elementen des professionellen Verkaufens ist keines wichtiger als die Kunst des Überzeugens. Verkäufer sehen sich oft einem potenziellen Kunden gegenüber, der absolut gegensätzlich denkt wie sie selbst. Die Kunden wollen die Ware nicht oder glauben das zumindest und sind entschlossen, sie nicht zu kaufen. Sie wappnen sich gegen jede Möglichkeit, so beeinflusst zu werden, dass sie tun, was sie partout nicht tun wollen.

Etwas später jedoch kaufen sie den Artikel mit Freude, bezahlen ihn und sind sich sicher, dass sie ihn wirklich wollen. Ihre ganze Haltung hat sich durch die gewinnende Überzeugungskraft geändert. Das gelang durch logisch aufeinander abgestimmte Schritte, die alle der Reihe nach absolviert werden mussten, sonst wäre der Erfolg ausgeblieben.

## Überzeugungskunst kann man lernen

Gerade so, wie es Männer und Frauen gibt, die eine angeborene Begabung für Musik und Kunst haben, so gibt es auch Männer und Frauen, die in hohem Maße über die angeborene Fähigkeit verfügen, andere von ihrer Denkweise zu überzeugen.

Es ist zwar richtig, dass manche Menschen talentierter sind als andere, genau so richtig ist aber auch, dass die meisten Menschen durch entsprechendes Üben die notwendigen Eigenschaften erwerben können. Und im Gegensatz zu einer angeborenen Begabung in vielen anderen Bereichen wie zum Beispiel Sport, Rhetorik oder Geschäftstüchtigkeit, kann ein geschulter Mensch auf dem Feld der Überzeugungskunst genau so gut werden wie ein begabter, aber ungeschulter.

Schreiben Sie einen verlorenen Abschluss oder eine falsche Entscheidung nicht Ihrem »Pech« zu. Oft liegt es an Ihrer Unkenntnis der Psychologie des Verkaufens oder an schlechtem Management. Die Wirtschaft ist wie eine Wissenschaft, und fast jeder aufrichtige, ernsthaft entschlossene Mensch kann Fachmann oder Fachfrau darin werden, wenn er bereit ist, sich wirklich intensiv damit zu befassen.

Werfen wir einen Blick auf den Beruf, in dem Überzeugungskunst wesentlich ist – der Beruf des Verkäufers. Auch wenn Sie keine Produkte oder Dienstleistungen verkaufen, so verkaufen Sie doch Ihre Ideen an andere und müssen deshalb wie ein Verkäufer denken.

Wenn Sie herausfinden wollen, ob Sie die Fähigkeit besitzen zu überzeugen, dann müssen Sie Ihre Begabung analysieren. Dabei sollten wir uns jedoch immer vor Augen halten, dass die Natur des Menschen, besonders des jungen Menschen, plastisch ist und wir daher von anderen geformt werden oder uns selbst formen können.

Selbst wenn Sie kein ausgesprochenes Verkaufstalent haben, können Sie es doch erlernen. Durch die richtige Schulung, das heißt die richtige Lektüre, richtiges Beobachten und Zuhören und die richtige Übung, können Sie Ihre Fähigkeiten entwickeln und ein guter Verkäufer oder eine gute Verkäuferin werden.

*Wir sind alle Verkäufer – jeden Tag, unser ganzes Leben lang. Wir verkaufen unsere Ideen, unsere Pläne, das, was uns begeistert, an diejenigen, mit denen wir in Kontakt kommen.*

Charles Schwab

## Gewinnen Sie die Aufmerksamkeit Ihres Gegenübers

Wenn Sie jemanden überzeugen wollen, Ihr Produkt oder Ihre Dienstleistung zu kaufen oder Ihre Idee zu akzeptieren, dann müssen Sie zuerst seine oder ihre volle Aufmerksamkeit gewinnen, sonst findet das, was Sie sagen, kein Gehör. Oft ist es schwierig, die Aufmerksamkeit eines Menschen zu erlangen, der im besten Falle nicht an dem interessiert ist, was Sie zu sagen haben, und im schlimmsten Falle eine Abneigung gegen Sie hat. Aber es ist absolut notwendig, dass Sie sich seine Aufmerksamkeit sichern. Vorher können Sie niemanden davon überzeugen, das zu tun, was Sie wollen.

Die Aufmerksamkeit eines Menschen, mit dem Sie zusammenarbeiten, können Sie mit einer Bemerkung über etwas gewinnen, wovon Sie wissen, dass es ihn interessiert. Sie brauchen dazu nicht über triviale oder belanglose Dinge zu reden. Eine direkte Frage oder Bemerkung zum entsprechenden Thema ist ein guter erster Schritt.

Wenn Sie also zum Beispiel einen Kollegen dazu überreden wollen, einem Ausschuss beizutreten, der die Neuanschaffung bestimmter Geräte prüft, dann weckt eine Bemerkung über die häufigen Funktionsausfälle der momentan genutzten Geräte mit Sicherheit seine Aufmerksamkeit.

Manchmal müssen Sie allerdings zu drastischeren Mitteln greifen, um die Aufmerksamkeit von Menschen zu gewinnen, die nur ungern annehmen möchten, was Sie ihnen verkaufen wollen.

Vor einigen Jahren stand eine bedeutende Fluglinie beim Kundenservice an letzter Stelle der zehn größten Fluggesellschaften. Eine alles erstickende Bürokratie regelte selbst die Farbe der Stifte, mit denen die Bordkarten ausgefüllt werden mussten, und die Art und Weise, wie Formulare zu falten waren. Sämtliche Regeln aus dem Regelbuch – es gab tatsächlich eines! – zu befolgen, wurde für wichtiger erachtet als kreative Entscheidungen. Jetzt galt es, keine Zeit zu verlieren. Um ihnen zu vermitteln, dass dieses Regelbuch ein für alle Mal abgeschafft werden musste, nahm der Chef der Fluglinie eine Gruppe von Angestellten mit auf den Parkplatz. Er warf das Regelbuch in ein 200-Liter-Fass, übergoss es mit Benzin und zündete es an. Die Nachricht verbreitete sich wie ein Lauffeuer – und das Unternehmen war auf dem besten Wege, die Moral seiner Angestellten zu heben und seinen Erfolg zu beflügeln.

Aufmerksamkeit zu gewinnen muss natürlich nicht immer so dramatisch verlaufen. Manchmal reicht schon eine geschickt gestellte Frage. Als Darlene D. ihren Chef dazu überreden wollte, in ihrer Abteilung flexible Arbeitszeiten einzuführen, wandte Sie sich mit folgender Frage an ihn: »Dave, ich weiß, dass Ihnen unsere sinkende Produktivität große Sorge bereitet. Zu den Ursachen zählen unter anderem unsere Schwierigkeiten, gute Bürokräfte zu finden. Wenn es nun eine Möglichkeit gäbe, mehr fähige Leute für uns zu interessieren, dann wollten Sie doch sicher davon erfahren, oder?« Darauf konnte Dave nur mit »Ja« antworten. Jetzt hatte sie seine Aufmerksamkeit und konnte ihre Argumente zur Prüfung ihres Vorschlags vorbringen.

Eine weitere Möglichkeit, Aufmerksamkeit zu gewinnen, ist Kreativität. Natalie Carlson, Einkaufsleiterin für Damenmode bei einem Reisebekleidungsversand, gewann die Aufmerksamkeit ihres Chefs mit ihrer Kreativität. Sie sagt: »Fragen Sie eine beliebige Frau, was ihrer Meinung nach das wichtigste Kleidungsstück im Schrank einer Frau ist. Wahrscheinlich wird sie sagen: das kleine Schwarze.« Ihr Chef war nicht der Meinung, dass Kleider in seinen Katalog gehörten. Natalie Carlson war anderer Ansicht. Sie verbrachte das lange Wochenende häufig in Paris, wo ihr Mann arbeitete, und wusste, dass sie recht hatte. Deshalb begab sie sich auf die Jagd nach dem perfekten, knitterfreien schwarzen Jerseykleid, in dem sie sich bei festlichen Abendessen unter den elegant gekleideten Frauen wohlfühlen würde. Weil sie keines finden konnte, entwarf sie selbst ein perfektes kleines Schwarzes für die Reise und ließ es anfertigen. So konnte sie beweisen, dass es einfach *die* Lösung war. Ihr Chef hörte zu und war überredet. Die Folge: Das knitterfreie kleine Schwarze für die Reise ist seither das meistverkaufte Produkt im Katalog. Und Natalie Carlson wurde zur Vizepräsidentin der Verkaufsabteilung befördert.

> *Wenn Sie überzeugen wollen, sprechen Sie von Interessen, nicht von Vernunft.*
>
> Benjamin Franklin

## Wecken Sie Wünsche

Wenn Sie die Aufmerksamkeit Ihres potenziellen Kunden gewonnen haben, dann müssen Sie im nächsten Schritt dafür sorgen, dass sich Ihr Gegenüber näher für das interessiert, was Sie anzubieten haben. Sie müssen in ihm den Wunsch wecken, die Idee anzunehmen, die Sie vorschlagen. Wenn das gelingt, dann ist Ihnen die Akzeptanz beinahe sicher. Dazu müssen Sie an die Emotionen appellieren, also eher das Herz ansprechen als den Kopf.

Sie wecken niemandes Interesse, wenn Sie darüber sprechen, was Sie möchten. Zuerst müssen Sie herausfinden, was Ihr Gegenüber möchte. Was ist diesem Menschen wichtig? Wofür begeistert er sich? Dazu müssen Sie sehr gut zuhören, wie er auf

Ihre Fragen antwortet. Hören Sie ihm sehr aufmerksam zu. Lauschen Sie auf Feinheiten, die Hinweise auf die persönlichen Interessen Ihres Gegenübers geben, und greifen Sie sie auf. Wenn Sie dann Ihre Bemerkungen so formulieren, dass sie zu den Wünschen dieses Menschen passen, dann sind Sie schon auf dem halben Weg zum Sieg.

Vor Kurzem habe ich mich mit Freunden über den schnellen Aufstieg eines jungen Verkäufers unterhalten, der alle überrascht hat, die ihn kennen. Einer meiner Freunde sagte, das ganze Geheimnis läge in seiner erstaunlichen Fähigkeit, Menschen zu einer Meinungsänderung zu bewegen, einen potenziellen Kunden dazu zu bringen, dass er die Dinge aus seiner Sicht betrachtet. »Und das« fügte er hinzu, »ist die Essenz, die Quintessenz wenn ihr so wollt, des Verkaufens – die Macht, den anderen dazu zu bringen, dass er die Dinge so sieht, wie wir sie sehen.«

Wie machte er das? Er suchte und fand, was seinem Kunden am Herzen lag. Womit könnte er die Gedanken dieses Kunden wirklich erreichen? Er hörte aufmerksam zu, beobachtete Mimik und Körpersprache und fand so den entscheidenden Faktor. »Meistens«, so erzählte er mir selbst einmal, »ist das eher etwas Emotionales als etwas Pragmatisches.«

*Wer verkaufen will, muss zuhören können, nicht reden.*

Philip Matlick

Die besten und erfolgreichsten Lehrer sind nicht immer die gebildetsten, sondern diejenigen, die das Herz ihrer Schüler erreichen. Denn Freundlichkeit, persönliches Interesse und Mitgefühl sind Eigenschaften, die, außer einer guten Ausbildung, die besten Lehrer ausmachen. Dieselben Eigenschaften liefern allen Menschen das grundlegende Rüstzeug für ein überzeugendes Auftreten.

Bildung und Intelligenz sind natürlich unerlässlich, beliebt und erfolgreich wird man allerdings weniger durch Intelligenz als durch Herzensbildung.

## Seien Sie ehrlich

Manche Menschen haben eine geradezu hypnotische Kraft, die ihnen zunächst als Überzeugungskraft ausgelegt wird und dafür sorgt, dass sie stets augenblicklich das bekommen, was sie wollen. Aber diese Kraft fußt nicht auf Ehrlichkeit und fügt dem Geschäft auf lange Sicht schweren Schaden zu. Ein klassisches Beispiel ist der Vertreter mit der magnetisch anziehenden, bezaubernden Ausstrahlung, der oft größere Aufträge akquiriert als andere, am Ende aber Kunden verliert und so dem Ansehen des Unternehmens schadet. Ein besserer Verkäufer ist derjenige, der am Anfang nicht annähernd so viel verkauft, sich aber wesentlich mehr Freunde macht und die Kunden hält, weil er ihre Interessen im Auge behält und ihnen nur das verkaufen will, was ihnen wirklich Vorteile bringt. Wenn ein solcher Vertreter oder eine solche Vertreterin die Bedürfnisse der Kunden ermittelt und ihr Vertrauen gewinnt, dann baut er oder sie eine langfristige, gewinnbringende Beziehung zu ihnen auf. Die Fähigkeit, andere dazu zu bringen, dass sie so denken wie man selbst, ist eine enorme Macht, die große Verantwortung mit sich bringt. Wird sie nicht freundlich und ehrlich eingesetzt, erweist sie sich als Bumerang, der denjenigen am schwersten trifft, der ihn geworfen hat. Solche Menschen sind schon bald als aufdringlich verschrien und wirken eher abstoßend.

Heute schätzen die meisten Menschen eine klare Sprache, geradeheraus und an nüchternen Fakten orientiert. Aber Menschen mit Überzeugungskraft können diese Fakten auf eine Art und Weise präsentieren, dass der potenzielle Kunde den Verkäufer als seinen Freund empfindet, der ausschließlich im Kundeninteresse handelt. Niemand schätzt das Gefühl, »gepackt« zu werden, und so sehr einem Schmeicheleien vielleicht auch guttun, wenn Sie es damit übertreiben, dann fragt man sich, welche Hintergedanken Sie wohl haben.

Ein taktvolles und ehrliches Lob hingegen hilft Ihrer Sache sehr. Bedenken Sie, dass der Mensch, mit dem Sie es zu tun haben, immer auf der Hut vor jeder Form von Täuschung ist und nach Anhaltspunkten für Unehrlichkeit sucht. Keiner lässt sich gerne übers Ohr hauen oder für dumm verkaufen. Und denken Sie vor allem daran, dass Ehrlichkeit in jedem Lebensbereich durch nichts zu ersetzen ist.

## Berücksichtigen Sie die Interessen Ihres Gegenübers

Nichts kann vollkommene Transparenz, Einfachheit, Ehrlichkeit und Freundlichkeit ersetzen. Das gilt für alle Lebensbereiche. Die *Goldene Regel* in ihrer positiven Form »Behandle andere so, wie du selbst behandelt werden möchtest«, ist die einzige Verhaltensregel, die auf allen Gebieten zum wahren Erfolg führt.

Wenn Sie im Zweifel sind, wie Ihr Verhalten beim anderen ankommt, dann fragen Sie sich: »Würde ich wollen, dass jemand das mit mir macht?«

Nathan Straus, der Gründer des weltgrößten Kaufhauses Macy's und ein großer Wohltäter, antwortete einmal auf die Frage, was am meisten zu seinem bemerkenswerten Erfolg beigetragen habe: »Ich habe immer auf den Menschen auf der anderen Seite des Geschäfts geachtet.« Er sagte, wenn er selber ein schlechtes Geschäft gemacht habe, dann konnte er das ertragen, auch wenn er dabei schwere Verluste erlitt. Aber er hätte es sich nie leisten können, dass jemand, der einen Handel mit ihm schloss, dabei ein schlechtes Geschäft gemacht hätte.

## Schätzen Sie Ihr Gegenüber richtig ein

Ein wichtiger Schritt bei der Entwicklung von Überzeugungskraft besteht darin, dass Sie lernen, wie Sie Ihr Gegenüber wirklich erreichen können. Dazu müssen Sie Menschenkenntnis entwickeln. Machen Sie es sich zur Aufgabe, die Menschen und ihre treibende Kraft kennenzulernen.

Eine ausgezeichnete Menschenkenntnis ist für Ihre Überzeugungskraft genauso wichtig wie Kenntnisse in Verfahrensrecht für einen Anwalt oder die Fähigkeit zur sicheren Diagnose für einen Arzt. Wer Menschenkenntnis hat und andere schnell »taxieren« kann, wer Charaktere zutreffend einschätzen kann, der hat in jedem Beruf große Vorteile.

Menschenkenntnis ist lernbar, und besonders wenn wir mit sehr vielen Menschen zu tun haben, dann gibt uns dies eine großartige Gelegenheit dazu. Die vielen verschiedenen Menschen, die uns begegnen, einzuschätzen und sie zu beurteilen, ist eine Ausbildung für sich. Denn dabei schärfen wir unsere Beobachtungsgabe und unsere Wahrnehmung und verbessern unser Urteil.

Kein Mensch hat exakt dieselbe Mentalität wie ein anderer. Jedem müssen Sie sich auf dem Weg des geringsten Widerstandes nähern. Finden Sie etwas über seine persönlichen Interessen heraus. Wenn jemand ein leidenschaftlicher Musikliebhaber oder Golfspieler ist, oder ein Kunstkenner, ein Freund der Bildhauerei oder irgendeiner anderen Richtung, dann kann Ihnen dies Hinweise darauf geben, wie Sie am besten an diesen Menschen herankommen.

Urteilen Sie nicht vorschnell und ziehen Sie keine voreiligen Schlüsse, wenn Sie einen Menschen taxieren. Halten Sie sich mit Ihrem Urteil zurück, bis Sie alle Charakter-Hieroglyphen in Gesicht, Verhalten und Persönlichkeit des Menschen entziffert haben. Denn alle sind signifikant und jede einzelne hat etwas zu bedeuten. Mit anderen Worten, lesen Sie alle Charakter-Etiketten und Hinweisschildchen eines Menschen und verschaffen

Sie sich so viele Indizien wie möglich, bevor Sie nach Ihrem ersten raschen Eindruck handeln, denn von der Richtigkeit Ihres Urteils hängt sehr viel ab. Lesen Sie hierzu auch noch einmal den Abschnitt über die Körpersprache in Kapitel 14.

Das Gesicht ist ein schwarzes Brett; es ist das Programmheft zu dem Theaterstück, das innerlich gespielt wird. Es kommt darauf an, dass Sie lernen, schnell und zutreffend darin zu lesen. Der Gesichtsausdruck, die Haltung, das Verhalten, die Sprache, der Blick, das sind die Buchstaben der Charakterschrift, in der die Persönlichkeit geschrieben ist.

Alles Natürliche, Spontane, Unwillkürliche ist ein Hinweis auf bestimmte Eigenschaften eines Menschen. Und wenn dieser Mensch dann etwas vorgibt, was er nicht ist oder nur so tut als ob, dann können Sie die Maske durchschauen und außer Acht lassen.

## Nehmen Sie Anteil am anderen

Menschen, die Sie kennen, sind viel einfacher zu überzeugen als völlig Fremde. Ein wesentliches Element der Überzeugungskunst ist es, dem anderen klarzumachen, dass es für ihn von Vorteil ist, wenn er das tut, was Sie von ihm wollen. Bei Fremden – zum Beispiel potenziellen Kunden – ist es gar nicht so einfach herauszufinden, was ihnen wichtig ist. Bei Menschen aber, mit denen Sie zusammenarbeiten oder die Sie gut kennen, wissen Sie wahrscheinlich schon, wie sie denken und empfinden, welche Wünsche und Einstellungen sie haben.

Denken Sie daran, dass die Menschen verschieden sind und dass, was den einen überzeugt, auf den anderen nicht den geringsten Eindruck machen muss. Lernen Sie Ihre Beschäftigten, Kollegen, die Menschen, mit denen Sie außerhalb Ihrer Abteilung oder Ihres Unternehmens zu tun haben, individuell kennen. Jeder hat noch ein Leben außerhalb der Arbeit, das ihm oder ihr zumeist wichtiger ist als die Arbeit. Wenn Sie mit Ihren Kollegen über das reden, was sie außerhalb der Arbeit wirklich bewegt, dann zeigen Sie damit, dass Sie ein Interesse an ihnen als Mensch haben, nicht nur als Arbeitskraft.

Doch solche Gespräche sind erst der Anfang. Sie brauchen nicht im Privatleben Ihrer Kollegen und Mitarbeiter herumzuschnüffeln. Aber wenn Sie ihnen zuhören, mit ihnen mitfühlen und ihre Reaktionen beobachten, dann erfahren Sie sehr viel darüber, wie sie denken, wie sie wirklich sind und was sie antreibt.

## Überzeugen Sie andere mit Diplomatie und Takt

Takt ist eine der größten Hilfen auf dem Weg zum Erfolg. Viele Prominente aus der Wirtschaft sagen, dass Takt in der Zutatenliste ihres Erfolgsrezepts ganz oben steht. Der Rest sind Persönlichkeit, Enthusiasmus und wirtschaftliche Sachkenntnis.

Takt lässt Sie Wächter, Tore und Schranken passieren und verschafft Ihnen Zugang zum Allerheiligsten, das ein taktloser Mensch niemals betreten wird. Takt findet Gehör, wo Geist auf taube Ohren stößt; Takt wird vorgelassen, wenn Talent der Zugang verwehrt bleibt, Takt findet Zuhörer, wenn bloße Fähigkeit ohne Takt keinen interessiert.

Alex war ein brillanter Ingenieur. Seine Computerkenntnisse waren unübertroffen. Und obwohl seine Präsentationen vor der Geschäftsleitung technisch tadellos waren, stieß er seine Zuhörer doch mit seiner Arroganz vor den Kopf. Ein Manager drückte es so aus: »Wenn ich ihm eine Frage stelle, dann gibt er mir das Gefühl, es sei dumm, so etwas zu fragen.« Auf Kritik an seinem mangelnden Taktgefühl erwiderte er: »Pech für die. Die sind einfach viel zu schwer von Begriff, um mich zu verstehen.«

Nachdem er bei Beförderungen mehrfach übergangen worden war, ließ er sich überzeugen, einen Trainer für Führungskräfte zu konsultieren. Es dauerte Wochen, bis Alex seine Neigung ablegen konnte, anderen seine Ideen aufzudrängen, statt sie ihnen zu verkaufen. Durch Übungen und Meditationen konnte er sein Unterbewusstsein dazu bringen, dass es akzeptierte, dass sein überlegenes Wissen allein für die Karrieresprünge, die er sich wünschte, nicht genügte. Das führte auch dazu, dass er die Schwachpunkte anderer akzeptieren konnte und eher ihre Stärken suchte, als über ihre Grenzen zu spotten. Mit der Zeit änderte Alex seinen Umgang in zwischenmenschlichen Beziehungen, hielt seine Präsentationen mit mehr Takt und Rücksicht auf die anderen und erreichte auf diese Weise seine Karriereziele.

## So entkräften Sie Einwände und schließen den Verkauf erfolgreich ab

Wenn Sie anderen Menschen Ihre Ideen präsentieren, dann gibt es an Ihrem Konzept wahrscheinlich Aspekte, an denen sie Anstoß nehmen. Betrachten Sie das als Herausforderung, nicht als Problem. Verkäufer lieben Einwände. Sie helfen ihnen festzustellen, was der potenzielle Kunde wirklich will, ermöglichen ihnen, darauf einzugehen, und erhöhen damit ihre Chancen, den Verkauf abzuschließen. Gute Verkäufer sehen schon voraus, welche Einwände wahrscheinlich kommen werden, und sind darauf vorbereitet, sie zu entkräften. Das sollten Sie auch tun.

Wenn Sie andere von Ihrem Konzept überzeugen möchten, dann befassen Sie sich mit allen negativen Argumenten, die man dagegen vorbringen könnte, und bereiten Sie sich darauf vor, sie zu entkräften oder, wenn die Einwände berechtigt sind, deutlich zu machen, weshalb die Vorteile Ihres Konzeptes die Nachteile aufwiegen. Untermauern Sie Ihre Position mit Zahlen und Fakten, aber denken Sie auch an die immateriellen Aspekte und sprechen Sie Emotionen an.

In derselben Weise, wie der erfolgreiche Geschäftsabschluss das Ziel für den Verkäufer ist, ist es auch Ihr Ziel, überzeugen zu wollen und zu können.

Wenn Sie auf alle Einwände eingegangen sind, dann sind Sie bereit zum Abschluss. Machen Sie sich vor diesem letzten Schritt etwas Mut: »Ich weiß, das ist eine vernünftige Idee, die dem Unternehmen viel bringt. Ich bin bereit, alles zu tun, was ich kann, um meinen Chef davon zu überzeugen.« Das aktiviert Ihr Unterbewusstsein und dieses stärkt daraufhin Ihr Selbstvertrauen und Sie werden Erfolg haben. Dann kommen Sie mit Schwung zum Abschluss.

Wenn Sie jemandem eine Idee verkaufen wollen, ist es das Beste, was Sie tun können, wenn Sie ihn in die Beurteilung Ihres Konzepts mit einbeziehen. Unterteilen Sie ein Blatt Papier in zwei Spalten. Überschreiben Sie die eine mit »Negativ«, die andere mit »Positiv«. Tragen Sie nun sofort die stärksten Einwände in die Negativ-Spalte ein und schreiben Sie die Gegenargumente dazu in die Positiv-Spalte. Tragen Sie dort zusätzlich alle weiteren Vorteile ein, über die gesprochen wurde. Wenn Sie Ihre Hausaufgaben gemacht haben, dann sollte jetzt unter »Positiv« wesentlich mehr stehen als unter »Negativ«. Sagen Sie dann: »Schauen wir uns einmal einige Gründe an, weshalb Sie noch zögern könnten, diese Idee zu akzeptieren. Wägen wir sie gegen das ab, was dafür spricht. Was wiegt Ihrer Meinung nach schwerer?« Die Antwort kann nur zugunsten der Positiv-Seite ausfallen.

Sobald Sie die Zustimmung haben, dass Ihre Idee realisierbar ist, sagen Sie: »Wenn Sie mir nun zustimmen, dass dies eine gute Idee ist, dann möchte ich jetzt zum nächsten Schritt kommen und darüber sprechen, wie wir sie umsetzen können.«

Wenn Ihr Konzept erst noch dem Chef Ihres Chefs vorgestellt werden muss, bevor es umgesetzt werden kann, dann sagen Sie, dass Sie gerne bereit sind, bei dieser Präsentation zu assistieren.

Wenn Sie sich sorgfältig vorbereiten und so vorgehen wie erfolgreiche Verkäufer, dann können Sie anderen Ihre Ideen präsentieren und verkaufen und erleben mit großer Befriedigung, wie sie akzeptiert und umgesetzt werden.

## Zusammenfassung und Essenz

- Im Beruf und in anderen Lebensbereichen müssen wir oft Menschen von unseren Ideen überzeugen. Damit Ihnen dies gelingt, müssen Sie denken wie ein Verkäufer.
- Wenn Sie jemanden überzeugen wollen, Ihr Produkt oder Ihre Dienstleistung zu kaufen oder Ihre Vorstellung zu akzeptieren, dann müssen Sie zuerst seine oder ihre volle Aufmerksamkeit gewinnen, sonst findet das, was Sie sagen, kein Gehör.
- Sie müssen den Wunsch wecken, die Idee anzunehmen, die Sie vorschlagen. Wenn das gelingt, dann ist Ihnen die Akzeptanz beinahe sicher. Dazu müssen Sie an die Emotionen appellieren, also eher das Herz ansprechen als den Kopf.
- Denken Sie daran, dass die Menschen verschieden sind und dass, was den einen überzeugt, auf den anderen nicht den geringsten Eindruck machen muss. Lernen Sie Ihre Beschäftigten, Kollegen, die Menschen, mit denen Sie außerhalb Ihrer Abteilung oder Ihres Unternehmens zu tun haben, individuell kennen.
- Wenn Sie andere von Ihrem Konzept überzeugen möchten, dann befassen Sie sich mit allen negativen Argumenten, die man dagegen vorbringen könnte, und bereiten Sie sich darauf vor, sie zu entkräften oder, wenn die Einwände berechtigt sind, deutlich zu machen, weshalb die Vorteile Ihres Konzeptes die Nachteile aufwiegen.
- Machen Sie sich vor Ihrem letzten Schritt etwas Mut. Das aktiviert Ihr Unterbewusstsein und dieses stärkt daraufhin Ihr Selbstvertrauen und Sie werden Erfolg haben.

## Kapitel 18:

# Helfen Sie Ihrer Karriere auf die Sprünge

*Aufsteigen können Sie nur, wenn Sie Ihre Augen fest auf Ihren Stern geheftet halten. Visualisieren Sie, was Sie sein möchten; halten Sie es sich ständig vor Augen und arbeiten Sie mit ganzer Kraft daran. Wichtig ist, dass Sie immer eine treibende Kraft hinter Ihrer Arbeit und ein inspirierendes Ziel vor sich haben, etwas Großes, etwas Wunderbares, auf das Sie sich freuen können, das Ihren Ehrgeiz anspornt und Ihre Hoffnungen erfüllt.*

Möchten Sie mehr sein, als Sie sind? Möchten Sie mehr sein, größer, edler? Dann müssen Sie bereit sein, Angst, Groll, Abneigung und Selbstverurteilung aufzugeben. Sie müssen geben, um zu bekommen. Sie müssen aufhören, negativ zu denken, und sich in konstruktivem Denken üben. Sie müssen den Menschen lieben, der Sie sein wollen. Sie müssen den Menschen aufgeben, der Sie jetzt sind. Sie müssen bereit sein, das Alte loszulassen, damit Sie das Neue erleben können.

Sie können sich in Musik verlieben, in die Kunst und in das Gesetz. Sie können sich in Gedanken über Gesundheit, Glück, inneren Frieden, Fülle, Sicherheit, richtiges Handeln, Harmonie, Inspiration und geistige Führung versenken. Sie können über eine Karriere nachdenken, die Ihnen nicht nur finanziellen Lohn einbringt, sondern auch die Freude und die Befriedigung schenkt, etwas zu tun, das Sie lieben und das wertvoll ist. Sie können sich mit diesen Dingen befassen und ihnen Ihre Aufmerksamkeit zuwenden, Ihre Hingabe und Ihre Loyalität. Auch Sie können ganz verzaubert werden, fasziniert sein und völlig in etwas aufgehen. Das Gesetz Ihres Unterbewusstseins wird darauf reagieren. Wie Sie in Ihrem Herzen oder Unterbewusstsein denken, so sind Sie. So handeln Sie und so werden Sie sich entwickeln.

Es kommt nicht darauf an, was Sie im Kopf, sondern was Sie im Herzen denken, denn Ihre Ideen müssen mit einem Gefühl verbunden und als wahr empfunden werden. Jeder Gedanke, jede Idee, mit der Sie sich befassen, löst eine bestimmte Reaktion und Emotion aus. Wenn Sie kontinuierlich darüber kontemplieren, sinkt sie in Ihr Unterbewusstsein ein, lässt es damit schwanger gehen und entwickelt sich zwangsläufig; Sie sind dann geradezu gezwungen, das zu sein, zu tun und zu verkörpern, worüber Sie meditiert haben.

Wenn Ihr Ehrgeiz nicht sonderlich ausgeprägt ist, wenn er nur sporadisch aufflammt und besonders nach Entmutigungen zu Durchhängern neigt, dann sollten Sie ihn aufbauen, ihn auf jede erdenkliche Art stärken. Wenn Sie zum Beispiel in einem Wirtschaftsunternehmen arbeiten, dann entschließen Sie sich, ins oberste Management aufzusteigen; bereiten Sie sich auf eine Teilhaberschaft an der Firma Ihres Arbeitgebers vor. Das ist eine vollkommen berechtigte Ambition. Viele, die auf der untersten Stufe der Karriereleiter angefangen haben, haben sie tatsächlich verwirklicht. Allein der Gedanke, dass Ihr Name eines Tages an der Tür desselben Unternehmens steht, für das Sie jetzt als Büroangestellter arbeiten, gibt Ihnen ein überzeugendes Ziel, auf das Sie hinarbeiten können. Ob Ihr Name dort wirklich je auftaucht oder nicht, ist gar nicht so wichtig; denn so sammeln Sie die notwendige Erfahrung und sind bestens vorbereitet auf etwas, das mindestens genauso gut, wenn nicht sogar besser ist. Was auch geschieht: Ihr Ehrgeiz und die Vorbereitung auf die Teilhaberschaft sind die besten Personalentwickler für Sie, die Sie sich denken können.

Larry W. hat sich in der Welt der Wirtschaft einen großen Namen gemacht. Seit seiner Kindheit hat er es sich zur Übung gemacht, Tag für Tag im vertraulichen Gespräch mit sich selbst seinen Ambitionen ein Tempo vorzugeben. Indem er sich immer noch etwas »draufsattelte«, wie er es nannte, brachte er sich zu Höchstleistungen. Larry ist überzeugt, dass vieles dessen, was er erreicht hat, auf seine schon früh entwickelte Gewohnheit zurückzuführen ist, permanent hinter sich selbst her zu sein, sich ständig dazu anzutreiben, das Beste zu tun, was ihm möglich ist. Er sagt, wenn er nicht ständig hinter seinen Ambitionen her wäre, wenn er sich nicht ständig anspornte und sich ein Tempo vorgäbe, dann würden seine Leistungen in wenigen Monaten nachlassen, seine Energie schwinden, seine Ideale absacken und sein Leben verkommen.

## Kennen Sie die drei Schritte zum Erfolg?

- *Der entscheidende erste Schritt* zum Erfolg ist, herauszufinden, was Sie wirklich tun wollen und das dann auch zu tun. Wenn Sie Ihre Arbeit nicht lieben, dann werden Sie sich darin wahrscheinlich auch nicht als erfolgreich empfinden, selbst wenn alle Welt Ihre großen Erfolge feiert. Wenn Sie Ihre Arbeit lieben, dann verspüren Sie auch den tiefen Wunsch, sie auszuüben. Wenn Sie Psychotherapeut werden wollen, dann genügt es nicht, Ihr Diplom zu machen und es an die Wand zu hängen. Sie möchten sicherlich auf dem Laufenden bleiben, Tagungen und Fortbildungen besuchen und die Psyche und ihre Funktionen weiter erforschen. Sie werden sich mit Kollegen treffen und die neuesten Fachzeitschriften studieren. Mit anderen Worten, Sie werden dafür sorgen, dass Sie immer über die fortschrittlichsten Methoden informiert sind, wie das Leiden der Menschen zu lindern ist, denn die Interessen Ihrer Patienten stehen für Sie an erster Stelle.
  Was aber, wenn Sie beim Lesen dieser Zeilen feststellen: »Ich kann diesen ersten Schritt nicht tun, weil ich gar nicht weiß, was ich wirklich will? Wie in aller Welt soll ich ein Betätigungsfeld finden, das mir gefällt?« Wenn es Ihnen so geht, dann beten Sie mit folgenden Worten um Führung:

»Die Unendliche Intelligenz meines Unterbewusstseins zeigt mir meinen wahren Platz im Leben.«
Wiederholen Sie diesen Satz für Ihr tieferes Bewusstsein im Stillen mit Zuversicht und liebevollem Empfinden. Wenn Sie mit Glauben und Zuversicht dabei bleiben, dann erhalten Sie die Antwort in Gestalt eines Gefühls, einer Ahnung oder einer Neigung in eine bestimmte Richtung. Die Antwort kommt klar, deutlich und ruhig als ein stilles inneres Gewahrsein.

- *Der zweite Schritt* zum Erfolg ist die Spezialisierung auf einen bestimmten Zweig Ihres Fachgebietes. Bemühen Sie sich, darin sehr gut zu werden. Nehmen wir einmal an, Sie hätten die Chemie zu Ihrem Fachgebiet gewählt. Jetzt könnten Sie sich auf einen ihrer vielen Zweige spezialisieren und ihm all Ihre Zeit und Aufmerksamkeit widmen. Dank Ihres Enthusiasmus wollen Sie wahrscheinlich alles wissen, was es auf diesem Gebiet gibt. Sie sollten sich brennend für Ihre Arbeit interessieren und damit der Welt dienen wollen.
- *Der dritte Schritt* ist der wichtigste. Sie müssen sicherstellen, dass das, was Sie tun wollen, nicht nur zu Ihrem eigenen Erfolg beiträgt. Ihr Wunsch darf nicht egoistisch sein. Er muss der Menschheit Nutzen bringen. Der Stromkreis muss sich schließen können. Mit anderen Worten, Ihre Idee muss mit der Absicht verbunden sein, der Welt zum Segen zu gereichen oder ihr zu dienen. Dann wird sie um vieles größer und mit reichem Segen zu Ihnen zurückkehren. Wenn Sie nur zu Ihrem eigenen Vorteil arbeiten, dann haben Sie diesen entscheidenden Kreis nicht geschlossen. Dann wirken Sie vielleicht erfolgreich, aber die Kurzschlüsse, die Sie in Ihrem Leben verursacht haben, können Sie mit der Zeit einschränken oder sogar krank machen.

Bei den drei Schritten zum Erfolg dürfen Sie nie die ihnen zugrunde liegende Macht der schöpferischen Kräfte Ihres Unterbewusstseins vergessen. Sie sind die Energie hinter allen Schritten in jeder Erfolgsplanung. Ihre Gedanken sind schöpferisch. Gedanken, die mit Gefühlen verschmelzen, werden zu einem subjektiven Glauben.

*Finden Sie heraus, was Sie gerne tun, und tun Sie es dann. Wenn Sie nicht wissen, was Sie wirklich wollen, dann bitten Sie um innere Führung und Sie werden einen Hinweis erhalten.*

## Setzen Sie Ihr Unterbewusstsein auch für Ihre beruflichen Zwecke ein

Der große deutsche Dichter Johann Wolfgang von Goethe machte in allen kritischen Situationen klugen Gebrauch von seiner Vorstellungskraft. Wie seine Biografen sagen, verbrachte er viele Stunden in stillen Zwiegesprächen mit seiner Fantasie. Er stellte sich vor, ein Freund säße ihm gegenüber und gäbe ihm die richtigen oder passenden Antworten auf seine Fragen. Dabei stellte Goethe sich auch die Gestik und die Stimme seines Freundes vor. Er malte sich die gesamte Szenerie so real und lebendig wie möglich aus.

Als die junge Finanzberaterin Geri P. das las, beschloss sie, Goethes Technik zu übernehmen. Sie führte regelmäßige Fantasiegespräche mit einem millionenschweren Investor, den sie kannte und der ihr einmal zu ihrem klugen und gesunden Urteil bei der Empfehlung von Investments gratuliert hatte. Sie inszenierte diese Fantasiegespräche, bis sie sie psychologisch wie einen Glaubenssatz in ihrem Unterbewusstsein verankert hatte.

Geris innere Gespräche und kontrollierte Fantasie passten perfekt zu ihrem Ziel, Ihren Kunden vernünftige Investments anzubieten, dafür zu sorgen, dass sich ihr Geld mehrte, und zu erleben, dass ihr Wohlstand dank ihres klugen Rates ständig stieg. Sie setzt ihr Unterbewusstsein immer noch im Beruf ein und feiert auf ihrem Gebiet glänzende Erfolge.

## Treffen Sie gute Entscheidungen

Das signifikanteste Charaktermerkmal erfolgreicher Menschen ist wohl ihre Fähigkeit, sofort die richtigen Entscheidungen zu treffen und sie konsequent umzusetzen, damit das zugrunde liegende Problem zufriedenstellend gelöst werden kann.

In all den vielen Jahren, in denen ich nun schon Männern und Frauen zuhöre, die mich bitten, ihnen bei der Überwindung von Fehlschlägen zu helfen, habe ich festgestellt, dass sie alle eines gemeinsam haben: ihre lasche Haltung, wenn es darum geht, Entscheidungen zu treffen. Wenn sie ein Problem lösen müssen, dann schieben sie es vor sich her und sind übervorsichtig. Und wenn sie dann doch endlich eine Entscheidung getroffen haben, dann halten sie sich nicht daran.

Zu den größten Gaben, die Gott uns Menschen gegeben hat, gehört der freie Wille und mit ihm die Macht, Probleme zu analysieren, Entscheidungen zu ihrer Lösung zu treffen und sie umzusetzen.

Tommy F. stand vor einer wichtigen Entscheidung in seiner Karriere. Sollte er sich eine neue Stelle suchen oder nicht? Seine momentane Stelle gefiel ihm zwar, aber er verdiente nicht genug, denn dem Unternehmen ging es nicht gut und die Chancen für eine Gehaltserhöhung standen schlecht. Ein Konkurrent bot ihm eine Stelle mit einem etwas höheren Gehalt und mit offensichtlich guten Aufstiegschancen. Der Konkurrent wollte sofort Bescheid haben, aber Tommy überredete ihn, ihm bis zum darauffolgenden Freitag Zeit zu geben. Es war ein gutes Angebot und er konnte das zusätzliche Geld gut gebrauchen. Er hatte jedoch auch Bedenken, dass es gegenüber seinem jetzigen Arbeitgeber nicht fair war, wenn er zu einem Konkurrenten wechselte. Schließlich hatte er ihn ausgebildet und ihm geholfen, die Fähigkeiten zu erwerben, die er heute besaß, Er betete deswegen und verscheuchte dann die Gedanken daran aus seinem Kopf, weil er wusste, dass sein Unterbewusstsein die richtige Entscheidung treffen würde.

Es kam, wie es kommen musste: Am Mittwoch rief sein Chef ihn zu sich und sagte ihm, dass die Firma gerade einen sehr lukrativen Auftrag erhalten hätte. Er wies ihm diesen Auftrag zu und beförderte ihn in eine leitende Position, verbunden mit einer kräftigen Gehaltserhöhung.

Tommy war sich sicher, dass es Gottes Wille war, dass er bei seinem Unternehmen bleiben sollte und sein Unterbewusstsein verhindert hatte, dass er das andere Angebot sofort annahm, damit er die Beförderung erhalten konnte.

## Seien Sie fair zu sich selbst

Lisa F. fand, dass ihr eine Beförderung zustand, konnte aber ihre Chefin nicht ausstehen. Sie hatte den Eindruck, diese Frau blockiere ihre Beförderung. Sie sprach mit einer älteren und berufserfahreneren Freundin darüber. Die sagte ihr, sie sei ungerecht zu sich selbst und stelle diese Frau auf ein Podest. Damit mache sie sie größer als das Unendliche in ihrem eigenen Innern. Diese Haltung sei unsinnig. Wenn sie annahm, dass ihre Chefin größer sei als das Unendliche, dann leugnete sie die Macht des Unendlichen, das allmächtig ist.

Lisa sorgte für Ausgleich, indem sie sich wiederholt versicherte: »Durch die Macht des Unendlichen erhalte ich die Beförderung, erreiche etwas und komme im Leben weiter.« Mit der Zeit löschte sie die Schuldzuweisung für ihre gescheiterte Beförderung an die Chefin aus ihrem Unterbewusstsein und sammelte ihre Kräfte, um ihre Arbeit und ihre Haltung zu verbessern, was schließlich zu der gewünschten Beförderung führte.

*Ein Sieger ist jemand, der seine gottgegebenen Talente erkennt, sich mächtig Mühe gibt, um sie zu Fähigkeiten zu entwickeln, und diese Fähigkeiten dann nutzt, um seine Ziele zu erreichen.*
Larry Bird

Was Sie denken und empfinden, das ziehen Sie an, und was Sie sich vorstellen, das erhalten Sie. Sie können sich vorstellen, dass Sie ein Obdachloser sind oder als Landstreicher umherziehen. Tun Sie das eine Weile und Sie werden ein Landstreicher. Sie können sich aber auch vorstellen, dass Sie enorm erfolgreich sind, ein großer Schauspieler. Sie können sich vorstellen, dass Sie vor einem Publikum stehen und die Leute zum Lachen oder Weinen bringen. Sie können erkennen, dass die Kraft in Ihnen die Schönheit Shakespeares sichtbar macht und das Leben Ihrer Zuschauer bereichert.

Manche Menschen sagen, dass Sie nicht befördert werden können, weil es an ihrem Arbeitsplatz keine Aufstiegschancen gibt oder die Löhne nach strengen Maßstäben geregelt sind. Das muss alles nicht unbedingt stimmen. Sie können die geistigen Gesetze nutzen, um weiterzukommen. Das Geheimnis ist, das zu lieben, was Sie jetzt tun, und dort, wo Sie jetzt sind, das Beste zu geben. Seien Sie herzlich, freundlich, voll guten Willens und kommen Sie mit allen gut aus. Denken Sie großzügig und an Reichtum. Dann ist Ihre momentane Stelle nur eine Stufe auf dem Weg zu Ihrem Triumph. Seien Sie sich Ihres wahren Wertes bewusst, beanspruchen Sie im Geiste Reichtümer für sich und für jeden Menschen, dem sie heute begegnen, sei es nun ihr Chef, ein Mitarbeiter, der Vorarbeiter, ein Kunde oder ein Freund, einfach alle in Ihrer Umgebung. Sie werden Ihre Ausstrahlung von Reichtum und Fortschritt spüren und sich bald selbst neue Türen öffnen.

Ständig fragen die Leute: »Wie kann ich im Leben vorwärtskommen, meine Lebensumstände verbessern, eine Gehaltserhöhung erhalten, ein neues Auto und ein neues Haus kaufen und überhaupt so viel Geld haben, dass ich alles Notwendige tun kann, wenn ich es will?«

Die Antwort auf all diese Fragen erhalten wir, wenn wir lernen, die geistigen Gesetze anzuwenden: das Gesetz von Ursache und Wirkung, das Gesetz des Mehrens und das Gesetz der Anziehung. Diese geistigen Gesetze arbeiten mit der gleichen

Präzision und Exaktheit wie die Gesetze der Physik, der Chemie und der Mathematik – und so sicher wie das Gesetz der Schwerkraft.

## Kurswechsel sind hin und wieder nötig

Manchmal landet man beruflich in einer Sackgasse. Wenn Sie wieder vorwärtskommen wollen, müssen Sie eine neue Stelle finden, entweder eine neue Position in Ihrem jetzigen Unternehmen oder außerhalb. Vielleicht müssen Sie einige Schritte zurückgehen, damit Sie wieder neu durchstarten können.

Es gibt Führungskräfte, die muss man nicht zum Kurswechsel zwingen. Intuitiv wissen Sie, dass es wichtig ist, dies hin und wieder zu tun.

Eine Spitzenmanagerin verließ eine wichtige Position mit viel Macht und Verantwortung bei DuPont, um für das Unternehmen die neue Abteilung Produktsicherheit aufzubauen. Das wirkte wie ein großer Schritt zurück, denn sie verließ eine Spitzenposition, um eine Neugründung ohne Kapital und mit nur 30 Angestellten zu leiten. Die eine Hälfte ihrer Kollegen bei DuPont dachte, sie habe sich wohl etwas Schwerwiegendes zuschulden kommen lassen, dass sie so weit herabgestuft wurde, und die andere Hälfte hielt sie schlicht für verrückt. Aber trotz aller Zweifel und Negativität um sie herum wusste sie, dass sie es richtig gemacht hatte, als diese Neugründung zu einem Geschäftszweig mit 5,5 Milliarden Dollar Umsatz heranwuchs. Der Rat dieser Managerin für alle, die bei schwierigen Entscheidungen auf Widerstand stoßen, war der: »Stagnieren Sie nicht, sondern erfinden Sie sich ständig neu.«

Eine andere Topmanagerin, die eine enorm erfolgreiche Pudding-Marke bei einem großen Lebensmittelkonzern geleitet hatte, entschloss sich eines Tages, zu einem kleinen amerikanischen Importunternehmen mit europäischer Tochtergesellschaft zu wechseln. Sie erzählte, alle dachten, sie sei verrückt, aber sie wusste, dass sie die Erfahrungen im Verkauf und im weltweiten Vertrieb sammeln wollte. Sie tat das Unerwartete, ließ sich durch Kritik nicht umstimmen und bekam, was sie wollte.

Erfolg bedeutet, unsere Fähigkeiten und Möglichkeiten in jeder Hinsicht und allen Richtungen zu mehren, damit wir unsere inneren Kräfte freisetzen. Die Beförderung, das Geld und die Abschlüsse, die wir machen wollen, sind die Abbilder und Entsprechungen sowie die physische Form der Geisteshaltung, die sie hervorbringt.

Leben ist Mehren. Mehren Sie Ihren Wohlstand, Ihre Macht, Ihre Weisheit, Ihr Wissen und Ihren Glauben durch das Studium der Gesetze Ihres Bewusstseins und Ihres Unterbewusstseins.

Versichern Sie sich täglich: »Das Gute fließt mir jetzt zu, unaufhörlich, unermüdlich, freudig und reichlich«. Dann strömt Gottes Reichtum in Ihren empfänglichen, offenen Geist.

*Erfolg bedeutet, erfolgreich zu leben. Wenn Sie ruhig, glücklich und fröhlich sind und das tun, was Sie gerne tun, dann sind Sie erfolgreich.*

## Zusammenfassung und Essenz

- Der entscheidende erste Schritt zum Erfolg ist, herauszufinden, was Sie wirklich tun wollen und das dann auch zu tun. Wenn Sie Ihre Arbeit nicht lieben, dann werden Sie sich darin wahrscheinlich auch nicht als erfolgreich empfinden, selbst wenn alle Welt Ihre großen Erfolge feiert.
- Wer sich vor Entscheidungen fürchtet oder Angst hat, eine Wahl zu treffen, der weigert sich, seine Göttlichkeit anzuerkennen.
- Hören Sie nie auf zu lernen. Wenn Sie sich immer über die neuesten Entwicklungen auf Ihrem Gebiet auf dem Laufenden halten, dann sichern Sie unter anderem damit langfristig Ihren beruflichen Erfolg.
- Beginnen Sie jetzt, sich wiederholt das Wort »Erfolg« vorzusagen, voller Glaube und Überzeugung. Ihr Unterbewusstsein wird es als wahr akzeptieren, und unbewusst stehen Sie dann geradezu unter dem Zwang zum Erfolg.
- Geben Sie dort, wie Sie jetzt sind, das Beste. Seien Sie herzlich, freundlich, voll guten Willens und kommen Sie mit allen gut aus. Seien Sie sich Ihres wahren Wertes bewusst, beanspruchen Sie im Geiste Reichtümer für sich und für jeden Menschen, dem sie heute begegnen, sei es nun ihr Chef, ein Mitarbeiter, der Vorarbeiter, ein Kunde oder ein Freund – einfach alle in Ihrer Umgebung. Sie werden Ihre Ausstrahlung von Reichtum und Fortschritt spüren und sich bald selbst neue Türen öffnen.

Dr. Joseph Murphy bei Ariston